21世纪高职高专规划教材·服务外包系列

总主编◎严世清　副总主编◎王　颖　丁志卫　冯　瑞

服务外包概论

主　编◎杨　冬
副主编◎曹惠玲　宋翠玲
参　编◎朱　辉　郑长虹

中国人民大学出版社
·北京·

总 序

20 世纪后期，在成本驱动和专业化分工的推动下，很多企业开始把非核心业务剥离出来交给企业外部专业服务提供商完成，以降低成本、提高效率、增强企业的核心竞争力，这就是服务外包。服务外包逐渐成为推动世界经济发展的一股新兴力量，缩小了各地区间的差距和界限。如今，在经历了金融危机的洗礼后，以云计算、物联网技术为代表的第三次信息技术革命悄然兴起，在全球范围内掀起了产业转移和结构调整的浪潮，企业对竞争力的关注正经历着从成本驱动向创新化、一体化驱动的转变。手机业巨头的此起彼落、iPad 的全球热销、盛大网络向出版业的进军等，这一切都在推动世界经济的进一步细分重构，也预示着服务外包产业的新一轮发展。

富有远见的国际投资经理人安东尼·范·阿格塔米尔认为，未来亚洲、中东、东欧、拉丁美洲和非洲的新兴市场国家的经济规模将会超过现在的发达国家，这一进程就是“新兴市场的世纪”。自 2006 年商务部启动服务外包“千百十工程”以来，我国以迅猛的发展速度跻身于世界主要接包地之列。未来，我们更要不失时机地促成企业由单纯的供应商向兼做供应商、采购商，以及提供供应链解决方案的系统集成商的角色转换，从而推动服务经济的蓬勃发展，而这些离不开人才的支撑。服务外包从业人员不仅要掌握熟练的专业技术，具备扎实的语言基础，更要了解服务外包这一新兴商业模式的主要特点。基于此，苏州工业园区服务外包职业学院与中国人民大学出版社围绕服务外包各个领域，合作研发了一套高职高专精品教材——“21世纪高职高专规划教材·服务外包系列”，适时地满足了高等院校和各类培训机构服务外包人才培养以及服务外包企业和从业者的需求。

服务外包教材的编写不同于成熟学科教材的编写。首先，作为一个横向产业，服务外包涉及的领域相当广泛，信息技术、企业管理、艺术设计等诸多行业知识都在这一范畴中。其次，服务外包教材更讲求实用性，其内容必须切合企业、行业实际，满足从业人员的职业发展需求。最后，服务外包是一个新兴领域，在我国发展时间还不长，但发展势头强劲，因此教材的相关知识体系也要跟随产业发展不断更新。

基于以上特点，本套教材将高职高专教材编写的最新思路融入其中，在搭建行业概念和知识框架的基础上，更加注重实用性，囊括了《服务外包概论》、《软件外包项目管理实务》、《软件外包 J2EE 教程》、《ASP.NET 项目驱动教程》、《BPO 基础理论与案例分析》、《BPO 实务》、《人力资源外包实务》、《服务外包英语》、《弟子规与服务外包职业素养》共 9 本教材，涉及信息技术、商务管理、专业外语等多个方面，突出了对学生专业实践技能的训练和培养。

感谢本套教材所有编写人员为我国服务外包人才培养所做的努力。我真心期待苏州工业园区服务外包职业学院能够培养出更多优秀的服务外包人才，与各界人士一起推动“中国制造”向“中国服务”的转型。

中国服务外包研究中心主任
中欧国际工商学院院长
朱晓明

前 言

编写背景

20 世纪 90 年代中期以来，在信息技术革命、企业全球化竞争以及服务经济持续增长的共同推动下，一种被称为“服务外包”的新型业务模式在世界范围内蓬勃发展。一些同西方发达国家具有地缘优势和文化渊源的国家和地区，诸如爱尔兰、印度、以色列等国较早地承接了这种业务的转移，获得了极大的成功。我国政府在 2006 年启动了以发展服务外包为核心目标的“千百十工程”，鼓励企业积极参与国际竞争，大力发展服务外包业务。

由于服务外包业务主要依赖于大量知识型劳动力，通过使用计算机和网络来实现，因此在 IT 基础设施资源充裕的情况下，适用性劳动力的持续供给就成为服务外包行业发展的根本保障。据商务部发布的统计数据显示，截至 2009 年底，我国境内的各类服务外包企业已经超过 8 000 家，从业人员超过 150 万，其中大学毕业生占 75%，而拥有大专学历的毕业生占大学毕业生总数的 37.8%，是最大的就业群体。该项资料显示，仅 2009 年一年服务外包企业就新增员工超过 70 万，其中大学毕业生近 50 万，约占该年全国应届大学毕业生总数的 9%。由此可见，服务外包已经当之无愧地成为我国吸纳大学毕业生就业比例最高的行业之一，而高职高专的毕业生则是其中最受欢迎、就业比例最高的群体。

然而，我国服务外包的发展一直受到人才短缺的限制，实际从业人员无论从数量上还是质量上都与企业的实际需求相差甚远。麦可思研究院发布的《2011年中国大学生就业报告》已经连续第三年把计算机科学与技术、计算机应用技术两个专业列入高职高专院校限制招生的就业红牌警告专业，并首次明确指出："部分红牌专业是供大于求造成的；部分红牌专业如计算机类是人才培养质量达不到产业的要求造成的，一方面应届毕业生找不到专业岗位，一方面企业招不到合适的人才。"服务外包行业的人才短缺就是这种典型的结构性矛盾造成的，问题的症结就在于国内高等院校相关专业的人才培养质量达不到服务外包企业的要求，人才培养与市场需求严重脱节。

编写思路

近年来国内高等院校已经充分认识到上述问题，并积极开展人才培养模式的改革，创新相关专业和课程建设，大力提升人才培养质量。一批服务外包院校应运而生，苏州工业园区服务外包职业学院（SISO）就是国内第一所独立建制的培养服务外包人才的高等学府。近年来，很多高校的二级学院更名为服务外包学院，越来越多的应用型本科院校和综合类高职高专院校开设了与服务外包相关的课程。但是我们发现，国内针对服务外包人才培养的专业教材开发非常滞后，特别是面向高职高专层次学生的适用性教材更为缺乏。为此，中国人民大学出版社率先与 SISO 制定了合作出版一套服务外包高职高专系列教材的计划，就显得非常迫切，意义深远。

本书是这套系列教材中基础性最强、知识复合度最高的一本，可以说是一本入门教材。编者在前期教学实践中发现，目前国内市场上已有的讲授服务外包概论的高职高专教材主要存在以下问题：一是理论性太强，概念太多，学生感觉非常枯燥，较难接受；二是改编自原有的企业培训资料，业务介绍过于深入，对于缺乏企业实践经验的学生来说难以理解；三是目标定位不清晰，给教师安排教学进度、对接其他课程带来很大困难。因此，在本书编写之初，参编教师就进行研究并对教学对象进行了明确的定位。

本书作为服务外包的入门教材，适合于服务外包类院校及服务外包相关专业的学生使用。首先，本书可作为 BPO 方向，即与商务流程外包相关的财经、管理、商务专业学生的专业教材，安排在大学一年级讲授。其次，本书可作为非 BPO 方向学生的通用教材，保持其独立性，安排在大学一年级下学期或者二年级上学期讲授。因此，本书在编写过程中力求做到：内容通俗易懂，避免晦涩的专业术语；语言幽默风趣，以增强学生阅读的兴趣；案例典型充分，理论与实践巧妙结合；每章综述精辟至理，以丰富学生知识，开阔学生视野，发散学生思维。

编写体例

本书共分四大部分、七个章节，涵盖了必要的基础性知识，各个部分可根据教学需要和学生特点独立使用。第一部分包括第一章，是有关服务外包的基础理论知识，由宋翠玲老师负责撰写。这部分旨在让学生获得必要的经济学、管理学方面的相关基础知识，并对服务外包产生整体认识，为后续实务的学习打下基础。这部分内容的学习既可以同传统的经济学、管理学的基础课程相衔接，也可以代替上述这些理论性较强的课程，节省基础课程的授课时间。第二部分包括第二章、第三章，是有关服务外包的基本概念和业务内容的介绍，其中第二章由曹惠玲老师负责撰写。通过这部分的学习，希望学生不仅能够深入了解服务外包的行业知识，而且能够熟悉各项具体业务，特别对于具备一定技术素养的非 BPO 方向学生而言，能够更加深入地理解 IT 技术和服务外包的关系，促使学生更好地学以致用。第三部分包括第四章、第五章，是有关服务外包行业发展和市场特点的介绍，由朱辉老师负责撰写。通过这一部分的学习，希望学生了解服务外包行业在我国的发展概况，增强学习兴趣，并培养良好的择业观。第四部分包括第六章、第七章，是有关服务外包的保障体系和人力资源需求的介绍，由郑长虹老师负责撰写。这一部分的内容来源于本书编写组对服务外包企业深入调研后总结出来的最为重要的一些职业能力描述。通过这一部分的学习，能够让学生熟悉今后的工作环境及应遵守的职业素养，这不仅对学生具有指导性，而且对于教师制定学生的职业能力培养目标也会带来很大的帮助。由于第七章主要是直接面向学生提出能力培养的要求，和前述六章不同，因此没有选用案例。本书第三章由以上四位老师分别撰写，这种分配方式有利于每一位教师专注于一类服务外包业务，从而研究得更为深入、描述得更为准确。本书的主编杨冬先生负责撰写全书的绪论和每章综述，并对全书进行统稿，他在我国服务外包产业领域多年的实践工作经验大大丰富了本书的内容，也使本书形成了一些独特的风格。

最后，编者想就本书所作的主要创新做一些说明。由于服务外包是基于 IT 技术以及与企业管理相融合的新型业务，从行业定位来看，服务外包并非一个独立行业，而是覆盖许多传统行业的业务活动；从学科角度来看，服务外包所涉及的知识和技能具有学科交叉性的特点，且在国际上没有对应的成熟的知识体系。另外，作为跨国公司引领的新型商业模式，服务外包领域技术的更新、业务模式的拓展和市场的变化都非常迅速，其业务“边界”在不断扩大，这就为确定知识

"边界"带来了一定的困难。对于服务外包概论这样的教材而言，上述挑战不仅是巨大的，而且是不可回避的。因此，本书编写组在这方面付出了很大的努力。例如第一章的编写，对于学生理解服务外包这一新生事物是非常必要的，我们既要在众多复杂的理论知识中选择必要的内容，用这些理论对服务外包进行解释，又要避免走入对服务外包进行纯理论研究的误区。这是一次真正的理论与实践相结合的考验，在此特别感谢本章的撰稿者宋翠玲老师，她勇敢地接受了这个挑战，而朱辉老师则策划了本章几个"转变"的主题，生动而鲜明。再例如，本书第三章对服务外包业务种类的介绍中，第一次提出 DCO（数字内容外包）的概念，没有将其归入 KPO（知识流程外包）的业务范畴，而是将其作为服务外包的一类独立业务，这要感谢袁华博士为我们提供了第一手的资料。编者在第七章提出了服务外包从业人员的能力要求，这是本书的一次尝试，试图将 SISO 开展的学生职业素养教学实践融入其中。

本书在编写过程中，得到了服务外包行业内专家的指导、帮助，在此一并表示感谢。本书的不足之处在所难免，欢迎大家批评指正，以期完善和提高。

编者

2012 年 2 月

绪 论

2005年，三次普利策奖得主、著名记者和专栏作家托马斯·弗里德曼的著作《世界是平的：21世纪简史》，在整个美国引起了轰动。书中一段至为煽情的描述使读者产生了巨大的心灵震撼：“小时候我常听爸妈说：‘儿子啊，乖乖把饭吃完，因为中国跟印度的小孩没饭吃。’现在我则说：‘女儿啊，乖乖把书念完，因为中国跟印度的小孩正等着抢你的饭碗。’”从当年4月问世起，仅仅半年时间，该书的销售量就已经突破一百万册，名列《纽约时报》、《商业周刊》、亚马逊书店等畅销书排行榜的首位。比尔·盖茨多次推荐这本书，他认为，这是所有决策者和企业员工都必须读的一本书。

弗里德曼用“世界是平的”寓意新世纪全球化的发展特点。对于全球化这一观念的认同，推动了关于全球化的研究和讨论，观点和论著颇多，编者认为可以从技术进步对全球化的影响，把全球化分为四个阶段：

第一个阶段是从1492年哥伦布发现新大陆，直到19世纪初期欧洲工业革命开始为止。这个阶段是“国家”的全球化，依托于航海技术，在宗教和帝国主义二者的驱使下，国家和政府击垮国界的藩篱，带动了全球的整合。

第二个阶段是从公元1800年一直持续到20世纪70年代，其间被大萧条和两次世界大战打断，但是全球化过程并未中止。这个阶段是“技术”的全球化，蒸汽机的发明、铁路的问世以及航空业发展使运输成本大大降低，电报、电话等通讯技术拉近了人们的距离，不断提升的工业生产和管理技术带来了国与国之间商品的充分流通。

第三个阶段是从20世纪60、70年代开始到21世纪初，随着个人电脑的出现，以及卫星、光纤和互联网的应用，在大幅度提升通讯效率的同时极大地降低了通讯成本，使得市场和人才逐渐全球化，跨国公司得以大力发展。因此，这个阶段可称为"企业"的全球化阶段，信息技术的进步使全球化的速度大大加快，真正的全球化经济开始诞生。

第四个阶段是从人类进入21世纪开始的，这个阶段可称为"个人"的全球化，变革的推动力是软件和网络。随着网景公司上市开辟网络时代、工作流软件大大提高工作自动化程度、依靠外包以节省资金、中国加入世贸组织促进了离岸生产的大发展、将公司的后勤交给其他公司来完成的内包、信息搜索使每个人都有获取全世界所有知识的管道等（弗里德曼提出的10个将世界"夷平"的力量），这些力量如推土机一样"铲平"了世界，使得个人的力量大增，不仅能够参与全球合作，而且能参与全球竞争，成为世界的主角。

我们正处于一个全新的全球化时代，这一时代真正独特的地方在于，它不是国家全球化，不是公司全球化，而是个人持续的全球化。如果说以前全球化的驱动力是蒸汽机、铁路、电话、电报和电脑等硬件，那么最新阶段全球化的驱动力则是软件和网络，它们将全球紧密地联系在一起。正如同中国古语所言，"海内存知己，天涯若比邻"。

世界是平的，意味着在今天这样一个因信息技术而紧密连接的互联世界中，全球市场、劳动力和产品可以被整个世界共享，一切都有可能通过效率最高和成本最低的方式实现。全球化不可阻挡，美国的工人、财务人员、工程师和程序员现在必须与远在中国和印度的那些同样优秀或同样差劲的劳动力竞争，他们中更有竞争力的将会胜出。

尽管有很多人并不赞同弗里德曼的全球化观点，但是几乎所有人都认识到，为《世界是平的：21世纪简史》提供无可争议的事实佐证的，就是全球范围内国际服务外包的迅速发展。

杨冬

2012年2月

目录

CONTENTS

第一章

服务外包的发展背景

时代转变：从工业化到信息化——服务外包的技术支持

产业转变：从制造业到服务业——服务外包的产业形态

市场转变：从市场驱动到成本驱动——服务外包的全球战略

地域转变：从商品贸易到服务贸易——服务外包的国际分工

管理转变：从传统模式到新型模式——服务外包的管理创新

综述：中国发展服务外包的意义

学习目标

1. 了解服务外包发展的 IT 背景。

2. 掌握产业的含义及产业的结构演变，认识现代服务业的特征。

3. 掌握市场的相关概念及市场规律。

4. 熟悉全球化、产业链等概念，理解成本驱动规律。

5. 了解国际商品贸易到国际服务贸易的演变及服务全球化的发展趋势。

6. 了解企业虚拟管理、核心竞争力、全球化采购及竞合战略等新型管理模式。

重点难点

重点：

1. 对产业、市场、分工、管理等概念的理解和掌握。

2. 认识服务外包与 IT 技术进步之间的关系。

3. 理解服务外包发展的产业经济学、市场经济学、国际贸易和企业管理等相关知识背景。

难点：

1. 认识市场规律与服务外包的关系，掌握成本驱动规律。

2. 掌握与服务外包相关的新型管理模式。

第一节　时代转变：从工业化到信息化——服务外包的技术支持

从第一次工业革命起，历史上每一次重大的技术革命都会引起社会结构的改变并对人类社会生活产生长久且深远的影响。离我们最近的第三次科学技术革命使信息技术得以广泛使用。自20世纪后半叶，信息技术日益渗透到工业生产和日常生活的方方面面，推动了社会生产力的发展，提高了信息的利用效率，改变了人们的生活，并促进了社会经济结构的变化，服务业的产值在整个经济中所占的比重越来越大。例如，互联网的广泛应用极大地缩短了地区之间的距离，使得很多从前无法异地协作或分工合作完成的工作现在可以很轻易地开展。一位美国的工程师可以通过电子邮件、视频会议、即时通讯软件等技术与中国的合作伙伴进行无障碍的沟通，共同进行开发活动。

一、现代信息技术的发展

（一）计算机的出现及发展历程

1946年2月，世界上第一台电子计算机在美国宾夕法尼亚大学问世，取名为ENIAC（即电子数字积分计算机的英文缩写）。这台计算机的研制历时3年，是美国军方为适应第二次世界大战对新式火炮的需求，解决在导弹试验中复杂的弹道计算而研制的。在推动计算机发展的诸多因素中，电子元器件的发展是一个重要因素。电子计算机更新换代的主要标志，除了电子元器件的更新之外，还有计算机系统结构方面的改进和计算机软件发展等重要方面。计算机更新换代的大体时间划分为：第一代（1946—1958年），电子管计算机；第二代（1958—1964年），晶体管计算机；第三代（1964—1971年），集成电路计算机；第四代（1971年至今），大规模集成电路计算机。计算机更新换代的显著特点是体积缩小、重量减轻、速度提高、成本降低、可靠性增强。按规模分，计算机可分为巨型机、大型机、小型机、微型机等。我们日常生活中接触最多的是微型计算机。正是由于微型计算机的发展与普及，才使计算机的应用范围迅速扩展到几乎所有领域。

计算机的出现是20世纪的重大科学技术成就之一，计算机以其卓越的性能和强大的生命力在文化教育、工农业生产、国防建设、服务行业、社会公用事业等各个领域得到了广泛的应用，产生了显著的经济效益和社会效益，计算机的出现及广泛应用极大地改变了我们的生活。

（二）通信技术的发展变迁

通信是指人与人之间通过某种行业或媒介进行的信息交流与传递。现代通信技术是指使用电波或光波传递信息的技术，通常称为“电信”。早在18世纪和19世纪初，人们就开始使用电进行远距离通信试验。1836年，英国建成第一条电报线路。1876年，美国人贝尔研制成功可供使用的电话。1895年，俄国人波波夫和意大利人马可尼分别试验成功无线电报。1918年，出现收音机和无线电广播。20世纪20年代，英国人贝尔德成功进行了电视图像的传送。1946年，世界上第一台电子计算机

ENIAC诞生，高速计算成为现实。二进制的广泛应用促进了更高级别的通信机制——“数字通信”的发展，加速了通信技术的发展和应用。1962年，美国发射第一颗人造卫星，开启电视卫星传送的时代。自1972年开始，世界电信业进入数字化发展阶段，在这一阶段，电信设备性能进一步提高，电信设备成本逐步降低，电信服务质量进一步提升。

从20世纪90年代开始，计算机通信技术成为信息产业发展最快的领域，它是现代计算机技术与通信技术相融合的产物。一方面，通信技术为计算机之间的数据传递和交换提供了必要的手段；另一方面，数字计算机技术的发展渗透到通信技术中，提高了通信系统的各种性能。计算机通信技术是未来通信技术发展的必由之路，具有广阔的发展前景。

（三）计算机网络的发展及应用

计算机网络是指将地理位置不同的具有独立功能的多台计算机及其外部设备，通过通信线路连接起来，在网络操作系统、网络管理软件和网络通信协议的管理和协调下，实现资源共享和信息传递的计算机系统。众所周知，任何一种新技术的出现都必须具备两个条件，就是强烈的社会需求与成熟的技术条件。计算机网络的形成与发展也证实了这个规律。20世纪50年代初，美国军方出于需要，在半自动地面防空系统中开展了计算机技术与通信技术相结合的尝试。它将远程雷达与其他测量设备测到的信息通过总长度达241万千米的通信线路与一台IBM计算机连接，进行集中的信息处理与控制。这类简单的“终端—通信线路—计算机”系统，构成了计算机网络的雏形，为计算机网络的出现做好了技术准备。

20世纪60年代中期，出现了由若干台计算机互联的系统，开创了“计算机—计算机”通信的时代，并呈现多处理中心的特点。20世纪60年代后期，由美国国防部高级研究计划署联合计算机公司和大学共同研制而发展起来的ARPA网，标志着计算机网络的兴起。此后，计算机网络得到迅速发展，各大计算机公司都相继推出了自己的网络体系和相应的软、硬件产品。用户只要购买公司提供的网络产品，就可以通过专用或租用的通信线路建立计算机网络。虽然已有各家公司研制的大量计算机网络正在运行和提供服务，但这些“封闭”系统存在不少弊端。因此，人们迫切希望建立一系列的国际标准，从而获得一个“开放”的系统。这也是推动计算机网络走向国际标准化的一个重要因素。1984年，国际标准化组织正式颁布开放系统互连基本参考模型（简称OSI/RM），开创了一个具有统一的网络体系结构、遵循国际标准化协议的计算机网络新时代，从而大大加速了计算机网络的发展。目前，全球以美国为核心的高速计算机互联网已经形成。网络互连和高速计算机网络正成为计算机网络的最新发展方向。

综上所述，自20世纪60年代计算机网络出现以来，至今已有50多年的历史。随着计算机技术和通信技术的发展以及相互渗透，促进了计算机网络的兴起和发展。在当今信息时代，计算机网络在信息的收集、传输、存储和处理方面起着非常重要的作用，其应用范围已扩展到社会各个领域，信息高速公路更是离不开它。因此，计算机技术、通信技术及计算机网络的发展对整个社会有着极其深刻的影响，给人们的工作、生活带来了翻天覆地的变化。

二、现代信息技术的应用带来的影响

信息化社会既是科技革命的成果，又带来了一场经济革命。尤其是进入21世纪以来，科学技术，尤其是计算机网络技术、电子信息技术的飞速发展，使得手机、电脑这些曾经非常昂贵的奢侈品进入寻常百姓家，成为我们生活的必需品。想象一下，如果没有手机，我们如何随心所欲地与亲人保持联系？如果没有网络，我们又如何与远在异国他乡的朋友谈天说地？如果没有高清晰度的电视技术，我们又如何观看制作精良的好莱坞电影？现代信息技术的应用带来的影响无疑比工业革命带来的影响还要深远。

（一）现代信息技术的应用引发了人们工作、学习和生活方式的改变

首先，现代信息技术的应用引发了工作方式的改变。在互联网时代，许多人选择在家中等非传统意义上的办公场所办公。这样既提高了工作效率，又增加了工作乐趣。同时，计算机技术的运用减轻了人们的工作强度，提高了工作效率，从而使人们从大量繁杂的事务中解放出来，有更多的时间谋求自身的发展。

其次，现代信息技术的应用给人们的生活带来了革命性的改变。当今社会，网络成了人们生活中不可缺少的组成部分。例如，商店会根据顾客网上的求购信息把货物直接送到顾客家里，银行则自动完成转账支付业务。这就是所谓的室内购物和室内银行。

最后，互联网作为当今社会最大的资源库、知识库，为教育提供了更大的发展空间，从而引发了一场学习革命。随着信息高速公路的发展，现代信息技术在教育领域得以广泛应用。学生可以利用网络搜集相关资料，进行自主探究学习；教师可以通过各种教学录像、电视教育和人工智能课程来指导学生的学习。互联网使原先相对狭小的教育空间变成了全社会的、开放性的教育空间。

（二）现代信息技术的应用提高了管理的效率，带来了管理模式的创新

自20世纪50年代开始，市场环境发生了很大的变化，顾客需求趋于多样化和个性化，市场竞争愈发激烈，传统的大规模、大批量、单功能的生产方式已经不能适应市场发展的要求。在这种背景下，越来越多的企业意识到仅靠自身的能力难以完全掌握满足市场需求的各种知识资源。自20世纪70年代以来，以微电子技术

为基础的计算机技术和通信技术发展迅速，并在各个领域得到了广泛的应用，CAD/CAM（计算机辅助设计与制造）、CIMS（计算机集成制造系统）、MIS（管理信息系统）、ERP（企业资源计划系统）等信息系统的运用提高了管理的效率，为企业间的合作提供了技术支持。自20世纪90年代以来，光纤通讯技术、计算机网络技术蓬勃发展，互联网为企业创造了一种超越时间、地域的交流方式，改变了企业内部和企业之间的业务联系方式，为深层次的产品信息共享和交换提供了技术条件。计算机、通信及网络技术的发展为管理模式的改变提供了技术条件，许多新型管理模式应运而生。

(三) 信息技术的应用为企业的服务外包提供了技术支撑

20世纪90年代以前，跨国企业之间主要借助于电话、邮递、传真等方式进行沟通与协调，这类沟通方式具有高成本和高风险的缺点。20世纪90年代以后，互联网技术的普遍应用使全球范围内的沟通变得非常容易，它不仅使服务变得可以交易，而且大大降低了跨国企业间的交易成本和风险，从而使服务外包成为一种应用越来越广泛的贸易方式。在过去，由于互联网尚未得到广泛普及与应用，企业即使愿意外包，在选择服务提供商时，地理距离始终是一个不容忽视的因素，距离的远近不仅关系到成本的高低，有时甚至影响到服务提供的可行性。而如今，随着互联网的普及与发展，即使服务提供商远在千里之外，开展业务外包的企业通过互联网也能使服务提供商与自己的业务运作相协调。也就是说，互联网的发展扩大了企业的选择范围，使其可以打破地域限制，选择理想的服务提供商。

综上所述，以电子计算机为代表的现代信息技术为服务外包的发展奠定了坚实的技术基础和有力的技术支撑。互联网的延展性和灵活性使地理位置、自然资源对企业的约束化于无形，市场可以无限制地延伸到任何时间、任何地方，从而为服务外包跨越时空障碍提供了技术支持。计算机网络技术、通信技术、光电子技术、自动控制技术和人工智能技术等的发展大幅度降低了信息处理的成本，增加了信息储存的容量，提高了信息的传播速度，消除了人们搜集和应用信息的时空限制，保证了信息传输的安全可靠，为服务外包各方参与者之间方便、快捷、安全地交流和传递信息提供了技术支持。电子计算机、通信技术和互联网，这些现代科技成果改变了经济运行方式和企业管理模式，企业通过互联网进行信息的搜集、加工、传递，从而使企业间的分工与协作更为容易，而且大大降低了运营成本。

三、IT服务业的发展

根据美国市场营销学会的定义："服务是用于出售或者连同产品一起进行出售的活动、利益或满足感。"也就是说，服务并不仅仅是商品售出后免费的捆绑式附加品，而是一种包含价值和使用价值的商品。IT是Information Technology的简称，即信息技术，从诞生之日起，就是为了支持其他产业而存在，从最初为军方服务，到后来为科学计算服务，再到后来为企业和个人的信息化需求服务。自始至终，IT 就是以服务的角色存在的。随着 IT 技术的普及和门槛的降低，服务的概念在 IT 中体现得越来越重要。尤其是云计算技术的兴起，让更多的企业 IT 方向的注意力从软件、硬件转移到服务上来。但是这与 IT 服务概念具有本质的区别，IT 服务具体是指在信息技术领域，服务商为其用户提供信息咨询、软件升级、硬件维修等全方位的服务，其特点不同于软件产品开发和销售。

目前 IT 行业正发生着深刻的变化：硬件的利润空间越来越小，其作用随之减弱；软件服务的作用正在迅速增强，成为市场竞争的有力武器。面对这一变化，大型 IT 企业都在着手进行经营战略的调整，纷纷向全方位服务方向转型。我们以 IBM 公司为例呈现这一变化。

截至 2009 年 9 月，IBM 公司共有四大利润来源，其中硬件与金融业务带来约 30 亿美元的税前利润，而软件与服务业各带来近 80 亿美元的税前利润，二者共计 160 亿美元。由于软件与服务业务利润可观，而且保持两位数的增长率，因此 IBM 公司业绩卓越。如图 1—1 所示，在四大利润来源中，软件与服务业务对税前利润的贡献度不断增加：软件业务由 2000 年的 28 亿美元，增至 2008 年的 71 亿美元，再到 2009 年的 80 亿美元；服务业务由 2000 年的 45 亿美元增至 2008 年的 73 亿美元，再到 2009 年的 80 亿美元。

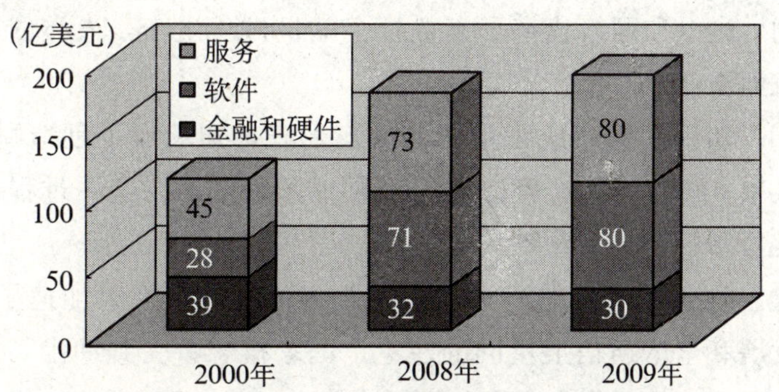

图 1—1 IBM 公司的四大利润来源贡献度比较

资料来源：http：//tech. 163. com/09/0909/09/5IOPV0GU000915BD. html.

如图 1—2 所示，2002 年 IBM 公司的税前利润率跌到最低 7.2%，从 2002 年至 2008 年，IBM 的税前利润率由 7.2%上升至 16.1%。充分说明 IBM 公司的转型宣告成功，软件与服务业的发展给公司带来了税前利润率的大幅攀升。

四、信息化时代的主要特征

19 世纪 70 年代欧洲工业革命开始了第二次工业化浪潮，先有英、法、德、美、日等强国通过工业化而崛起，后有 20 世纪 60 年代以后以发展中国家（地区）为主体的

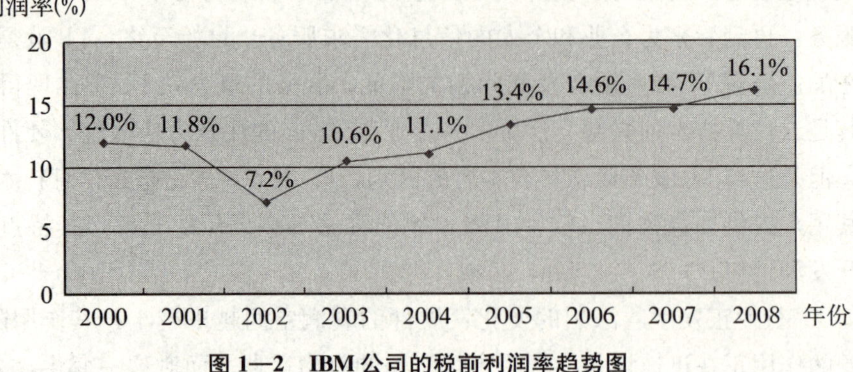

图 1—2　IBM 公司的税前利润率趋势图

资料来源：http：//tech. 163. com/09/0909/09/5IOPV0GU000915BD. html.

世界工业化进程。按照世界著名未来学家阿尔文·托夫勒的观点，第三次工业化浪潮是信息技术革命，大约从 20 世纪 50 年代中期开始，以电子计算机、原子能、空间技术和生物工程的发明和应用为标志，主要以信息技术为主体，重点是创造和开发知识。随着农业时代和工业时代的衰落，人类社会正在向信息化时代过渡，社会形态也由工业社会发展到信息社会。第三次浪潮的信息社会与前两次浪潮的农业社会和工业社会最大的区别是不再以体能和机械能为主，而是以智能为主。信息化时代的主要特征归纳如下：

（1）电子化。信息化时代是在计算机技术、数字技术和生物工程技术等先进技术的基础上产生的。光电和网络代替了工业社会的机械化生产，人类创造财富的方式不再是工厂化的机器作业。

（2）智能化。知识的生产成为主要的生产形式，知识成了创造财富的主要资源。这种资源可以共享，可以增值，可以“无限制地”创造。在这一过程中，知识取代资本，人力资源比货币资本更为重要。

（3）全球化。信息技术正在消除时间和距离的概念，大大加速了全球化的进程。随着互联网的发展和全球通信卫星网的建立，国家概念将受到冲击，各网络之间可以不考虑地理上的联系而重新组合在一起。

（4）信息产业化。信息化时代造就信息产业，工业化国家的产业结构正在实现制造经济向信息经济的转化，从而引起经济结构的调整和变革。信息化时代使工业化国家和企业从信息技术和信息经济中获得了活力。

第二节　产业转变：从制造业到服务业
——服务外包的产业形态

服务业位于产业链的高端，大力承接国际服务外包有助于产业结构升级，服务外包的发展有助于提升我国产业结构在国际产业分工和价值链中的层次和地位。2010年3月5日，温家宝总理在第十一届全国人民代表大会第三次会议所作的政府工作报告中指出："优化出口产品结构，稳定劳动密集型产品出口，扩大机电产品和高新技术产品出口，大力发展服务贸易和服务外包。"《国务院关于加快发展服务业的若干意见》中指出："把承接国际服务外包作为扩大服务贸易的重点，发挥我国人力资源丰富的优势，积极承接信息管理、数据处理、财会核算、技术研究、工业设计等国际服务外包业务。"积极承接国际服务外包是加快服务业发展、优化经济结构、推动产业结构升级的一条重要途径。产业转型始终和服务外包紧密相关。

一、产业的含义及分类

（一）产业的含义

产业是国民经济中按照一定社会分工原则，为满足社会某类需要而划分的从事产品生产和作业的各个部门。产业介于企业和国民经济之间，对于企业，它是某些同类企业的集合体；对于国民经济，它是国民经济的一个组成部分，包括农业、采矿业、制造业、建筑业、商业、交通运输业、邮电通信业、金融保险业、咨询业、旅游业等产业部门。

（二）产业的分类

三次产业分类法是产业分类中的一种重要方法。三次产业分类法是根据经济实践活动的需要，由新西兰经济学家费希尔首先创立，1935年在其著作《安全与进步的冲突》中提出的对产业的划分方法。在世界经济发展史上，人类经济活动的发展有三个阶段：第一阶段即初级阶段，人类的主要活动是农业和畜牧业；第二阶段开始于英国工业革命，以机器大工业的迅速发展为标志，纺织、钢铁及机器等制造业迅速崛起和发展；第三阶段开始于20世纪初，大量的资本和劳动力流入非物质生产部门。费希尔将处于第一阶段的产业称为第一产业，处于第二阶段的产业称为第二产业，处于第三阶段的产业称为第三产业。这种分类法是以工业时代的产业经济发展为现实背景的。当时，经济发达的美国、英国、法国、德国还处在以工业化为主导的阶段，其划分的依据是物质生产中加工对象的差异性。也就是说，第一产业的属性是取自于自然界；第二产业是加工取自于自然的生产物；其余的全部经济活动统归第三产业。即把产业门类划分为第一、第二和第三产业。这一产业分类方法提出后，得到广泛的认同，并一直沿用至今。目前，比较一致的三次产业的分类是：第一产业在顺序上是社会再生产过程开始时以从事农业产品和矿产品的取得为主的产业（采矿业的归属是有争议的，在我国被划归为第二产业）；第二产业则主要是对农业、矿业产品进行加工的工业和建筑业；第三产业是一个复杂的综合部门，其兴起和主要职能是为第一、第二产业在流通过程中服务，如交通运输业、邮电通信业等。

目前我国三次产业的划分为：第一产业包括农业、林业、畜牧业、渔业；第二产业包括工业（采矿业，制造业，电力、燃气及水的生产和供应业），建筑业；第三产业包括流通部门、服务部门（如交通运输、仓储和邮政业，信息传输、计算机服务和软件业，批发和零售业，住宿和餐饮业，金融业，房地产业，租赁和商务服务业等）。

二、产业结构的演变与效应

产业结构是指各产业之间的相互联系及其数量比例关系。产业结构时时刻刻在发生变化，随着科学技术的发展和需求的变化，会引起产业间的不平衡增长，进而导致产业间数量比例的变化以及产业间相互地位、相互关联方式的变化。当量变达到一定程度，产业结构就会发生质的变化，这意味着新的主导产业（群）取代了旧的主导产业（群），新的产业关联方式和数量比例形成，从而使产业结构进入一个新的更高的水平。从量变到质变的不断螺旋式上升的过程，就是产业结构的演变。产业结构的演变过程表现出以下特点：

（一）从三次产业结构转换的角度看，“高服务化”是世界经济结构变化的主要趋势

从整个国民经济的角度来看，产业结构由最初的第一产业占优势向第二产业占优势，再向第三产业占优势的方向发展，这一趋势可简称为“高服务化”。从英国、法国、美国、日本国民生产总值中三大产业所占份额来看（见表1—1），随着工业化的发展，农业产值所占份额大幅度下降，工业产值所占份额大幅度上升，并在产业结构中占据优势比重；而进入工业化后期（20世纪后期以后），工业产值所占份额下降，服务业产值所占份额持续上升，并最终占据优势地位。

表1—1　国民生产总值中三大产业所占份额变动趋势　单位：%

国别	年代	第一产业	第二产业	第三产业
英国	1801—1811	34.1	22.1	43.1
	1907	6.4	38.9	54.7
	1924	4.2	53.2	42.6
	1965	3.4	44.1	52.5
	1985	2.0	36.0	62.0
美国	1839	44.6	24.2	31.2
	1919—1929	11.2	41.3	47.5
	1953	4.3	45.3	50.4
	1975	3.5	31.9	64.6
	1985	2.0	31.0	67.0

续前表

国别	年代	第一产业	第二产业	第三产业
法国	1886	25.0	46.2	28.8
	1963	8.4	51.0	40.6
	1974	5.1	43.3	51.1
	1985	4.0	34.0	62.0
日本	1924—1933	23.3	76.3	—
	1951—1954	16.1	83.9	—
	1965	11.2	35.8	53.0
	1985	3.0	41.0	56.0

资料来源：世界银行编：《1986年世界发展报告》，126页，北京，中国财政经济出版社，1986。

（二）从产业转移过程及产业结构的演变来看，服务外包发展迅速

18世纪60年代开始的第一次工业革命使英国成为世界上第一个工业国家，随后其他国家掀起工业革命的浪潮。首先是从英国向美国、欧洲大陆等转移。20世纪初，欧洲大陆和美国取代了英国成为世界工厂。20世纪50年代，美国的钢铁、纺织等传统产业开始向日本、原联邦德国等转移。20世纪60年代，日本、原联邦德国等把一部分劳动密集型产品的生产转移到韩国、新加坡，以及中国台湾、香港等地区。20世纪七八十年代，美国、日本等发达国家把失去比较优势的传统产业和部分低附加值的技术密集型产业转移到"亚洲四小龙"（韩国、新加坡、中国台湾、中国香港）和其他东盟国家和地区，而"亚洲四小龙"则把劳动密集型和一些高能耗、高污染、低效率的工业转移到中国内陆和其他东盟国家。

产业转移随着交通、运输、通信条件以及国家经济合作关系的加强而不断变化。从转移的内容来看，逐渐从有形商品的生产向服务的提供变化；从转移的方式来看，逐渐从"自己完成"向"外包"转变；从转移的价值链来看，产业转移的附加值有逐步提高的趋势。国际新一轮的产业转移主要是服务业的转移，从20世纪90年代开始，基于现代信息技术，以金融、保险、咨询等服务业和电子信息产业为重点的新一轮产业转移迅速推进，其突出特征是服务外包。日本是最早对中国发包的国家，NEC和富士通等公司从90年代初就开始把软件开发项目外包给中国的软件商。目前，日本和韩国在中国软件外包市场占据主导地位，欧美等国的软件外包发展势头迅猛。

产业结构的演变有一定的规律性，是社会生产力发展的必然结果，各国经济学家均对其进行了研究和总结，并且已被许多发达国家的经济发展实践所证实。然而，各国（地区）产业结构的具体演变过程及速度存在明显差异，受该国（地区）的现有经济基础、资源状况、对外开放程度、市场化程度、产业政策等影响。因此，对于我国产业结构的调整，必须在正确认识产业结构演变一般规律的基础上，创造有利条件，积极发展服务外包，加快产业结构的优化和调整。

三、服务业的主要特征

制造业是指对制造资源（物料、能源、设备、工具、资金、技术、信息和人力等），按照市场要求，通过制造过程转化为可供人们使用和利用的工业品与生活消费品的行业，包括除采矿业、公用事业外的所有30个行业。目前，制造业是我国国民经济的支柱产业。服务业是指专门从事生产和销售服务产品的生产部门和企业的集合。与制造业相比，服务产品是无形的、不可触的、不耐久的、不可储存的，顾客与服务系统接触频繁，相对来说，响应顾客需求的周期也比较短，要求的设施规模较小，服务的质量不容易度量（见表1—2）。在我国国民经济核算实际工作中，将服务业视同为第三产业，即将服务业定义为除农业、工业、建筑业之外的其他所有产业部门。

表1—2　　服务业与制造业的区别

制造业	服务业
产品有形、耐久	产品无形、不可触、不耐久
产出可储存	产出不可储存
顾客与生产系统极少接触	顾客与服务系统接触频繁
响应顾客需求周期较长	响应顾客需求周期较短
设施规模较大	设施规模较小
质量易于度量	质量不易度量

值得注意的是，在经济发展的不同阶段，服务业的内部结构及主导产业存在明显的差异。在工业化阶段之前，以服务个人和家庭为主的消费服务和零售服务是服务业发展的主导；进入工业化阶段后，特别是在工业化初期和中期，以服务大量生产和大量流通为特征，以交通通讯、商业与贸易、金融保险等为代表的商品流通服务业成为服务业发展的主导。与此同时，一些具有现代意义的生产型服务和消费服务，如营销服务、会计法律、研发设计、休闲娱乐等逐步孕育形成。进入工业化后期及服务经济加速发展阶段，以知识型服务和公共服务为特征的现代生产型服务占据了服务业发展的主导地位（见表1—3）。

表1—3　　不同经济社会形态服务业发展的主导特征

经济社会形态	主导活动	服务业特征
农业经济	农业	传统的个人和家庭服务及商业
工业经济	商品生产	与商品生产有关的流通服务，向具有现代意义的各种生产型服务和消费服务转变
服务经济	服务	现代生产型服务——知识型服务和公共服务

资料来源：郑凯捷：《分工与产业结构发展——从制造经济到服务经济》，54页，上海，复旦大学出版社，2008。

四、现代服务业的发展与产业结构优化升级

现代服务业属于服务业范畴。服务业是指专门从事生产和销售服务产品的生产部门和企业的集合。现代服务业则更侧重于应用现代先进技术和管理模式，以满足现代

经济发展需要。与服务业不同的是，首先，对现代服务业界定的重点在于服务的供给特征，即服务的生产能否较大程度地应用现代科研成果、服务的生产效率和效益是否较高等。其次，界定现代服务业还要考虑服务的对象是否反映现代经济特征、发展是否有潜力。所以，现代服务业肯定不可能采用自给自足的生产方式，而应采用专业化、社会化的分工和合作方式。再次，界定现代服务业时，须注意现代服务业的相对性和动态性。从词义上看，虽然现代是区别于古代、近代的时间段划分的，但现代服务业不是指现阶段存在的所有服务业。反过来，现代服务业也不是指必须是现阶段才出现或形成的行业。一些传统服务行业，由于运作模式的改变，也可能转变成现代服务行业。例如在美国，由于现代信息技术的应用，娱乐业被列入现代服务业。因此，能否反映特定历史时期的经济发展特征，才是界定现代服务业的关键。

随着世界经济进入服务经济时代，服务业的产业结构出现重大变化，技术与知识密集型服务业成为引领服务经济发展的龙头，并成为推动全球经济结构调整与升级的关键。现代服务业的发展表现出以下基本特征①：

（一）服务业的产出在经济中的比重持续增加，使得服务业在整个经济活动中逐步占据主导地位

服务经济自 20 世纪 70 年代开始在主要发达国家出现。一般而言，服务经济形成的主要标志是服务活动在社会经济发展中占据主导地位，即国民经济中从事服务活动的人员及其创造的增加值超过农业和工业之和，并在 GDP 中占据超过 60%的比重。目前，发达国家服务业增加值占 GDP 的比重已经接近或超过 70%，美国、法国和荷兰等国服务业占 GDP 比重已经接近或超过 75%；大多数发达国家服务业就业人数比重普遍达到 60%以上，少数发达国家达到 70%以上，美国最高，达到 77.8%。更为重要的是，近年来发展中国家普遍出现了服务经济加速发展的态势，服务业增加值占 GDP 的比重从 1990 年的 45%提高到 2004 年的 52%，其中一些国家已实现或接近实现向服务经济的转型。例如，从 1990 年至 2004 年，俄罗斯服务业增加值比重从 35%提高到 60%，捷克从 45%提高到 59%，匈牙利从 46%提高到 66%，印度从 41%提高到 52%，菲律宾从 44%提高到 54%。这说明，在全球范围内，服务活动正在成为越来越多国家社会财富的主要创造者，成为引领和推动全球经济发展的主要动力。

（二）现代城市（特别是经济中心城市）是现代服务业集聚与发展的主要空间

从世界范围来看，服务业的发展与城市发展有着密切联系，存在明显的向城市集聚的发展特征。主要体现在：一是服务业呈现向城市，特别是大中型城市集聚的发展趋势；二是向城市内部的特定区域集聚，形成综合性或专业化的服务产业集群，如

---

① 参见刘世锦、任兴洲、王微：《关于服务经济发展的若干认识》，载《科学发展》，2010（8）。

CBD、金融城、商业街等服务业集群；三是向制造业集聚区域集中，并与相关制造业融合互动发展，如伦敦作为国际性航运中心，集聚了船舶制造与维修、航运交易、港口物流、金融保险等大量制造业和服务业，形成了与港口和航运高度相关的制造业与服务业集群。由此可见，现代城市，特别是国际化大都市和经济中心城市已经成为服务业集聚和服务经济发展的主要载体（见表1—4）。

表1—4　世界部分大型城市产业构成比较　单位：%

城市名称	统计年份	第一产业比重	第二产业比重	第三产业比重
纽约	2000	0	14.4	85.6
巴黎	2003	0.3	15.1	84.6
东京	2000	0.05	18.2	81.7
罗马	1981	4.0	23.0	73.0
香港	2004	0.1	9.9	90.0
首尔	1989	0.4	30.7	68.9
墨西哥城	1989	11.4	29.4	59.2
伦敦	2004	0	10.9	89.1

资料来源：刘世锦、任兴洲、王微：《关于服务经济发展的若干认识》，载《科学发展》，2010（8）。

以英国、美国和日本为例，伦敦、纽约和东京的许多生产型服务业聚集了大量的从业人员，特别是这三大城市的金融保险业、房地产业的就业人数规模占各自国内的就业份额总体上呈逐步上升的趋势（见表1—5）。具体来看，1999年伦敦的金融保险业、房地产业的就业人数占全国的比重分别比1981年提高了2.0个百分点和1.6个百分点；1997年纽约的房地产业的就业人数占全国的比重比1981年上升了4.2个百分点；1997年东京的金融保险业、房地产业的就业人数占全国的比重分别比1980年提高了1.5个百分点和0.7个百分点。

表1—5　伦敦、纽约和东京部分生产型服务业占全国的就业份额　单位：%

城市	年份	金融保险业	房地产业
伦敦	1981	6.4	0.6
	1984	6.5	1.0
	1999	8.4	2.2
纽约	1981	13.6	3.0
	1985	13.9	3.1
	1997	12.6	7.2
东京	1980	4.2	1.8
	1985	4.2	1.9
	1997	5.7	2.5

资料来源：［美］丝奇雅·沙森：《全球城市：纽约、伦敦、东京》，上海，上海社会科学院出版社，2005。

（三）知识和技术密集型服务业发展迅猛，新型知识型服务业不断涌现并加快发展

现代服务经济的发展主要依赖于知识、创新、信息、管理、品牌等高级生产要素

或无形资产，并形成了一系列知识和技术密集型的新型服务行业，对拉动服务业乃至整个经济发展发挥着重要作用。在全球技术革命的推动下，以信息服务业、金融服务业、研发及科技服务业为代表的知识和技术密集型服务业等迅速崛起和发展，逐渐成为服务经济发展的重要支柱产业。以美国为例，1990—2008年信息服务业、金融租赁业、专业与商业服务业实现的增加值由1.8万亿美元扩大到5.3万亿美元，占GDP的比重从31.7%上升至37.0%；三大行业的年均名义增长率达到6.2%，高于同期GDP名义增速1.1个百分点。随着科技进步的飞速发展和知识创新活动的日趋活跃，服务经济中涌现出许多新的服务内容和形式，并由此带动了网络电视、博客、移动游戏、电子商务、文化创意产业等一些新服务行业和产品的发展。例如，文化创意产业（版权产业）是发达国家发展较快的产业之一。美国自1996年开始，版权产品首次超过汽车、农业等传统产业，成为美国最大宗的出口产品，其中核心版权产业的出口额已超过600亿美元。

（四）现代服务业的发展是以传统服务业为基础的，服务业成为全社会创新的重要源泉

在服务经济时代，知识和技术密集型服务业的快速发展，为制造业、现代农业的发展提供了大量新知识、新技术，直接推动了新技术、新生产模式在产业中的渗透，促进了产业结构从劳动密集型、资本密集型向技术、知识密集型的转变，促进产品结构逐步实现高技术化和高附加值化，推动了生产技术向自动化、电气化、信息化、智能化的更高层次迈进。因此，服务业创新已经成为全社会创新的重要组成部分。2007年，OECD（经济合作与发展组织）国家服务企业R&D（科学研究与试验发展）投入在全社会企业R&D投入中的比重上升至35%左右，其中英国、葡萄牙等国已超过50%，极大地促进了服务业生产率的提升。

（五）服务外包是现代服务业形成与发展的重要基础和主要途径

20世纪90年代后期以来，继制造业之后，全球范围内又掀起第二轮以服务业为主导的新一轮世界产业结构调整的浪潮，即服务外包，服务外包成为世界性服务转移的主要趋势。以ITO、BPO和KPO为主要形式的服务外包，具有信息技术承载度高、附加值大、资源消耗低、吸纳大学生就业能力强等特点。服务外包是现代服务业的重要组成部分，大力发展服务外包，对于承接国际高端服务业转移，加快现代服务业发展，促进产业结构调整，拓宽大学生就业渠道，改善对外贸易增长方式，优化利用外资结构，实现经济发展方式的转轨变型，确立新的发展优势，具有重要推动作用。

综上所述，自20世纪60年代以来，世界各国服务业发展迅速，服务业在各国国民经济中的重要性日益突显，基于信息产业和产业升级的服务业已经成为现代经济的标志和各国在21世纪竞相竞争的战略制高点。

第三节　市场转变：从市场驱动到成本驱动——服务外包的全球战略

所有企业都置身于市场经济的大环境下，都要受制于市场规律，在竞争激烈的市场中，追求成本领先战略的企业外包其非核心业务，这对企业的财务绩效有着积极的影响。基于此，跨国企业在成本驱动下进行全球产业经济转移，从而促使制造外包和服务外包的出现。

一、市场的概念及内涵

众所周知，市场是商品经济的产物，哪里有商品生产，哪里就有市场。市场的概念及内涵并不是一成不变的，它是随着商品经济的发展而发生变化的，在不同的历史时期和环境下，市场具有不同的概念及内涵。归纳起来，主要有以下四种：

（一）从商品交换地点的角度来看，市场是指商品交换的具体场所

这是一个比较狭义的市场概念，是对市场最古老和最直观的理解。在商品经济并不发达的时代，买卖双方的交换活动是聚集在一定的场所进行的，在这种环境下，市场仅指交换的具体场所，如集市。这个定义虽然古老，但在现今生活中仍在使用，人们习惯把市场看作买卖交易的场所，如商场、商品批发市场、超市等。

（二）从经济学的角度来看，市场是各种错综复杂的交换关系的总和

市场是指商品和劳务从生产领域向消费领域转移过程中所发生的一切交换及职能的总和。在现代生活里，交换渗透到社会生活的各个方面，特别是交通运输、邮电通讯业和金融信贷业的发展，使商品交换打破了时空的限制，交换范围日益扩大，不需要固定的地点即可完成交换。因此，市场不仅仅是指具体的交易场所，经济学家认为市场应该是一个经济范畴，它体现了商品交换关系的总和，是通过交换反映出来的人与人之间的关系。哪里有社会分工和商品生产，哪里就应有市场。市场是为完成商品形态的变化，在商品所有者之间进行商品交换的总体体现。这是抽象的市场概念。

（三）从市场营销者的角度来看，市场是指某种商品的现实购买者与潜在购买者需求的总和

市场专指买方，而不包括卖方；专指需求，而不包括供给。这种市场营销旨在研究如何适应买方需求、如何拓展销路，以此达到经营目标。站在卖方营销的立场上，其他的卖方同行都是“竞争者”，而不是“市场”。行业是由卖方组成的，所以，从某

种意义上讲，在市场营销者的眼中，“市场”等同于“需求”。

（四）从管理学的角度来看，市场是供需双方在共同认可的一定条件下进行的商品或劳务的交换活动

菲利普·科特勒认为：“市场是由一切具有特定欲望和需求，并且愿意和能够以交换来满足这些需求的潜在顾客所组成的。”管理学家侧重从具体的交换活动及其运行规律去认识市场。由此可见，从管理学的角度来看，市场是指营销市场，是指广义的市场，这种市场的大小取决于人口、购买力和购买欲望三个要素，市场是人口、购买力和购买欲望有机组成的总和，即：市场＝人口＋购买力＋购买欲望。三者相互制约，缺一不可。

市场是商品交换顺利进行的条件，是商品流通领域一切商品交换活动的总和。从企业经营与管理的角度来看，正好相反，哪里有市场，哪里就有商品生产，这是因为受交通、信息技术条件等的限制，企业会根据就近原则进行运营。随着全球经济的发展以及通讯、交通技术条件的改善，制造外包突破了地域，由市场引导转向成本驱动。例如，1913 年，美国福特汽车公司率先将流水装配线引入 T 型小轿车的制造过程中，随着生产分工日益精细，尤其是制造标准化体系的建立，福特汽车公司的工业生产向海外拓展。福特汽车公司利用当地的原材料和人力资源，降低了生产成本，提高了劳动生产率，这时市场引导和成本驱动并存。20 世纪 90 年代初，主要发达国家开始普及应用信息技术，随着信息技术以及互联网技术的推广，服务业正在经历着和制造业相似的变化：由生产成本高的地区转移到成本低的地区，企业经营由市场引导转向成本驱动。

二、市场经济的一般规律

凡是搞市场经济，必然会有市场经济规律发挥作用，所有企业都置身于市场经济的大环境下，都要受制于这些市场经济规律。市场经济规律是指经济现象和经济过程内在的、本质的、必然的联系。内在的、本质的联系是指经济现象和经济过程不是浮现在市场经济运行的表面，而是深藏在经济现象的背后，一定要通过科学研究才能发现。例如，商品价格是一个表面现象，你到任何一个市场都可以看到商品的价格，1 斤白萝卜 1 元，1 件上衣 100 元，1 台 32 英寸高清液晶电视 3 000 元，等等。对这些价格起支配作用的是价值，价值是看不见、摸不着的，但它躲在价格背后发挥着作用。价值就是价格内在的、本质的联系。必然的联系是指只要存在某种条件，一定会产生某种现象。例如，气温降到摄氏 0 度，水一定会结冰；气温上升到摄氏 100 度，水就会变成蒸汽。“必然”就是一事物与他事物的因果联系。在市场经济运行中也有不少必然现象。例如，某种商品的价格上升，这种商品的供应量必然会增多，需求量必然会减少。经济规律是客观的，是不以人们的主观意志为转移的。不管人们认识不认识，承

认不承认，喜欢不喜欢，它始终发挥作用。市场经济运行中存在不少经济规律，例如价值规律、竞争规律、供求规律等，这些经济规律适用于所有的市场经济。

（一）价值规律

价值规律的基本内容是商品的价值量决定于生产该产品的社会必要劳动时间，各种商品均以各自的价值量为基础进行等价交换。首先，价值规律通过市场价格的上下波动来调节社会生产。市场价格与价值的相对高低反映了商品的供求关系。当市场价格高于价值时，说明商品的需求大于供给，会引起某些企业进入该行业；反之，当市场价格低于价值时，说明商品的供给大于需求，会引起某些企业退出该行业。价值规律正是通过这种手段起着分配社会劳动的作用。价值规律作为一种强制力，要求每一个生产者都要重视市场需求，只有适应市场需求，生产者才能获得收益。在价值规律的作用下，企业只有不断改进技术，提高劳动生产率，改善经营管理，才能生存和发展。在市场经济条件下，企业必然受制于价值规律，在价值规律的指导下进行生产运作。由此可见，价值规律是其他经济规律的前提。市场对资源的配置是通过价格、供求等一系列经济机制的作用而实现的，这些经济机制从不同角度体现了价值规律的作用。

（二）竞争规律

竞争机制是市场机制的内容之一，是商品经济活动中优胜劣汰的手段和方法。它同价格机制紧密结合，共同发生作用。竞争包括买者和卖者双方之间的竞争，也包括买者之间和卖者之间的竞争。竞争机制充分发挥作用的标志是优胜劣汰。

竞争，从实质上说就是商品生产中劳动消耗的比较。竞争规律是指商品经济中各个不同的利益主体，为了获得最佳的经济效益，互相争取有利的投资场所和销售条件的客观必然性。它和价值规律一样，都是商品经济固有的规律。商品的价值在于竞争，即是在市场上商品生产者的劳动消耗比较中实现的。只有通过竞争，才能在现实中了解决定商品价值的社会必要劳动时间是多少，新产品的价值也是在市场竞争中形成的。优胜劣汰的法则在市场竞争中起着同样的作用。通过竞争可以实现商品生产的优胜劣汰，从而使产业结构得到最迅速、最有效、最彻底的调整，促进社会经济更加迅速、合理地发展。企业要生存并得以发展必须具备一定的竞争优势，具备了竞争优势才能在竞争中处于领先地位，立于不败之地。

（三）供求规律

供求规律是指商品的供求关系与价格变动之间的相互制约的必然性，商品的供给和需求之间存在一定的比例关系，其基础是生产某种商品的社会劳动量必须与社会对这种商品的需求量相适应。在商品经济条件下，生产某种商品的社会劳动量和社会对这种商品的需求量之间的关系主要表现为三种情况：

（1）生产某种商品的社会劳动量和社会对这种商品的需求量相一致。在这种情况下，部门内部生产商品的劳动耗费与社会分配的劳动量相等，在市场上就表现为商品的供求一致。

（2）生产某种商品的社会劳动量大于社会对这种商品的需求量。在这种情况下，部门内部生产某种商品所耗费的劳动超过社会分配的劳动量，在市场上就表现为商品的供给大于需求。

（3）生产某种商品的社会劳动量小于社会对这种商品的需求量，即社会供给不能满足社会需求。因此，社会各生产部门只有按社会对各生产部门的商品需求量的比例来分配社会总劳动量，商品的供给和需求才能趋于平衡。而商品的供给和需求趋于平衡是供求双方矛盾运动的内在规律。

促使商品供给和需求趋于平衡的动力是由供求双方相互作用而决定的价格。商品的价格是由商品的价值决定的，但是商品的供给和需求之间的关系却影响着价格对价值的背离程度。当商品的供给大于需求时，社会所提供的商品超过社会的需求，商品的价格就会下跌，商品只能按照低于其价值的价格出售；较低的商品价格具有抑制供给、刺激需求的作用，从而使供给和需求逐渐趋于平衡。当商品的供给小于需求时，社会所提供的商品满足不了社会的需求，商品的价格就会上涨，商品就必然按照高于其价值的价格出售；较高的商品价格具有刺激供给、抑制需求的作用，从而促使商品的供给和需求逐渐趋于平衡。因此，在市场经济条件下，企业的生产经营必须在需求的引导下进行。

任何一个企业都必然置身于市场经济的大环境下，因而必然受制于市场经济的一般规律，遵循价值规律、竞争规律和供求规律等，由市场规律引导企业的生产活动。适应市场的需求，保持竞争优势才是企业发展的根本所在。

三、成本驱动与全球产业转移

基本竞争战略是由美国哈佛大学商学院著名的战略管理学家迈克尔·波特提出的，基本竞争战略有三种：成本领先战略、差异化战略和集中化战略。这三种战略都可以成为企业的主导战略。企业可根据各自的核心竞争力与特点选择适合自身发展的基本竞争战略：要么把成本控制到比竞争者更低的程度；要么在企业产品和服务中形成与众不同的特色，让顾客感觉到你提供了比其他竞争者更多的价值；要么致力于服务于某一特定的细分市场、某一特定的产品种类或某一特定的地理范围。

成本领先战略，也称为低成本战略，它是三种通用战略中最清楚明了的一种。选择以这种战略为主导战略的企业可以通过有效途径实行低成本生产。为了形成成本优势，企业可以根据自身产业结构而寻求规模经济、专利技术、原材料的优惠待遇或其他优势来源。例如，在电视机行业，企业要取得成本上的领先地位，需要有足够规模的显像管生产设施、低成本的设计、自动化组装和有利于分摊研制费用的全球性销售规模。而在安保服务行业，要形成成本优势，则可以通过极低的管理费用、源源不断的廉价劳动力和高效率培训程序等途径来寻求成本优势来源。

1985年迈克尔·波特还提出了价值链概念，他认为："每一个企业都是在设计、生产、销售、发送和辅助其产品的过程中进行种种活动的集合体。所有这些活动可以用一个价值链来表明。"企业在生产活动中完成价值创造，价值创造是通过一系列活动构成的。这些虽互不相同但又相互关联的生产经营活动，构成了一个价值创造的动态过程，即价值链。价值链上的每一项价值活动都会对企业最终能够实现多大的价值造成影响。而且不仅企业内部各业务单元之间存在价值链，上下游关联的企业与企业之间也存在行业价值链。为了追求成本优势，在价值链相关概念的引导下，在经济全球化和科技飞速发展的推动下，全球业务外包市场得到了快速发展。很多企业为了降低成本，将价值链中一些辅助性或非战略性活动转移到成本更低的地区。

生产外包向发展中国家的转移大大降低了生产成本，也促进了发展中国家的产业结构升级。发达国家的跨国公司先是大量对外转移制造业，随着信息技术和互联网的发展，现在发达国家又开始将其认为非核心的服务职能向海外，特别是新兴市场国家和地区转移。其实，在工业经济时代，就有企业家认识到他们只能做好一部分工作，即那些和企业的核心业务直接相关的工作，其他那些对于企业发展无关紧要的非核心业务工作，应该交给具有更专业知识和规模经济的外部供应商去完成，这样对企业的发展来说更有利。但是在工业经济时代，业务外包很难得到真正发展，因为在以资本和原料为基础的传统经济中，那些汇集了纵向整体业务、控制着几乎所有上游产品供应的企业，它们即使认识到自己在非核心业务上并不那么卓越，也不愿意心甘情愿地将这些业务外包出去。然而现在，人类已经进入了知识经济的新时代，企业所面临的竞争环境比以往任何时候都复杂得多，传统的纵向一体化企业由于不能再适应新的环境而日趋没落。为了生存与发展，企业不再故步自封，取而代之的是代表企业成功的一组组新词汇：速度、专门知识、灵活性、柔性生产和创新，等等。为此，越来越多的企业专注于自身的核心竞争力，而把一些重要但非核心的业务交给外部更专业的企业去完成。

成本领先目标为服务外包提供了强大动力。如果企业的规模太大，在硬件投入方面，必须花费大量资金来购置各种设备、工具；在人才培训等软件方面，企业也需要不断地长期投入，这些措施都将加大企业的经营成本和负担。但是，如果企业将一些非核心业务（如服务），交给外部专业化的公司或机构去做，不仅可以为客户提供更加优质、及时的服务，而且可以降低成本，进而增加企业利润。这种服务外包成本的降低主要是由不同国家间工资成本的差异造成的。例如，印度与中国等人口大国在一定程度上存在劳动力成本优势，2011年，中国公民的平均工资水平约为美国的1/15。美国企业如果通过服务外包利用国外人力资源优势，就能有效降低生产成本。因此，管理良好的服务外包有利于企业大幅度减少成本，提高效率，从而提高企业在国际市场上的竞争力。

第四节　地域转变：从商品贸易到服务贸易——服务外包的国际分工

亚当·斯密首创性地提出了分工学说，并提出了自由贸易理论，而英国经济学家大卫·李嘉图则在其基础上进一步提出了比较优势理论，他认为如果每个国家专门生产自己具有比较优势的产品，然后用各自的产品进行交换，贸易双方都会从这种交换中获益。建立在比较优势的基础上，发达国家与发展中国家经济发展水平的差异以及各国产业的分工使得国与国之间的商品贸易迅速发展，而信息技术的发展又使得服务贸易成为可能。

一、专业分工与国际分工

（一）专业分工与国际分工的概念

分工是交换的基础，没有分工就没有交换，也就没有国际贸易。劳动分工是组织生产的一种方式，让每个劳动者专门从事于生产过程中的某一环节，这样他们从事各种不同的而又相互联系的工作。劳动分工对提高劳动生产率有着重要的作用。亚当·斯密在《国富论》中阐述了其中的原因，他认为：（1）分工能提高劳动的熟练程度；（2）分工使个人专门从事某项作业，可以节省与生产没有直接关系的时间；（3）分工有利于发明创造和改进工具。他认为即使在生产要素不变的条件下，依靠分工依然可以提高劳动生产率。因此，他提出，如果某种东西自己生产所费较多，而向他人购买所费较少，那么精明的人就不应自己生产而应向他人购买。每个人都应选择自己擅长生产的产品，而放弃不擅长生产的产品。例如，裁缝做 1 件衣服需要 1 天，而制作 1 双鞋需要 2 天；相反，鞋匠做 1 件衣服需要 2 天，而制作 1 双鞋仅需 1 天。那么，裁缝应专门制作衣服，而不要亲自制作自己穿的鞋，应向鞋匠购买；同样，鞋匠应专门制作鞋，而不要亲自制作自己穿的衣服，这种专业化分工使得他们都能获利。由此可见，专业分工不仅能使劳动者的专业性更强，而且能生产出更高的总产出。

有人认为，人类社会的经济发展史就是一部社会分工的发展史。社会分工包括社会不同部门之间和各部门内部的劳动分工，在历史上，曾经出现过三次社会大分工。第一次社会大分工使畜牧业从农业中分离出来；第二次社会大分工使手工业逐渐从农业中分离出来；第三次社会大分工创造了一个不从事生产而从事商品交换的阶层——商人。劳动分工使劳动者专门从事其擅长的劳动，提高了劳动生产率。当国家产生和社会生产力发展到一定水平后，部门之间和部门内部的社会分工扩展到国家之间的分工，从而形成了国际分工。在这个时期，商品交换开始超越国界，产生了国际贸易。

国际分工是指世界各国之间的劳动分工，它是社会分工发展到一定阶段，国民经济内部分工超越国家界限的结果，是国际贸易和世界市场的基础。各国在国际分工的基础上生产和出口各自劳动生产率较高的产品，进口比本国便宜的外国产品，这种国际交换给贸易各国均带来了贸易利益。

（二）国际分工的理论基础①

1. 绝对优势理论

绝对优势理论，又称绝对成本说、地域分工说，也是由英国古典经济学派主要代表人物亚当·斯密创立的。该理论将一国内部不同职业之间、不同工种之间的分工原则运用到各国之间的分工，从而形成国际分工理论，绝对优势理论是最早主张自由贸易的理论。下面通过一个例子来说明以上问题。假定国际贸易关系中只有英国和葡萄牙两个国家，两国都只生产呢绒和酒两种产品。由于自然资源和生产条件不同，两国等量呢绒和酒的生产成本不同。生产单位呢绒和酒，英国各需 100 人和 120 人劳动一年，葡萄牙则各需 110 人和 80 人劳动一年，如表 1—6 所示。

表 1—6　　英国和葡萄牙的绝对成本差异　　单位：人/年

国家 \ 生产单位产品所需要的成本	呢绒	酒
英国	100	120
葡萄牙	110	80

显而易见，从生产单位呢绒来看，英国的生产成本比葡萄牙低，处于绝对优势；而从生产单位酒来看，葡萄牙的生产成本比英国低，处于绝对优势。

按照绝对优势理论，各国应根据自己最有利的生产条件进行专业化生产，生产成本比别国低的产品，然后进行国际交换，这样才能保证获得贸易利益。本例中，如果进行完全的国际分工，那么，英国应生产并出口呢绒、停产并进口酒，而葡萄牙则相反。

2. 比较优势理论

比较优势理论，又称比较成本理论，是由英国古典经济学家大卫·李嘉图在其代表作《政治经济学及赋税原理》中提出的。该理论认为国际贸易的基础是生产技术的相对差别，以及由此产生的相对成本的差别。其中相对成本的差别，也称比较成本，是指两国生产同一产品所耗费的劳动量（劳动成本）的比例或比率。比较成本较低的

---

① 参见卜伟等：《国际贸易与国际金融》，56 页，北京，清华大学出版社，2009。

产品是该国具有比较优势的产品，而比较成本较高的产品，则是该国比较劣势的产品。下面我们以李嘉图自己举的例子来说明这一概念与理论。

假定英国和葡萄牙两国同时生产呢绒和酒两种产品。由于自然资源和生产条件不同，两国等量呢绒和酒的生产成本不同。生产单位呢绒和酒，英国各需 100 人和 120 人劳动一年，葡萄牙各需 90 人和 80 人劳动一年，如表 1—7 所示。

表 1—7　　英国和葡萄牙的比较成本差异　　单位：人/年

生产单位产品所需要的成本 / 国家	呢绒	酒
英国	100	120
葡萄牙	90	80

按照亚当·斯密的绝对优势理论，在这种情况下，英国、葡萄牙之间不会发生贸易分工。这是因为在英国，呢绒和酒的生产成本都比葡萄牙高，均处于绝对劣势；在葡萄牙，两种产品的生产成本都比英国低，均处于绝对优势。英国没有什么东西可以卖给葡萄牙，葡萄牙也不必向英国购买。但李嘉图认为，即使在这种情况下，两国仍然能够进行国际分工和贸易，并均可以从中获得好处。他指出，各国并不一定要生产出成本绝对低的产品，而只要生产出成本比较低或相对低的产品，就可以进行贸易分工，而无须考虑一国所有产品的生产成本绝对高或绝对低。也就是说，存在比较成本差异，就可以进行两国间的贸易分工。

本例中，从葡萄牙方面来看，其生产呢绒和酒的单位劳动成本都比英国低：呢绒的比较成本为 90÷100＝0.9，即 90％；酒的比较成本为 80÷120＝0.67，即 67％。这表明葡萄牙两种产品的生产效率都比英国高，换言之，葡萄牙在两种产品的生产方面均处于绝对优势地位，但呢绒的成本是英国的 90％，而酒的成本约为英国的 67％。两者相比较，由于 67％＜90％，因此葡萄牙生产酒具有相对优势或比较优势。从英国方面来看，其生产呢绒和酒的单位劳动成本都比葡萄牙高：呢绒的比较成本为 100÷90＝1.11，酒的比较成本为 120÷80＝1.5。这表明英国两种产品的生产效率都比葡萄牙低，换言之，英国在两种产品的生产方面均处于绝对劣势地位，但呢绒的成本约是葡萄牙的 1.1 倍，而酒的成本则是葡萄牙的 1.5 倍。两者相比较，由于 1.1＜1.5，因此英国生产呢绒具有相对优势或比较优势。可见，比较成本是对各国产品的成本作相对的比较，这是比较成本思想的精髓。

按照李嘉图的理论，葡萄牙应“两优择其重（更优）”，放弃生产成本比英国优势较少的呢绒，专门生产酒，并向英国出口，以换取呢绒的进口；英国则应“两劣取其轻（次劣）”，放弃生产成本比葡萄牙劣势较多的酒，专门生产呢绒，并向葡萄牙出口呢绒，以换取酒的进口。这样对双方都是有利的。按照比较优势原理进行生产的国际分工，可以提高劳动生产率，增加产品产量。

综上所述，李嘉图比较优势理论的基本含义是：各国应根据自己相对有利的生产条件进行专业化生产，然后进行国际交换，就能保证双方都得到贸易利益。也就是说，按比较成本差异进行国际分工和国际贸易，各国都能发挥生产中的比较优势而获得贸易利益。因此，生产成本相对差异的存在，是国际贸易分工产生的基础和原因。

二、从商品贸易到国际服务贸易

（一）国际贸易的基本概念

国际贸易，是世界各个国家（地区）在商品和劳务等方面进行的交换活动，它是各国（地区）在国际分工的基础上相互联系、相互依赖的主要形式。国际贸易亦称世界贸易，它是世界各国对外贸易的总和。国际贸易和国内贸易都是商品和劳务的交换，交易过程和货物流向大致相同，交易目的也都是获得经济利益和利润。但作为国际商品交换，与国内贸易相比，国际贸易呈现出许多特点：(1) 困难大。由于各国语言、风俗习惯、宗教信仰、相关法律和贸易法规等不同，世界市场上贸易障碍多，交易技术困难大，交易接洽不方便，对贸易对手进行资信和市场调查不易，因此国际贸易的困难大于国内贸易。(2) 更为复杂。国际贸易在内容、程序等方面均比国内贸易复杂，货币与度量衡制度、商业习惯、海关制度，以及国际汇兑、货物运输与保险等也均比国内贸易复杂。(3) 风险更大、更多。经营国际贸易可能发生的风险更大、更多，包括信用风险、商业风险、汇兑风险、运输风险、价格风险以及政治风险等。

国际贸易属于历史范畴，它是在人类社会生产力发展到一定的阶段才产生和发展起来的。国际贸易的发生必须具备两个基本条件：一是有剩余产品可以作为商品进行交换；二是商品交换要在各自为政的社会实体之间进行。因此，从根本上来说，社会生产力的发展和社会分工的扩大是国际贸易产生和发展的基础。人类历史上第一次社会大分工推动了社会生产力的发展，开始有了少量剩余产品。于是在氏族公社之间、部落之间出现了剩余产品的交换，这是最早的、原始的、偶然的物物交换。第二次社会大分工进一步推动了社会生产力的发展。手工业出现后，渐渐产生了直接以交换为目的的商品生产，商品生产和商品交换不断扩大，产生了货币，商品交换逐渐变成了以货币为媒介的商品流通。随着商品货币关系的发展，人类社会进行了第三次社会大分工，出现了一个专门从事商品交换的群体——商人。随着生产力的发展，商品生产和商品交换活动更加频繁、更加广泛地发展起来，加速了私有制的产生，阶级和国家相继产生。在这个时期，商品交换开始超越国界，出现了国际贸易。当然，最初的国际贸易也只是物与物的交换，即商品贸易。

（二）国际服务贸易的基本概念

国际服务贸易是指不同国家之间所发生的服务交易的活动。贸易的一方向另一方提供服务并获得收入的过程称为服务出口或服务输出，购买他人服务的一方称为服务进口或服务输入。狭义的国际服务贸易是指发生在国家之间的服务输入和输出活动，而广义的国际服务贸易包括有形的劳动力的输入、输出和无形的提供者与使用者在没有实体接触情况下的交易活动。国际服务贸易自身的复杂性及其与货物贸易的差异，使其具备以下几方面的主要特征：

1. 国际服务贸易中大多数服务具有无形性

众所周知，就货物贸易而言，在特定的时间和确定的地点，人们可以看见货物、资本或信息的跨国界移动。但是，人们要想亲眼看见服务出口或进口却是相当困难的。随着科学技术的发展，虽然相当一部分服务可以借助现代科技表现出来，但是我们仍很难亲眼看见服务出口或进口，例如一个人跨国讲学、出国演出、提供咨询服务等。WTO的《服务贸易总协定》归纳了四种典型的服务贸易类型（见表1—8）。

表1—8　　服务贸易的四种类型和范例

服务贸易类型	范例	服务外包业务举例
过境交付	金融服务领域经常项目交易、对外支付、资金融通等	软件外包、离岸服务
境外消费	到外国就医、旅游	无（间接商务访问）
商业存在	本国企业、银行、电信服务业等在外国设立分支机构	国际外包企业在中国设立外包机构
自然人存在	如教师、工程师、律师等职业工作者到外国提供职业服务	软件工程师派遣到国外

2. 国际服务贸易中部分服务具有生产和消费的同时性

一般来说，与货物贸易相比，服务贸易中部分服务贸易交换的标的物，也就是“服务”是不能储存的，服务消费在生产过程中完成，并要求服务提供者和使用者存在某种形式的接触，如果没有消费者接受服务，原则上，服务并不发生。例如举办演唱会，随着演唱会结束，服务也提供完毕，而作为服务消费者的听众的消费也随即结束。

3. 国际服务贸易中交易标的物的多样化

与货物贸易相比，国际服务贸易的交易标的物不是单纯货物，而是呈现多样化的特点。例如，技术贸易作为服务贸易的内容之一，其交易标的物是专利、商标及专有技术。除此之外，很多服务贸易的交易标的物均难以货物贸易形式的标的物体现。例如运输服务、旅游服务、金融服务、保险服务等，对于这类服务贸易的交易标的物，我们自然不能认为是提供运输服务的承运人或飞机、轮船、火车、汽车，也不能认为交易标的物是旅游景点等。所以，国际服务贸易交易标的物具有多样化的特点。

4. 国际服务贸易中服务质量的差别性

国际货物贸易的品质和消费效果通常是相同的，同一品牌的家电或汽车，除去假冒产品，其品质和消费效果基本上没有差异。而同一种服务的质量和消费效果往往存在显著差别，这种差别来自供求两方面：第一，服务提供者的技术水平和服务态度往往因人、因时、因地而异，所以服务质量会因一些主客观因素的影响而产生差异；第二，服务消费者对服务也时常提出特殊要求。所以，同一种服务的差异是经常存在的，统一的服务质量标准只能规定一般要求，难以确定特殊的、个别的需要。

5. 国际服务贸易涉及法律的复杂性

与货物贸易相比，国际服务贸易涉及的法律要复杂得多，货物贸易主要适用《合同法》、《国际货物买卖法》、《联合国国际货物销售合同公约》等，相对而言比较简单。但是，国际服务贸易涉及的国内外法律要广泛得多、复杂得多。例如，技术贸易合同所涉及的法律，除了适用货物买卖法、合同法外，还要受工业产权法、专利法、商标法、反托拉斯法、公平贸易法、高技术出口管制等法律规范的约束。

6. 国际服务贸易中标的物的使用权和所有权呈现复杂性

与货物贸易相比，国际服务贸易中标的物的使用权与所有权在交易过程中比较复杂。在货物贸易中，交易过程一旦结束，货物的使用权和所有权同时转让，即卖方当即失去了对货物的所有权和使用权，卖方无权再支配和使用该货物。但是，在国际服务贸易中比较复杂，一般来说，国际服务贸易中服务提供者与消费者原则上是一种标的物的所有权与使用权相分离的贸易。例如，技术贸易是技术许可方（服务出口者）在一定条件下，将技术贸易的标的物的使用权转让给技术接受方（服务进口者）使用，而没有将其所有权转让给服务进口者。然而，由于服务贸易标的物又存在无形性的特征，很多国际服务贸易标的物很难用所有权与使用权的分离加以判定。例如在国际旅游中，作为服务消费者的旅客所消费的服务是涉及旅游的各种服务内容，在消费过程中实现和满足其服务要求。但是，我们却很难用一种物化的媒介物说明该服务消费者获得了某种使用权或所有权。

最初的国际贸易只是物与物的交换，被称为国际商品贸易。真正称得上国际服务贸易的要从中世纪开始，西方国家大规模的国际劳务出口，伴随着哥伦布 1492 年发现新大陆和资本主义国家大规模移民后得到进一步的发展。第二次世界大战以后，随着科学技术的发展，世界范围内的贸易越来越国际化，世界经济正向全球一体化、服务一体化的知识经济迈进，这为现代国际服务贸易的良性发展带来了很大的发展空间。然而由国际服务贸易不同于国际商品贸易的特点所决定，服务业具备更多不易贸易性。借助于互联网和电信技术的广泛普及，服务业的可贸易性才得到了提高。根据世界银行和其他国际组织预测，未来 5～15 年内国际服务贸易将继续保持较快增长，增长速度将继续高于货物贸易。

三、从制造外包到服务外包

随着经济和竞争的全球化，制造业已渐渐拓展至广泛的全球分工体系，近 10 年来，服务全球化也开始加速。在制造和服务全球化分工的发展中，外包也得以迅速发展。国际外包是指外包在国际完成，发包方和接包方分属于不同的国家和地区。由于关于第一产业的外包情形很少发生，如果按照产业对外包进行分类，一般可以将其分为制造业外包和服务业外包，这里讲的制造业外包和服务业外包都是指发包方所属的产业，而并非业务本身的性质。随着社会化大生产和社会分工的发展，在技术的推动下，商品和服务的专业化要求不断提升，企业在追求规模效应的同时，也必须削减成本，提高产品和服务质量，增强核心竞争力，保持与规模的同步发展。于是外包应运而生，在外包发展的最初阶段，以制造外包为主，特别是发达国家为了增强核心竞争力，将部分生产流程发包到发展中国家，利用当地生产企业特有的廉价劳动力资源为其生产配件甚至整个产品，制造外包得到长足发展，例如中国现在被称为“世界工厂”，这表明中国是全球公认的国际制造外包业务的承包国。

外包兴起之初，由于服务业无形性、非标准化、同步性和不可储存性等特征，使得其国际外包受阻。然而，随着技术的进步，特别是信息技术的发展，服务业发生了可贸易革命。例如信息服务业，它包括电信运营、软件与系统集成、信息传输、网络与数字增值业务等，信息服务不同于传统的服务，不仅可以远距离提供，而且成本低，本身就具备可贸易性。同时，信息技术的广泛使用还使得其他许多服务具备了可贸易性。信息技术的发展能够将服务生产和消费的国际距离连接起来，例如网上交易、远程教育、远程医疗和视频会议等；信息技术还使知识能够编码化和标准化，研发、设计、编程等以知识为基础的服务可以分解为模块或片断分散进行，同时通过网络即时连接和同步推进。除此之外，信息技术还可以为无形、不可储存的服务提供有形载体，例如，以往必须“生产者”和“消费者”都到场的音乐会，现在可以通过数字技术制作成有形和可储存的音像制品，从而具备了可贸易性。也就是说，技术的进步引起服务业的可贸易革命，使得服务外包加速发展，服务全球化分工使得整个世界成为真正意义上的“地球村”：美国的企业可以将产品的研发设计工作交给中国企业来处理，中国企业的人力资源也可以交由欧洲企业来处理，它们之间也许只要通过网络视频或者一封电子邮件就可以完成交易。

四、服务全球化的发展趋势

经济全球化是最能概括世界经济发展趋势的词汇，越来越多的世界生产如果离开了国际贸易和世界市场，其价值是不能实现的。国际分工的发展使全球形成世界性的生产网络，各国都日益成为世界生产的一部分，这使得生产和产品的国界变得越来越模糊。近些年来，服务全球化后来居上，成为全球化的主导力量和重要内容。服务全球化的表现多种多样：美国研发机构为其他国家的企业研发产品，是出口研发服务；新西兰接待中国游客，是出口旅游服务；英国金融机构在新加坡设立分支机构，是服务业跨国投资，如果利润汇回就是金融服务出口；德国医生在法国投资开业并给加拿大游客看病，是德法之间的服务业投资和法加之间的服务出口。简而言之，服务本身、服务消费者、服务提供者和其他相关要素中的任何一项或多项的跨境流动，都是服务全球化的表现。服务全球化包含一种发展迅速的特殊形式，即服务外包，服务外包的发展更进一步推动了经济全球化的进程。例如，北京有一家保安服务公司，客户是远在大洋彼岸的美国保安公司，中方公司员工在北京的办公室内，通过互联网所连接的监控视频为美国社区提供保安服务，发现可疑情况立即通知对方公司。由此可见，目前经济全球化的背景之下服务业呈现出新的发展趋势。

（一）服务全球化深入发展

服务全球化的发展程度可以从宏观和微观两个层面来看。宏观层面经常使用国际贸易和跨国投资两项指标来衡量，微观层面可以用企业跨国经营指数或跨国公司海外业务等指标来衡量。从这两个方面来看，服务全球化水平在迅速提高。服务贸易占全球贸易总额的比重达到 1/5 左右，服务业跨国投资占全球跨国投资的比重已达 65%左右。全球 500 强跨国公司中服务公司超过一半，这些公司的跨国经营指数也超过 50%，这说明，对这些公司来说，海外业务的重要性超过了本土业务，服务全球化深入发展。

（二）国际服务外包的兴起和加速

近些年来国际服务外包迅速发展。服务外包的发包方主要集中在美国和欧盟，两者合计占 80%左右。接包方中，印度有着重要地位，占有约 50%的市场份额，全球 500 强企业中，已经有近 400 家在印度建立离岸业务；其他还有爱尔兰、西班牙、波兰、匈牙利、中国、俄罗斯、菲律宾等，包括中国在内的亚洲国家已占接包市场 20%左右的份额。服务外包的发展潜力巨大，九成以上的大型跨国公司已经实行或制定了公司服务外包战略。未来全球服务外包潜在市场规模巨大。《中国服务外包发展报告 2012》中指出：2011 年全球国际服务外包规模已达 1 100 亿美元，占全球服务业的 13%，预计在 2015 年能够达到 2 100 亿美元。2011 年，中国国际服务外包完成额为 238.3 亿美元，占全球国际服务外包市场的 23%。报告显示，2008—2011 年，中国服务外包年均复合增长率高达 61.2%。预计到 2015 年，中国国际服务外包将达 900 亿美元，占全球市场份额近 50%，年均增长率在 40%左右。

2009 年 2 月 2 日，国务院副总理王岐山在江苏南京主持召开的服务外包工作座谈会上指出“我国发展服务外包产业具有难得机遇和独特优势”，并强调“努力将服务外包产业打造成新的增长亮点”。2007 年 11 月，在第四届中国国际服务外包大会开幕式上，国家发改委高技术产业司司长许勤指出：“在全球 BPO 外包业务中，‘中国’这两个字代表着更低的成本和取之不尽的人才。同样的质量，不到 1/5 的成本，加上政府土地、税收、人才的优惠政策，中国成为多数跨国公司公认的 BPO 目标市场。”那么，抓住机遇，迎接挑战，加快发展我国服务外包产业，推动由“中国制造”走向“中国服务”，由“世界工厂”转变为“世界办公室”是当务之急。

第五节 管理转变：从传统模式到新型模式
——服务外包的管理创新

人类的任何社会活动都必定具有各种管理职能，如果没有管理，一切生产、交换、分配活动都不可能正常进行，社会劳动过程就会发生混乱和中断，社会文明就不能继续。一个企业必然也需要管理，遵从利润最大化目标指导生产和销售。无论是制造外包还是服务外包，均是跨国企业的自发行为，而这种行为代表着管理模式新的变化。

一、管理的基本概念

管理是指通过决策、组织、领导、控制、创新等手段，结合人力、物力、财力、信息等资源，以期达到高效的组织目标的过程。管理通过计划工作、组织工作、领导工作和控制工作等诸多过程来协调所有的资源，以便达到个人单独活动所不能收到的效果。任何一个企业都需要管理，都有管理要达到的目标，所有的管理活动，如计划、组织、领导、控制和创新等都是为了这一目标而存在。各种管理职能都有自己独特的表现形式。例如，决策职能通过方案和计划的形式表现出来；组织职能通过组织结构设计和人员配备表现出来；领导职能通过领导者和被领导者的关系表现出来；控制职能通过对计划执行情况的信息反馈和纠正措施表现出来；创新职能在其他管理职能的所有活动中表现自身的存在价值。任何管理工作一般都是从决策开始，经过组织、领导到控制结束。各职能之间相互交叉渗透，控制的结果可能又导致新的决策，开始新一轮管理循环。如此循环不息，就会将把管理工作推向前进。创新在管理循环中处于轴心的地位，是推动管理循环的原动力。

企业的生产力或效率是否高效，取决于其所拥有的各种经济资源、各种生产要素是否得到了有效的利用，取决于从事社会劳动的人的积极性是否得到充分的发挥，而这两者都有赖于管理。在同样的社会制度下，企业的外部环境基本相同，有不少企业的内部条件如资金、设备、能源、原材料、产品及人员素质和技术水平基本类似，但经营成果、所达到的生产力水平却相差悬殊。同一个企业有时只是更换了主要领导，例如换了董事长，企业就可能出现新的面貌，原因也在于管理，由于不同的决策者采用了不同的管理模式，就会产生完全不同的效果。

二、虚拟企业管理模式及外包

管理模式是指管理所采用的基本思想和方式，是一种成型的、能供人们直接参考运用的完整的管理体系，通过这套体系可以发现和解决管理过程中的问题，规范管理手段，完善管理机制，实现既定目标。我们可以将管理模式界定为从特定的管理理念出发，在管理过程中固化下来的一套操作系统。

20世纪50年代以后，市场环境发生了很大的变化，顾客需求趋向多样化和个性化，市场竞争激烈。同时，信息技术的发展为虚拟企业的产生提供了技术基础。市场经济发展新阶段的内在要求和技术手段的成熟为管理模式的创新奠定了基础，促生了新的管理模式——虚拟企业（virtual organization）。[①]

虚拟企业管理模式是指为完成向市场提供产品或服务等任务，分布在不同空间、不必相互熟悉的、有着不同利益追求的成员相互联合形成一个合作的组织形式，各个成员在各自专业领域内拥有卓越的知识资源，利用现代信息技术将它们连成一个网络，优势互补，可以更有效地向市场提供商品和服务，完成一个企业不能承担的市场功能。虚拟企业是以计算机网络为支撑的诸多核心竞争力的动态联合体。"以计算机网络为支撑"表明了虚拟企业运作的技术基础。"核心竞争力"是指为企业创造附加值最高的，并且是竞争对手难以模仿的能力。"动态联合体"说明虚拟企业是非静态的，是由若干成员企业为共同的利益，以协议方式组成的动态联盟。虚拟企业作为一种新的企业管理模式，日益受到关注，是21世纪重要的企业组织形态，在经济发展中将起到重要的作用。虚拟企业作为现代企业发展的重要模式，被越来越多的企业认可和采用。就国外来说，像康柏电脑、耐克、阿迪达斯、可口可乐等国际知名企业都采用了虚拟企业这种组织结构并获得了成功；在国内，如无锡小天鹅、TCL、沈阳金杯汽车、海尔集团等也都在生产经营中采用了虚拟企业模式。据有关资料显示，有50%以上的国际著名大企业采用了虚拟企业这种模式，虚拟企业也被誉为21世纪企业经营的主流模式。

虚拟企业管理模式的核心内容是尽量调动社会上的各种资源为己所用，以最小的成本获取最大的利益。为了实现这一目标，虚拟企业以现代信息技术为依托，将不同地区的企业联合起来。通过企业与企业间的联合，使生产经营成本降到最低，从而使获取的收益最大化。在具体的实践操作中，虚拟企业管理模式具备以下特点：

（1）虚拟企业采用了一种更科学的竞争理念——双赢。虚拟企业是以双赢为目的设立的，它的竞争结果不是一方的胜利和另一方的失败，而是合作双方或多方的共同胜利。这种竞争结果更符合市场分配原理，能更有效地配置资源，最大限度地降低成本，最大限度地实现利益。

（2）虚拟企业充分体现出知识经济时代尊重知识的特点。无论哪一种模式的虚拟企业，都是以尊重知识、保护知识产权为前提的，尽管在保护知识产权的方式上会因具体情况的差别而有所不同。有的企业是通过申请专利、商标获得保护，而有的企业则是通过实施严格的保密措施，实现对技术的独占。虽然它们在形式上有差别，但本质上是一样的，就是保护企业的知识产权。所以，对于虚拟企业而言，巧妙地保护本

---

① 参见苑雅文：《虚拟企业、虚拟经营与我国企业管理模式创新》，载《商业研究》，2008（3）。

企业的知识产权是合作的前提和关键。如果不这样的话，可能会给企业带来致命的打击。例如，韩国的大宇汽车公司曾经与美国的通用汽车公司进行虚拟企业式的合作。在合作过程中，由于通用汽车公司一时不小心，将部分重要技术泄漏给大宇公司，使得大宇公司短期内快速发展，不仅抢占了韩国市场，而且在欧洲市场对通用汽车公司形成威胁。所以，对虚拟企业来说，必须注重知识产权的保护，这是虚拟企业成立的前提。

(3) 虚拟企业以节省资金、交流经验、分担风险等优点成为其生存和发展的重要动力。正是因为这一管理模式能给企业带来很多好处，现代企业才越来越重视这种模式，越来越多地采用这一模式。

(4) 虚拟企业体现出自我意识与合作意识的统一。参与虚拟企业的各方首先表现出来的是一种自我意识，是为了自身发展才去与其他企业合作的，这是前提。但要组成虚拟企业又必须与其他各方合作，进行信息、技术的交流和部分资源的共享，没有这一点就是失败的。因此，实现虚拟企业各方的"自我与共我的统一"是组成虚拟企业的难点和重点。①

总之，现代科学技术的发展，改变了企业的管理模式，虚拟企业应运而生。在新的管理模式下，若干成员企业以自己的核心竞争能力参与这个动态联合体，以协议方式组成动态联盟，从而达到所谓的双赢或多赢，成就了外包模式。

三、企业核心竞争力与服务外包

核心竞争力的概念是在1990年由美国密西根大学商学院教授普拉哈拉德和伦敦商学院教授加里·哈梅尔在其合著的《公司核心竞争力》一文中首先提出来的。他们对核心竞争力的定义是："在一个组织内部经过整合了的知识和技能，尤其是关于怎样协调多种生产技能和整合不同技术的知识和技能。"该理论认为：企业具有各种各样的能力，也有一定的专长。但不同的能力与专长的重要性是不一样的，企业核心竞争力是企业所特有的、能够经得起时间考验、具有延展性，并且是竞争对手难以模仿的技术或能力，其本质是企业特有的知识和资源，也是企业竞争力中最基本的，能使整个企业持续发展和获得稳定超额利润的核心能力。一个成功的企业必定有其特有的核心能力，这种能力需要开发、培养、巩固和更新，否则核心竞争力将会面临瓦解。正如海尔集团总裁张瑞敏所说的那样："创新（能力）是海尔真正的核心竞争力，因为它不易或无法被竞争对手所模仿。"

现代企业的核心竞争力是一个以知识、创新为基本内容的某种关键资源或关键能力的组合，是能够使企业、行业和国家在一定时期内保持现实或潜在竞争优势的动态平衡系统。随着经济全球化的深入发展以及国际市场环境的不断变化，企业的组织结

① 参见李枫：《虚拟企业管理模式探析》，载《生产力研究》，2007（8）。

构逐渐向着扁平化发展，极大地增加了企业的管理难度。为了适应这种变化，许多企业通过将非核心业务外包出去，以便集中才能和精力于最核心的业务，如核心技术的研发、发展战略的制定以及员工创造能力的激发等，来达到精简结构、缩小企业规模、降低企业管理难度和提高核心竞争力的目的。

根据核心竞争力理论，核心资源是支持和发展企业核心能力、培育企业核心业务和核心产品的资源平台或技术平台。外包资源与企业核心业务的关联程度比市场资源要强，它为企业提供特定属性的产品或服务，影响核心产品的质量和绩效。由于任何企业所拥有的资源都是有限的，它不可能在所有的业务领域都获得竞争优势。在快速多变的市场竞争中，单个企业依靠自身资源进行自我调整的速度很难赶上市场变化的速度，因而企业必须将有限的资源集中在核心业务上以强化自身的核心能力，而将自身不具备核心能力的业务以合同的形式（外包）或非合同的形式（战略联盟或合作）交由外部组织承担。通过与外部组织共享信息、共担风险、共享收益，整合供应链各参与方的核心能力，从而以供应链的核心竞争力赢得、扩大竞争优势。这样外包就成了企业利用外部资源获得互补的核心能力，强化自身竞争地位的一种战略选择。实施服务外包不仅可以为客户提供更加及时、优质的专业化服务，而且可以为企业内部的核心业务争取更多的资源，实现企业内部资源合理、有效的配置。

此外，企业把自身不擅长的业务交给合作伙伴去做，使某些在传统企业运作过程中必须相继执行的业务环节如今可以在不同的空间并行完成，形成了企业的先行优势。企业在外包服务的过程中，首先要对自身各项业务进行深入的调查、研究和分析，哪些是必须由企业亲自承担的核心业务，哪些是可以转移给外部专业化公司去做的重要的、非核心业务。企业只有确定了自身的核心竞争力，并在此基础上实施业务外包，利用外部资源获得互补性的核心能力，才可能获得真正的利益，进而提升企业的竞争力。

四、全球化采购与服务外包

采购是指以最能满足企业要求的形式，为保证企业的经营、生存为其主要及辅助的业务活动，提供从外部引入产品、服务、技术、信息的活动。采购作为物流活动的起点，也是从供应商到需方企业的物质流动的活动，是企业为了完成生产或销售计划，用最合理的成本，在合适的时间和地点，向合适的供应商，以商品交易的形式，购入合适数量的商品，所采取的管理活动。

自20世纪90年代以来，经济全球化使得市场全球化和采购全球化迅速发展，各大跨国公司、采购商团都把战略转向全球资源的低成本获取上，形成了全球采购。全球采购是指利用全球的资源，在全世界范围内寻找供应商，寻找质量最好、价格合理的产品。广义的全球采购是指在供应链思想的指导下，利用先进的技术和手段，提出合理的采购要求，制定恰当的采购方案，在全球范围内建立生产运营与供应链，采购质价比最高的产品，以保证企业生产经营活动正常开展的一项业务活动。同时，通过采购规范化的操作，可以有效地对采购过程中的绩效进行衡量、监督，从而在服务水平不降低的情况下，实现采购总成本最低。

随着全球经济一体化的加速发展，各国经济发展从过去依赖本国的能力、知识、人力资源、基础设施、国内商品市场和消费者偏好，转为依赖资源的比较优势，使得资源的配置方式超越了国家的地理边界，在全球范围内资源趋向于重新配置，以追求最佳、最合理的配置效果。现代信息技术的迅猛发展为全球采购创造了条件，并起到了助推作用。借助现代信息技术，原来分散的各个生产、经营环节能够相互连接，成为一个有机整体。同时，在生产、流通等众多生产性服务企业以及消费者之间也能实现信息的共享，使生产企业、流通企业等能够按照市场的要求提供产品和服务，并能够协调一致地进行各项生产经营活动。

全球采购模式有其优点也有其缺点。对于采购方来说，可以降低采购成本，在获得稳定且具有竞争力的价格的同时，提高产品质量并降低库存水平，通过与供应方的合作，采购方还能获得更好的产品设计；对于供应方来说，在保证有稳定的市场需求的同时，由于同采购方的长期合作伙伴关系，能更好地了解采购方的需求，改善产品生产流程，提高运作质量，降低生产成本，获得比传统采购模式下更高的利润。因此，如何成功地进行全球采购，降低成本，提高企业竞争力已越来越受到企业的重视。全球采购在供应链管理环境下的最大卖点是节约成本，但是，供应链网络扩张后的弊端是导致资源浪费。企业为了预防市场及运营环境的变化，一方面会在其供应链各个环节中囤积额外的存货，以备不时之需；另一方面，全球化采购会使供应链的供货时间变长，驱使企业需要更多的货物储备，这势必导致成本上涨。同时，积压过多存货也将带来风险，最终会导致供需之间需求逐步放大的“牛鞭效应”。这种现象主要是由于供应链管理中信息不畅，供应链成员与企业间缺乏协调和同步运作，无法准确、快速响应市场等原因造成的。因而，不断完善供应链管理，变被动为主动是减少全球采购模式风险的有效措施。

其实，在全球采购中，还有一种特殊的“产品”采购——服务采购。从某个角度来说，服务外包也可看作企业全球采购的一项内容。《世界是平的：21世纪简史》一书的作者托马斯·弗里德曼这样描绘：“在今天这样一个因信息技术而紧密、方便的互联世界中，全球市场、劳动力和产品都可以被整个世界共享，一切都有可能以最有效率和最低成本的方式实现。”而全球采购是利用全球的资源，在全世界范围内寻找供应商，寻找质量最好、价格合理的产品，这些产品当然也包括服务。但由于服务的特殊性，服务产品的全球化采购就表现为服务外包形式。在全球化趋势下，美国、日本以及其他发达国家的服务产品必须与印度和中国等发展中国家的服务产品相竞争，它们中成本更低、质量更高者将会胜出。

五、竞合战略与服务外包发展趋势

现今是全球一体化、高度整合又高度竞争的时代。每个企业都处于竞争的环境中，然而每个企业都有自己不擅长、相对薄弱的地方，竞合战略应运而生。1996年，博弈理论与实务专家勃兰登堡和奈勒波夫合著《竞合战略》一书，“竞合战略”立即在实业界和理论界掀起一股讨论的热潮。竞合战略是博弈理论的应用，它是关于创造价值与争取价值的理论。创造价值的本质是合作的过程，争取价值的本质是竞争的过程。竞合策略的主要观念是增加互补者，运用互补者的战略可使企业的产品和服务变得更有价值。竞合战略就是竞争中求合作，合作中有竞争，竞争与合作是不可分割的整体，通过合作中的竞争、竞争中的合作，实现共存共荣，一起发展，这是企业竞争所追求的最高境界。竞合的着眼点在于把产业蛋糕做大，在蛋糕做大的基础上，企业有可能获得比以前更多的利益，从而使企业能在一个较小风险、相对稳定、渐进变化的环境中获得较为稳定的利润。竞合的实质是实现企业优势要素的互补，增强竞争双方的实力，并且将其作为竞争战略之一加以实施，从而促成双方建立和巩固各自的市场竞争地位。

如今的商业运作是竞争与合作的综合体。在制作蛋糕的时候，商场是合作；在分蛋糕的时候，商场是竞争。竞争与合作是同时发生的。任何行为的目的都是要让自己好，然而“让自己好”不一定要牺牲别人。在既合作又竞争的精神下，有些情况采取“赢输”模式最有效，而有些情况采取“双赢”模式才明智。

在竞合战略思想这一互补性的商业思维模式的引导下，企业应设法将蛋糕做大一点，而不是和竞争者争夺固定大小的蛋糕。对于服务外包行业也是如此，发包方和接包方既是互补者，也是竞争者。因此，发展服务外包，企业一定要学会在合作中提升自身的竞争力，在竞争中寻找合作机会，达到双赢。例如在全球的软件产业中，中国与美国、中国与印度既是竞争者，也可以是互补者，我们可以用竞合战略的眼光去看待中国与其他国家的关系。商场非战场，不能一心崇尚谁吃掉谁的“丛林哲学”，而应从更长远的角度去寻求竞合和双赢。中国的软件企业应充分认清现实世界产业环境和对手状况，向美国学习、争取合作的机会，迅速提升自身服务能力和竞争能力，而且竞争能力的提升也有利于寻找合作机会。与印度等国合作也是如此，只有修炼好内功，抓住机遇，聪明地选择竞合方式并以不卑不亢的学习态度进行全球合作，中国软件业迈出的第一步才会坚定而有力。

第六节　综述：中国发展服务外包的意义

2003年7月23日，时任中国国务院副总理的吴仪女士视察大连软件园，参观了包括美国通用电气商务融资集团、日本松下通信、东软、中软在内的多家IT外包企业。吴仪副总理第一次实地接触到IT外包企业非常兴奋，并当即表示：“国际服务外包正是我国要大力发展的领域，你们做得很好。”这是国内公开发表的国家政府官员对服务外包给予肯定和支持的最早记录。

2006年10月16日，“为促进服务外包产业快速发展，优化出口结构，扩大服务产品出口”，商务部决定实施服务外包“千百十工程”，并正式发布了《商务部关于实施服务外包“千百十工程”的通知》，把中国服务外包发展推上了快车道。该通知指出：“服务外包产业是现代高端服务业的重要组成部分，具有信息技术承载度高、附加值大、资源消耗低、环境污染少、吸纳就业（特别是大学生就业）能力强、国际化水平高等特点。当前，以服务外包、服务贸易以及高端制造业和技术研发环节转移为主要特征的新一轮世界产业结构调整正在兴起，为我国发展面向国际市场的现代服务业带来新的机遇。”这正是中国发展服务外包的意义所在。

2007年6月在大连中国国际软件和信息服务交易会（简称软交会）期间，作为该届软交会的一项重要内容，商务部主办的“中国国际软件和信息服务外包年会”的主题确定为“从‘中国制造’到‘中国服务’——服务外包，推动中国经济增长的绿色引擎”，准确生动地描绘了服务外包对中国经济增长的巨大拉动作用，并提出了“中国服务”的国家发展战略口号。

事实上，转变对外贸易增长方式、促进产业结构升级以及拉动大学毕业生就业，始终是中国发展服务外包最核心的推动力。

鉴于中国特有的国情——较为充裕的土地和自然资源、庞大的低成本劳动力数量、强烈的地方经济发展欲望等——自1978年改革开放以来，中国政府一直把发展制造业作为首选，承接了大量制造业的外包，如近几十年快速发展的加工贸易，中国从这种贸易模式中获得巨大的利益，特别是大规模的外汇储备。加工贸易主要是依靠廉价劳动力的成本比较优势为跨国公司进行生产加工和组装服务，是在整个产品价值链过程中附加值最低的环节。台湾宏碁电脑创始人，被誉为台湾IT之父的施振荣于1992年提出的“微笑曲线”（见图1—3），就形象地说明了这个问题。

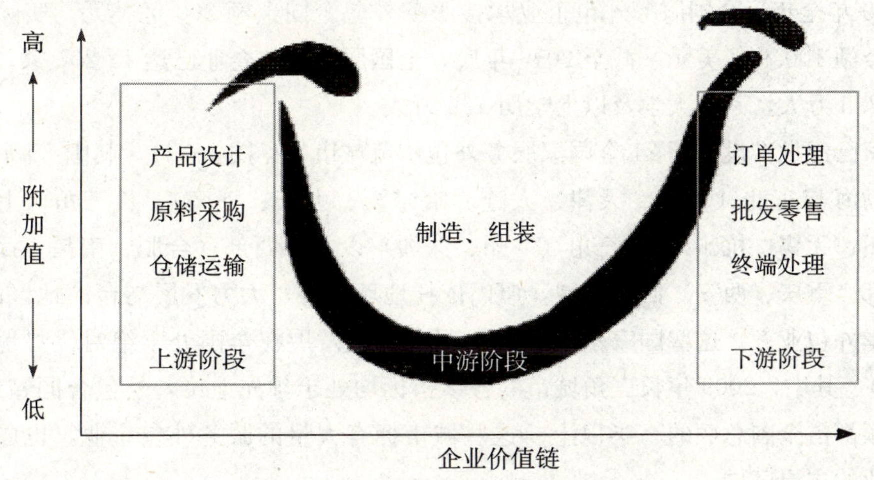

图1—3 “微笑曲线”和价值链分布

从70年代末开始，快速发展的产品制造业外包形成了经济全球化的第一波转移浪潮，中国通过改革开放，抓住了这一轮转移，实现了经济的高速发展，并创造了“中国制造”的奇迹。从90年代末开始，在降低成本、寻求更优质的资源和服务、规避经营风险、拓展新兴市场等目标驱动下，在跨国公司的直接参与和推动下，服务业转移已经成为经济全球化的第二波转移浪潮，其主要表现就是服务外包。这一轮转移也被称为继生产加工之后高端产业链的转移，继蓝领之后白领工作岗位的转移。相对于制造业外包而言，国际服务外包的发展实践表明，服务外包具有低能耗、高附加值、可持续发展的显著特点。

综上所述，虽然我国的国际服务外包处于价值链低端有一定的历史原因，但是随着资源枯竭、能源紧张、原材料价格和人力资源成本持续上涨，不仅国内企业的利润空间被进一步压缩，而且一系列新的社会问题的产生也对中国经济的可持续发展带来了巨大挑战。我们必须在由发达国家主导的全球化的国际分工中寻求产业升级，因此必须对承接外包有一个明确的定位，积极寻求价值链高端的外包业务。

当前，在以服务外包、服务贸易以及高端制造业和技术研发环节转移为主要特征的新一轮世界产业结构调整浪潮中，强劲的市场需求为中国提供了现代服务业快速发展的基础，并带来新的发展机遇。中国政府也意识到要通过发展服务外包，努力抓住新一轮机遇，积极承接来自发达国家的外包服务转移，实现从“中国制造”走向“中国服务”。

服务外包“千百十工程”提出的工作目标是：“在全国建设10个具有一定国际竞争力的服务外包基地城市，推动100家世界著名跨国公司将其服务外包业务转移到中国，培育1 000家取得国际资质的大中型服务外包企业，创造有利条件，全方位承接国际（离岸）服务外包业务，并不断提升服务价值，实现2010年服务外包出口额在2005年基础上翻两番。”根据商务部统计，截至2009年底主要目标都顺利实现。

2009年全年，全国服务外包企业承接服务外包合同金额200亿美元，实际完成合同执行金额100.9亿美元。截至2010年底，全国服务外包企业已达12 206家，从业人员共232.8万人，其中大学及以上学历165万人。

国家已经批准设立了21个国家服务外包示范城市（见图1—4），其中20个分别分布在环渤海与东北（北京、天津、大连、哈尔滨、大庆、济南）、长三角（上海、南京、苏州、无锡、杭州）、珠三角（广州、深圳）以及中西部（合肥、南昌、武汉、长沙、成都、重庆、西安）四个区域，厦门依托地域优势，大力发展与台湾地区的合作，承接离岸外包业务。这些国家示范城市的服务外包发展在全国处于绝对优势地位（见表1—9）。其中，2009年长三角城市的各项指标均处于领先地位，外包合同签约金额、执行金额都占全国总额的一半以上。这些城市拥有大量的服务外包企业，也成为从业人员就业的主要区域。

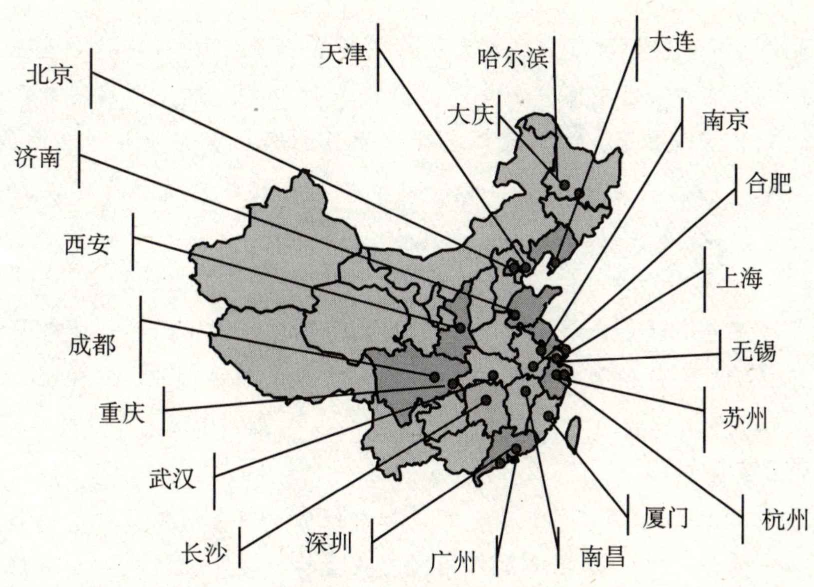

图 1—4 国家服务外包示范城市分布图

表 1—9 **2011 年 21 个示范城市服务外包产业发展情况**

项目 示范城市指标	服务外包 企业总数	从业人员 数量	承接外包 合同金额	离岸合同 执行金额
全国总数	16 939 家	318.2 万人	326.2 亿美元	238.3 亿美元
21 个示范城市总数	12 471 家	242 万人	301.1 亿美元	219 亿美元
示范城市占比	73.6%	76.1%	92.3%	91.9%

资料来源：中国服务外包研究中心：《中国服务外包发展报告》，67 页，北京，中国商务出版社，2012。

在服务外包产业快速发展的同时，服务外包行业从业人员也大幅增加，人才素质也出现明显改善，并充分显现该行业已成为吸纳大学生就业的重要渠道。

商务部统计显示，中国服务外包从业人员规模增长迅速，2011 年全国新增服务外包从业人员 85.4 万人，从业人员总数达到 318.2 万人，其中大学及以上学历 223.2 万人，占 70.1%。从 2008 年开始，中国服务外包企业平均每年吸纳的新增大学毕业生（含大专）就业人员占当年全国大学毕业生数量的比率从 7%增长到 2011 年的 8.8%。服务外包已经成为吸纳大学生就业能力最强的行业。

面对这一方兴未艾且影响深远的巨大的市场机遇，拥有更大的人力资源优势的中国如果能够加快承接服务外包转移的战略调整，将为中国经济再次创造一个 30 年甚至更长的持续发展期。

案例与分析

法国兴业银行的欧洲合作支付外包案例

发包方：

兴业银行是法国最大的商业银行集团之一。资产总额为 2 578.38 亿美元，位列法国银行业第 4 位，在世界 1 000 家大银行中排第 27 位。2001 年，法国兴业银行准备通过一个挑战性的项目来部分地集中其欧洲支付业务。这一项目覆盖了其为支持部门所设的 7 个运作中心、为国际现金管理而设的客户服务业务和相关的银行业务。2002 年，兴业银行决定使用 Quartz，因为其能够满足该项目所要求的高业务处理率、响应时间和操作可测性。

接包方：

印度塔塔咨询服务公司（TCS）是印度著名的企业集团——塔塔集团的控股子公司。其主要业务包括为各类大中小型企业（如金融银行业、保险业、电信业、交通运辆、零售业、制造业和医药业等行业的企业）提供相应的软件和咨询服务。

外包内容及实施过程：

TCS 对 Quartz 项目已经拥有一定的成功经验。接包该项目后，TCS 将此次项目置于和以往所有成功的 Quartz 项目相同的实现标准之下。这是一个在线/离线模型。一支由 Quartz 顾问和客户代表组成的当地团队制定了产品改进规则，并受到在印度的产品团队在开发、测试、维护、打包和运输方面的支持。通过这种方法，法国兴业银行从高水平银行业务和产品专家及印度团队身上获益颇多。

外包效果及评价：

● 降低成本。由于市场大环境越来越激烈，社会分工也越来越细，而每个企业的专业优势是有限的，因此企业将非专业的产品外包出去比事事亲为成本要低得多，产品的质量也可以得到保证。

● 关注核心竞争力。法国兴业银行将更多的注意力放在银行的核心业务竞争力方面，发挥企业的比较优势，采用外包的形式将非专业或非核心的业务外包出去，从而提高了工作效率。

● 丰富的人力资源。在印度、中国等地有丰富的具备优秀素质的人力资源可供使用，获得较低成本的同时，又能获得高水平的服务。同时，在印度、中国等地工作人员的流动性小，员工稳定。

● 7×24 小时专业的服务。承接外包的绝大多数公司都提供 7×24 小时的专业服务。

资料来源：曾松、郑雄伟：《国际外包全球案例与商业机会》，460 页，北京，经济管理出版社，2008。

本章小结

从 20 世纪 90 年代开始，在降低成本、寻求更优质的资源和服务等目标驱动下，经济全球化逐渐演变且形成了以服务外包为主要特色的现代服务业体系，面对这一市场机遇，拥有巨大人力资源优势的中国必须抓住机遇，力争将“中国制造”转变为“中国服务”。这是因为与承接国际制造外包相比，承接国际服务外包更具有引人注目的优势。

首先，发展服务外包有利于扩大就业。国际服务外包将使大量白领工作岗位由发达国家向发展中国家转移，这就为扩大就业，促进劳动力向第三产业转移提供了机遇。

其次，服务外包属于无污染、低消耗产业，是现代高端服务业的重要组成部分，具有科技含量高、附加值大、资源消耗低、环境污染少等特点。从收益上看，服务外包对经济增长的贡献可能是来料加工制造业的几十倍，能耗却只有制造业的20%左右。

再次，大力承接国际服务外包有助于产业结构升级。服务业位于产业链的高端，服务外包的发展有助于提升中国企业在国际产业分工和价值链中的层次和地位。

因此，我们要对服务外包的发展背景加以了解，认识服务外包的发展前景。本章内容正是致力于此，主要介绍了服务外包发展的信息技术支持，经济发展经历了工业革命到信息革命，为全球产业转移、从制造外包到服务外包的发展提供可行性；服务外包属于无污染、低消耗产业，是现代高端服务业的重要组成部分，服务外包的发展有助于产业结构优化升级；所有企业都置身于市场经济大环境下，都要受制于市场规律，资本逐利的属性使得跨国企业在成本驱动下进行全球产业经济转移，从而出现了制造外包和服务外包；绝对优势和比较优势的存在是国际分工得以运行的基础，经济全球化及信息技术的发展使得贸易的发展经历了从商品贸易到服务贸易；企业生存环境的改变带来了管理模式的创新，虚拟企业模式、核心竞争力模式、竞合战略等理论的提出为服务外包提供了依据，从而扩展了其发展空间。

思考题

一、简答题

1. 现代信息技术的发展对服务外包有什么影响？

2. 产业结构演变的特点及服务外包对产业结构优化升级的影响是什么？

3. 阐述服务外包与劳动分工之间的关系。

4. 分析服务全球化及服务外包的发展趋势。

5. 企业核心竞争力与服务外包之间的关系是什么？

二、论述题

1. 讨论服务外包的发展背景。

2. 法国兴业银行是如何利用国际大分工的？通过案例，你认为进行外包能带来哪些好处？

第二章

服务外包概述

服务外包的概念
服务外包的特征
服务外包的优势
服务外包的垂直行业
综述：服务外包——尚未界定边界的新兴行业

学习目标

1. 了解服务外包的定义及发展历程。
2. 掌握服务外包的主要特征。
3. 理解服务外包的主要优势。
4. 了解服务外包的垂直行业及其特点。

重点难点

重点：

1. 掌握服务外包的基本定义，并能够辨析不同定义的区别和特点。
2. 服务外包的业务类型是本章的核心内容之一，要求学生深刻理解。

难点：

要求学生准确把握服务外包的垂直行业的内涵及不同垂直行业的特点。

第一节　服务外包的概念

一、外包的定义及种类

(一) 外包的定义

外包（outsourcing）作为一种经济活动和经营方式，很早就被运用于企业的生产经营之中。简单来说，外包就是做自己最擅长的，将不擅长做的工作，尤其是非核心业务剥离，交给更专业的组织去完成。英国的查尔斯·盖伊和詹姆斯·艾辛格在《企业外包模式》一书中对“外包”的定义是：“依据服务协议，将某项服务的持续管理责任转嫁给第三者执行。外包战略是在专业化分工日益细致的前提下企业向非一体化的战略选择，其实质是企业对边界的一种重新界定。”美国著名的管理学家彼得·德鲁克曾预言：“在10～15年内，任何企业中仅做后台支持而不创造营业额的工作都应该外包出去。”

从本质上来讲，外包是企业的一种经营战略，是企业在内部资源有限的情况下，为取得更大的竞争优势，仅保留最具竞争优势的功能，而其他功能则借助于资源整合，利用外部最优秀的资源予以实现。这样，企业内部最具竞争力的资源和外部最优秀的资源的结合，能产生巨大的协同效应，使企业最大限度地发挥自有资源的效率，获得竞争优势，提高对环境变化的适应能力。

总的来说，外包是指企业将一些其认为是非核心的、次要的或辅助性的功能或业务外包给企业外部可以高度信任的专业服务机构，利用它们的专长和优势来提高企业整体的效率和竞争力，而自身则仅专注于那些核心的、主要的功能或业务。

(二) 外包的种类

从内容上来看，外包可以分为生产外包和服务外包。

1. 生产外包

生产外包，又称制造外包，习惯上称为“代工”，是指客户将本来是在内部完成的生产制造活动、职能或流程交给企业外部的另一方来完成。其中一方的“客户”是指作为买主的公司，通常称为委托制造企业。“企业外部的另一方”是指代工企业。代工企业和我们平时讲的原材料等有形产品的供应商并不完全相同，它的职能本来是在买方公司内部完成的，并且内容涵盖了所有有形的和紧密关联的服务，如部分设计和物流配送等。

按照代工企业是否完成产品研发设计活动，生产外包可分为原始设备制造（OEM）与原始设计制造（ODM）等合作形式。OEM（original equipment manufacturing）是指：具有生产组装能力的企业，在买主提供产品规格、制作技术规范、产品品质规范，甚至指定部分或全部零组件的情形下，提供买主所指定之产品的分工形态。ODM（original designing manufacturing）是指：产品生产者在不需买主提供产品与技术相关规范的前提下，同时提供产品开发设计与生产组装的能力，生产符合买主所需功能的产品，同时在买主所拥有的品牌下行销。OEM仅涉及产品的生产组装，而ODM则涉及产品设计开发及生产组装等两种活动。

2. 服务外包

有别于制造外包的服务外包，是伴随生产制造过程产生的，例如企业在生产制造前的市场调研、产品设计，生产过程中的物流、库存管理，产品销售后的客户服务等都可以外包给专业的公司来完成，这就属于服务外包。生产外包和服务外包都是外包的重要组成部分。目前，服务外包广泛应用于IT服务、人力资源管理、金融、会计、客户服务、研发、产品设计等众多领域，服务层次不断提高，服务附加值也明显增大。根据美国邓白氏公司的调查，在全球的企业外包领域中，扩张最快的是 IT 服务、人力资源管理、媒体公关管理、客户服务、市场营销。

二、服务外包的定义

关于服务外包的定义，目前国内外有不同的观点。

作为全球服务外包接包业务发展最快的国家之一，印度先后使用了两个词汇对应于“outsourcing”一词，分别是 IT-ITES（2006 年之前）和 IT-BPO（2007 年后）。IT-ITES（information technology enabled services），定义为一种以 IT 作为交付基础的服务，服务的成果通常是通过互联网交付。2007 年，印度软件业和服务公司协会（NASSCOM）提出，服务外包是基于 IT 的业务流程外包，建立在 IT 和网络平台上，任何外包作业都是在数据化之后，转移出去的业务流程和办公作业都属于服务外包。两者对照，显然 outsourcing 一词是买家词汇，是从发包商视角来考量的；而 IT-ITES 是站在服务供应商（接包商）立场上理解的，重在寻求服务商机。

2006 年，中国商务部《关于实施服务外包“千百十工程”的通知》中指出：“服务外包业务”系指服务外包企业向客户提供的信息技术外包服务（ITO）和业务流程外包服务（BPO）；“国际（离岸）服务外包”系指服务外包企业向境外客户提供服务外包业务；“服务外包企业”系指根据其与服务外包发包商签订的中长期合同向客户提供服务外包业务的服务外包提供商。

2007 年 9 月，中国服务外包研究中心编写的《中国服务外包发展报告 2007》中提出：服务外包是指企业将价值链中原本由自身提供的具有基础性的、共性的、非核心的 IT 业务和基于 IT 的业务流程剥离出来后，外包给企业外部专业服务提供商来完成的经济活动。

2010 年，财政部、国家税务总局和商务部联合发布的通知（财税〔2010〕64 号）中指出，关于服务外包业务是指信息技术外包服务（ITO）、技术性业务流程外包服务（BPO）或技术性知识流程外包服务（KPO）。ITO 的业务范围包括软件研发及外包、信息技术研发服务外包、信息系统运营维护外包三大类；BPO 的业务范围包括企业业务流程设计服务、企业内部管理服务、企业运营服务、企业供应链管理服务四大类；KPO 的业务范围主要包括知识产权研究、医药和生物技术研发和测试、产品技术研发、数据挖掘、教育课件研发等。

综合上述概念，本书对服务外包的定义是：服务外包是指企业为了将有限资源专注于其核心业务，以信息技术为依托，利用外部专业服务商的知识、劳动力，来完成原本由企业内部完成的业务和工作，从而达到降低成本、提高效率、提升企业对环境应变能力并且优化企业核心竞争力的一种业务模式。它主要包括信息技术外包、业务流程外包、知识流程外包、数字内容外包。

三、服务外包的发展历程

随着经济全球化的逐步深入，继制造业的转移之后，从 20 世纪 80 年代后期开始，发达国家开始转移服务业。在服务业转移的过程中，服务外包也取得了长足的发展，且服务外包日益成为服务业转移的主要形式。具体而言，服务外包的发展主要经历了三个阶段。

（一）第一阶段：1970—1990 年

这个时期是生产外包向服务外包过渡的阶段，服务外包主要集中在计算机、信息技术及相关服务领域。缺乏相应技能和成本压力是该阶段外包发展的主要阻力，因此，在这一阶段公司更加关注提高并不断积累自身的技能。

（二）第二阶段：1990—2000 年

在这个时期，主要发达国家开始普及应用 IT 技术，与此同时，IT 产业结构本身也发生了深刻变化，作为服务外包起源的 IT 服务外包得到了迅速发展，IT 产业的重心也由硬件向软件转移。随着网络技术的发展和通信成本的急剧下降，远程 IT 服务业应运而生，其效益大大超过制造业外包。

印度由于拥有大量熟练掌握英语的相关人员和 IT 人才，并且同英语国家有着天然的文化联系，因此在美国、英国 IT 服务业的外包中占据了主导地位。特别是在世纪之交出现的计算机"千年虫"问题，促使人力资源短缺且成本高昂的发达国家企业不得不将大量的软件开发工作外包给印度企业，大大推动了印度 IT 产业，尤其是软件业的发展。

IT 服务外包的成功推动了企业一系列以 IT 为基础的技术性研发工作的创新和发展，特别是西方企业致力于外包由 IT 领域向其他领域扩展，反映了它们的创新模式正在进行重大变革。大型企业研发机构已由过去从基础研究到新产品原型研制逐步转变为侧重高端应用研究，其中基础研究转移给大学，大量一般性的研发项目外包给亚洲等低劳动力成本的国家。这样，随着科技人员数量的减少，既可降低企业成本，又突出了研发重点，组织和调动全球范围的科技力量，并且能同客户保持密切联系。

（三）第三阶段：2001 年至今

服务业正经历着与制造业相似的变化：由生产成本高的地区转移到生产成本低的地区。服务外包的领域逐渐由 IT 服务和其他单一的服务业向各种类型的服务业务扩展。例如，发包商的市场研究、人力资源管理、债务托收、审计、法律事务、保险承销等都可以外包，这不仅有助于发包商增强其核心竞争力，而且能够为发包商降低成本、提高效益。服务外包的实际效益要比制造外包更加明显，根本原因是信息传递要比物质运输便捷得多，成本也相应便宜得多，这使得西方国家的发包商可以在更大的范围内广泛利用全球的智力资源。

随着世界范围内新一轮产业结构的调整和贸易自由化进程的继续推进，服务业和服务贸易在各国经济中的地位还将不断上升，服务外包产业整体趋于活跃。

第二节　服务外包的特征

众所周知，外包行业的发展始于制造业的外包，起初外包的目的是降低成本，在全球范围内实现资源优化配置，利用各自优势发展全球经济。如今这种经济策略拓展至服务行业及各大领域，除了降低成本之外，服务外包不断前进的脚步赋予了其更多新的特征。

一、IT 技术应用为基础

绝大部分的服务外包合作双方都处于不同的地区，即通常所说的离岸外包，双方合作关系的确立以及业务的进行必须依赖现代化的通信手段——互联网和通信技术。正是互联网的出现，使得原先在国际不可贸易的“服务”得以实现，并构成了服务外包的技术条件。

不管是 ITO，还是 BPO，不论是区域内服务外包，还是区域间服务外包，要么以 IT 为内容，要么以 IT 为基础。特别是区域服务外包，对承接地信息化基础设施建设和信息化发展水平提出了很高的要求。如果一个承接地信息化基础设施建设和信息化发展水平滞后，就难以承接服务外包业务。即使已经承接到服务外包业务，一旦通信网络出现问题，业务就会终止，不能继续下去。相应的，如果一个承接地信息化基础设施建设和信息化发展水平适度超前，就会更有机会承接到服务外包业务。

二、跨国公司为主导

20 世纪 90 年代后期以来，跨国公司外包的规模和深度都有了令人瞩目的发展。跨国公司在扩大生产制造外包的同时，迅速扩大了服务外包的规模。随着全球竞争的加剧和科学技术的发展，很多跨国公司也从过去自我完善型的运营系统，向资源外取型的运营系统转变。它们纷纷把价值链中的加工组装环节和辅助性服务外包出去，用市场这只“看不见的手”，来取代组织这只“看得见的手”，以便降低成本，提高效率。

跨国公司在服务外包中的主导作用主要体现在以下三个方面。首先，跨国公司“以世界为工厂，以各国为车间”，促使服务外包不断国际化，从而扩大和加强了世界经济与东道国、母国经济的联系，加深了世界各国之间生产、交换、流通、消费、技术与产品研究开发等方面的协作关系。各国在制定一些国内政策如环境保护、货币政策时，都需考虑国际因素。其次，促进了生产和服务的国际化分工，有助于建立新的全球性生产和服务的专业化协作体系，有利于劳动生产效率的提高。例如，通用汽车公司在全世界30多个国家设有60多家汽车制造厂，国外生产占全部生产的31.7%。美国波音公司生产的波音747型客机的450万个零部件，是由包括美国在内的26个国家的25 000家企业协作生产的。最后，跨国公司内部及相互之间的贸易已成为当今世界进出口贸易的一个重要因素，跨国公司在全球范围内配置生产要素，设立工厂、组建子公司进行生产和经营，从而大大推动了全球化的发展。

三、流程化与标准化

服务外包具有强大的流程化管理和标准化运营体系。从服务外包的定义我们知道，服务外包是将基于IT的业务流程剥离出来后，外包给企业外部专业服务提供商来完成的经济活动，因此服务外包本身就具有流程化的特征，尤其是对于业务流程外包和知识流程外包更为明显。例如财务外包的业务流程（见图2—1），就是流程化的具体体现。

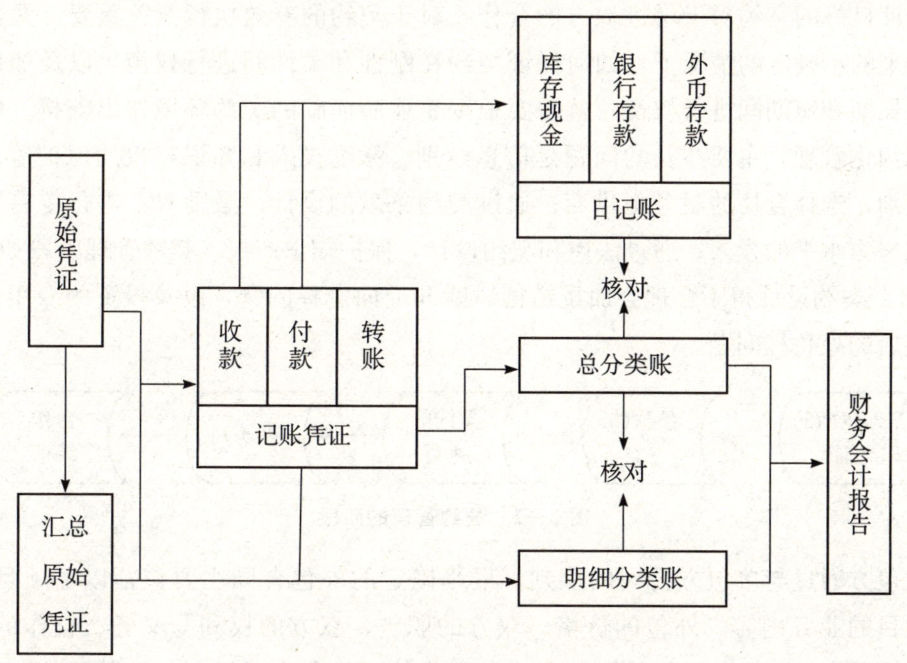

图2—1 财务外包业务流程

资料来源：金跃武：《基础会计》，208页，北京，高等教育出版社，2006。

在服务外包行业中，标准化在提供技术互换性，遵守相应准则和提供客户信任度方面起着重要的作用，尤其是对于业务流程外包。标准化能够起到以下三方面的作用：

（1）标准化使服务外包形成规模经济和技术经济。标准化的目的是通过减少流程错误来改进经营业绩并降低成本，促进沟通，达到获取利益的作用，因此，使业务流程标准化更能使接包方达到规模经济和技术经济，并且减少对不同客户的生产服务技术成本。

（2）标准化的合同治理促进服务外包的成功。标准化对合同工作的完整性有积极的影响，标准和透明的流程意味着更高程度的完整性，直接影响着服务外包的成功和客户接受的满意程度。

(3) 标准化的关系治理促进服务外包的成功。标准化促进了企业之间的沟通，企业如果使用标准的业务流程，可以更容易地达到双方的理解，从而促进沟通和流程的执行和改进。

四、契约化管理

由于外包供应商是外部独立运作的法人实体，外包供应商和发包商的关系是合作关系，而不是行政隶属关系，也不是一般性的买卖关系，因此发包商必须与外包供应商签订长期的合同或协议。外包合同是双方合作的基础，也是维持这种合作关系的可靠凭证，它直接关系到外包的成败，故发包商必须用具有法律效力的合同来约束供应商的行为，有效地降低外包的风险。

设计良好的契约对于增进双方的合作，对于契约的有效执行至关重要，尤其是在面对未来的不确定的情况下，如何保证契约在刚性和柔性间进行权衡，以及如何保证契约在长期和短期间进行权衡，就需要根据企业所面临的契约环境作出安排。服务外包的契约化管理，主要涉及的问题是信息甄别、激励投入和知识产权的保护等。通过信息甄别，选择合格的服务提供商；通过契约条款的设计，激励双方进行专有资产的投入和努力水平的投入；通过法律和契约设计，保护知识产权（契约管理阶段如图 2—2 所示）。契约设计得不合理会加重道德风险和逆向选择问题，以及投资的专用性所引起的事后的敲竹杠问题。

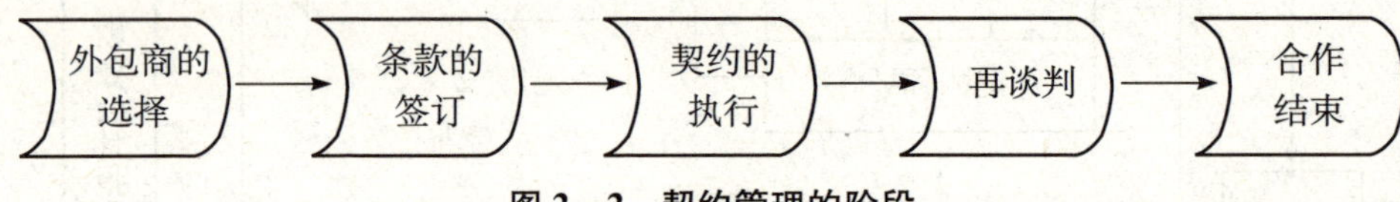

图 2—2 契约管理的阶段

发包方通过与接包方公司的谈判，最终确定的外包合同主要包括以下项目内容：外包项目的业务内容、外包的价格、双方的职责、双方的权利与义务、合作的期限、项目完成进度及要求、违规条款、商业保密条款、双方沟通机制、问题处理机制和退出外包机制。

五、白领工作转移

与制造业的转移相比，服务外包相当于发达国家白领工作岗位的转移。随着新一轮全球化产业转移浪潮的推进，大约从 2003 年起，发达国家总体上属于服务业范畴的行业开始大规模地向海外转移。其显著特征是：发达国家的白领工作即科技产业和服务业向发展中国家转移。这一趋势出现的根本原因是：跨国公司和大的金融资产部门为了提高其在全球的竞争力，必须最大限度地节约成本，向劳动力素质较高且劳动力成本较低的发展中国家转移具有更高附加价值的服务性工作平台。现代通信手段，特别是互联网的快速发展使白领工作向海外转移成为可能。

跨国公司的全球战略布局和员工的全球化已经成为不可逆转的发展趋势。据联合国贸易与发展大会发布的信息显示，全球前100家非金融类跨国公司雇用的外国员工（即非本国员工）百分比从1990年的48%增加到2000年的55%，预计到2015年这一比重会增加到60%。发达国家部分行业的就业岗位流失严重，同时高薪职务如工程师、金融专家等的工资水平开始逐年下降。另外，这对产业布局也形成了直接挑战。以美国为例，近年来向海外转移的白领工作机会急剧增加，并将继续大幅度增加。据美国劳工部预测，到2015年，美国向国外转移的此类工作岗位将达到332万个。白领岗位向国外转移也将导致经济的结构性变化，使同类岗位失去后再也难以恢复。

这对于发展中国家而言是个千载难逢的好机会，中国应充分利用本国有利条件，抓住高科技和服务行业开始大量向发展中国家转移的有利时机，吸引更多的西方白领工作岗位，在推动就业的同时，以此为契机推动国家研发能力的迅速提升，促进国民总体素质的提高，推动经济的长期和高质量增长。

第三节 服务外包的优势

近年来，基于外包的种种优势，外包作为企业的一个战略选择越来越受到重视。服务外包发展迅速，波及全球，它在节约成本、强化核心竞争力、提高生产效率、获取业务专长、拓展新的市场等方面具有明显的优势。在这些优势的驱动下，服务外包蓬勃发展，由过去的IT外包发展到了现在几乎价值链上的每一个活动均有可能外包。下面将详细讨论企业进行服务外包的各种优势。

一、节约成本，提高财务绩效

企业成本最小化、利润最大化的目标为服务外包提供了强大动力。外包成本是指将业务外包所需付出的代价，它不仅包括如合同价格这样的显性成本，也包括合同风险这样的隐性成本。根据美国学者K.M.吉利和拉希德·阿卜杜勒在其论文《外包对公司绩效影响的分析》中指出，对于追求成本领先战略的企业，外包其非核心业务对于企业的财务绩效有着积极的影响。外包对财务绩效的提升作用主要表现在以下几个方面。

（一）降低运作成本

一方面，与企业内部的运作成本相比，外包服务的成本更低，而且由接包商提供服务，成本更易预测、更好控制。同时，将服务从具有固定成本的固定资产形式转换为具有可变成本的固定资产形式，这使服务在业务增长并盈利时更容易得到增加，在业务衰退时也更容易得到削减。而另一方面，发挥接包商专业化运作与管理经验及其规模化的经营优势，发包商可以大量减少在非核心业务方面的投资，且只需要支付较低的可变成本。如今，众多欧美发包商纷纷将其服务业务转移到中国、印度、菲律宾、墨西哥等地，利用其廉价的劳动力进行运作可以降低成本。据美国一家公司调查表明，物流外包将会在供应链各环节上节约成本（见表 2—1）。

表 2—1　　物流外包各环节节约成本比例

物流外包各功能环节	预计节约的成本比重（%）
路线重新设计和最优化	10～15
封闭路径的专一服务	15
运输模式转换	10～15
核心运输商管理和通路搭配	5～10
运输谈判和审计	4～5
入仓运输货物整合以及运输模式选择	20～25
逆向物流	10～15
专门运输商地点整合	10～12
库存及维持库存成本	7～10

资料来源：汪应洛：《服务外包概论》，60 页，西安，西安交通大学出版社，2007。

据各行业数据显示，外包大约能降低 15%～20%的经营成本。外包可通过接包商分担发包商的固定成本从而减少发包商的压力，接包商因为规模效应和专业化优势等原因也能以较低的价格提供服务，使发包商在开发和生产新产品的核心业务上更加灵活和高效。通过外包，既能减少新业务重构所带来的固定资产投入，避免在设备、技术、研究开发商上的大额投资，又能使发包商很快进入新业务领域，实现低成本快速运作。例如，Camino 卫生保健中心实施了数据外包项目，在考察了几个接包商之后，Camino 卫生保健中心选择了 IBM 公司接管其数据中心，IBM 公司为其提供了计划在 5 年内节约 500 万美元的合同报价。

（二）节约日常维护成本

外包并不意味着业务的放弃，企业需对外包合同的实施进行管理，保持对外包业务性能的检测和评估，并经常与外包商保持沟通联络。尤其当企业想与外包商建立长期性、战略性的合作关系时，这部分成本支出更为必要。

如果企业的规模太大，无论在硬件投入方面还是人才培训方面，企业必须加大相关投入，这样会增加企业的经营成本和负担。毫无疑问，外包企业获得的利益来自接包商的规模经济和专业技能。就拿信息技术供应商来说，一方面，他们可以在多个客户之间共享硬软件、人力资源和知识，从而使他们在固定成本投入上更加节约，与此同时，他们还可以通过批量购入硬件和软件而获得更多的折扣。另一方面，他们通常会比客户拥有更全面的技术，或者具有客户企业所不具备的特定技术和资源。因此，接包商一般能高质量、高效益、高效率、低成本地提供产品和服务。以海尔集团为例，自 1998 年起，东软公司在商流系统、物流系统、售后服务系统以及 IT 系统维护服务等众多方面为海尔集团提供了一系列IT系统解决方案，为海尔集团提供的IT外包服务内容涉及海尔集团商流分销系统及42家工贸的IT业务。东软公司为海尔集团建立的电子自动派工系统，使海尔集团一次性减少派送工300多名，每年节约派送成本600多万元，极大地节约了集团的成本，且提高了顾客服务的响应速度和服务质量。

在更多的情况下，特别是服务外包业务由发达国家向发展中国家转移的过程中，服务外包成本的降低主要是由不同国家间工资成本的差异造成的，通过服务外包利用国外人力资源优势，能有效降低生产成本。

(三) 其他节约成本的影响

1. 业务集中

一方面，业务集中可以节约人力成本。将全球多个地区和国家的业务集中到中国、印度或马来西亚等低成本国家，可以实现20%～45%的成本节约；另一方面，业务集中可以优化组织结构，实现规模效益。相关国家和地区的工作集中以后，业务规模扩大，同类业务数量迅速增加，更利于员工经验积累，工作更娴熟，从而缩短了单件业务处理的时间，提高了工作效率。

2. 共享标准化流程

首先，各地区业务集中到共享中心后，可以共享各地区的最优流程，从整体上改善业务流程，提高效率；其次，在分析各地区业务流程的基础上，可以结合全球流程一体化项目，实现流程标准化、全球化。流程标准化可以帮助企业减少流程培训压力，减少因人才流动带来的专业知识流失的风险，并进一步提高工作效率。

3. 规模经济效益

业务外包由于形成了规模经济从而具备了低成本的优势，即经营规模扩大带来的经济效益。当首批业务转移到业务共享中心后，可以逐渐地扩大业务外包范围，通过业务范围扩大给企业带来更多的经济效益。

二、强化核心竞争力

任何成功的企业都有自己的核心竞争力。核心竞争力是超越具体产品和服务，超越具体职能部门和业务单元的一种竞争力，并且这种竞争力不受单一产业变幻莫测的周期特征的制约，能使企业面对多变的环境，处变不惊且行动迅速。在市场竞争日益激烈的今天，企业不仅需要保持竞争力，更要不断开发和改进其核心竞争能力，这需要企业投入更多的资源来经营。

根据迈克尔·波特的价值链理论，从研发、设计、采购、生产、库存、营销到运输等环节是一条完整的价值链，环环相扣，缺一不可。一个公司不可能在价值链的每一个部分都是最有竞争力的，因此，选择自己最具竞争力的环节才是明智之举。企业应该将资金、人才等优势资源集中于具有核心竞争力的业务环节，而将不具有竞争优势的业务外包给比自己更具成本优势和专业优势的企业，以此来获得竞争优势。

将非核心业务外包出去可以使企业将更多的精力和资源集中于核心业务上，以提高核心资源的竞争优势。服务外包业务可以解放企业内部的员工，使他们能够更专注地投入到核心业务中去，获得更丰富的经验。企业的持续竞争优势是由核心竞争力决定的。企业拥有资源的有限性，决定其不可能在所有业务领域都拥有竞争优势，为此，企业必须把有限的资源集中在核心业务上，通过外包来获得其他非核心资源，从而实现资源的优化配置。

同样，对于企业的高层管理人员来说，外包可以使其更专注于核心业务，将更多的精力投入到核心业务中去，提高核心业务的绩效水平，同时外包为实现企业的主要战略目标提供了手段。与不实行外包相比，外包的最大好处也许就在于它可以使发包商更加充分地利用接包商的资金、技术创新和专业能力。对任何发包商而言，要复制接包商所拥有的这样一组能力所需的投入是非常巨大的，但通过服务外包，则可以较容易获得这些强大能力，从而为提高发包商的核心竞争力服务。例如，对于人力资源部门来说，可以将与企业竞争优势保持和组织战略成功实施高度相关的活动，如人力资源规划等综合性活动，保留在组织内部管理体系中，而把薪酬管理、一般性培训、档案管理、劳动保险等交给外部专业机构负责，从而提高人力资源部门在企业中的战略地位，通过业务来提升企业的核心竞争力。

三、提高生产效率

效率指的是投入与产出之间或是成本与收益之间的关系。当效率概念应用于某一企业时，所要研究的问题主要是企业是否利用一定的生产资源生产了最大的产出，或者说是否在生产一定量的产出时实现了成本最小的原则，这种效率称为技术效率。服务外包是将发包商内部的部分职能外包给以服务为导向的专业化接包商，可以为发包商的顾客提供高效的服务与管理，发包商也能因此节约服务成本，有利于发包商把更多的财力、物力、人力集中到核心业务中去，使资源在不同的环节得到合理配置，优化发包商的组织结构，从而提高发包商的效率。

就拿企业内部管理来分析，企业内部管理可以分为两个方面：一是事务性业务，一是战略性业务。例如，在人力资源管理中，事务性业务主要是指普通职员的招聘、考核、教育培训、人事档案管理、薪资福利等，而战略性业务包括人力资源政策、执行及中高层主管的甄选、员工的职业生涯规划、组织发展规划和业务开发等。事务性的工作附加值较低，易使人分心。如果把这些过于细节化的事务外包出去，可有效防止从事这方面管理工作人员的过多配置。对企业而言，从专业服务公司那里获得人力资源方面的信息和卓越的服务质量远比企业自身拥有庞大繁杂的人事管理队伍更能节约成本，获得更多的盈利。从理论上讲，专业服务公司通过聚集较多的客户可进行时间—费用设计，从规模经济和学习效应中获益，降低管理成本。因此，无论是专业服务公司的成本还是发包商支付的服务费用都能得到降低。相对于内部管理来说，由外包服务商提供的人力资源管理服务无论是从管理的专业化还是技术的先进性等方面来说，都具有很强的优势。通过外包可以提高企业的管理效率，提高企业的反应速度，使企业更好地适应市场的变化。

四、引进先进的专业化服务，提升整体竞争力

（一）引进专业化的服务

供应商的专长和时间节省成为业务外包的重要原因。在业务工作日益复杂以及组织裁员导致的人力资源减少的情况下，企业对专业化的需求却在增加。例如，外部专家比内部专家在业务方案评估时更客观，当业务部门和公司管理层认为必要时，由外部具有专长且客观的供应商进行评估更具有可信度。

（二）引进先进的技术服务

在企业管理中，技术常常扮演着重要的角色。例如，企业的人力资源业务对信息技术的依赖程度就越来越高。如果企业想自己引进技术管理，不仅成本高而且缺乏专业技术人才，这时，服务外包就体现出其优势。许多外包服务商为发包商安装了包含人力资源信息系统的整体企业管理软件，如 SAP 或 PeopleSoft。整体信息系统能简化人力资源服务的交易程序，更便于人力资源高级经理在操作层面和战略层面作出业务决策。尽管通过外包获得技术能力是操作性需求，更新人力资源信息系统则具有重要的战略意义。当企业建立新的信息平台时，必须重新思考组织的整个流程，优化企业组织结构。另外，引进整体的企业管理软件能简化工作流程，增强流程的可控性，帮助企业实现现代化管理。

（三）提高管理的效率和组织绩效

通过引进专业水平更高的专家服务，企业能够提高管理的效率和组织的绩效。业务外包可以获取专业化的服务，进而提高企业的管理效率，最终提高企业的整体效益。在企业管理中，各种类型的业务尽管管理的方式和水平各不相同，但彼此之间都是相互联系、相互影响的。在企业内部因为各种因素的影响，内部的业务管理水平也不一样，一些管理水平比较弱的业务的执行效率会直接影响其他业务的开展，致使企业整体运行效率下降，即出现“短板效应”（又称“木桶效应”）。在全部业务中，也可能存在这样的短板业务，这些短板业务将直接影响业务的整体水平。而企业又无法在短期内以较小的成本来消除这些短板业务。而通过业务外包无疑是一种最直接和有效的解决方式。因为对于外包服务商来说，业务职能属于其核心业务，同时具备技术专业上的优势，通过把业务交给这些专业公司负责，不仅可以弥补企业管理中的“短板”，也能带动业务整体水平的提高。

(四) 提高专业化水平，实现最佳资源分配

一个公司或部门，通常只是熟悉自己的业务领域，而在其他业务领域则显得很不专业。但专业服务公司做过很多的调查研究，拥有大量的专业技术人才，发包公司有选择地把业务外包给这些专业服务公司，可以大大提高其专业化水平。把多家公司的优秀人才集中起来为己所用是业务外包的核心。企业可以利用专业服务公司的资源优势弥补自身的不足，从而更具有整体竞争优势。从整个社会来看，通过各个企业的优势互补，最终可实现社会资源的优化配置。

五、拓展新的市场

随着服务外包业务范围的拓展，服务外包的市场无论是从区域上还是从具体业务上都在逐渐转移，新的市场不断得到拓展。由于信息技术及网络技术的发展，服务外包所需的技术水平大大提高，许多企业不仅将数据输入、文件管理等低端服务转移，而且将审计服务、税务服务、研发等技术含量高、附加值大的业务外包出去。从 20 世纪 90 年代开始，美国和印度企业间的服务外包活动主要集中于 IT 和软件领域，近几年出现的业务流程外包则拓展到金融、保险、医疗、人力资源、客户服务等业务领域。接包方一般也从基本的低风险服务开始，积累经验、技术后，再提供更为复杂的高端服务。继商务流程外包之后又出现了第三代外包流程——知识流程外包（KPO），如商业研究、数据分析、风险分析、咨询服务、联合风险投资等业务。当前印度覆盖了全球 70%的 KPO 市场。

随着服务外包离岸方式的强化和服务外包承接国的增多，新的地域市场得到拓展。服务外包在发展中国家取得了蓬勃发展，据我国商务部提供的资料显示，根据不同机构的估计，全球服务外包的市场规模在 3 000 亿美元～5 000 亿美元，并将在未来几十年继续保持 20%～30%的增长速度。近几年来，不少亚洲国家的企业一直从美国和欧洲国家承接业务外包中获益，目前这些企业也开始将业务外包给一些大型跨国公司。在发展中国家中，印度已成为服务外包首选地和主要承接国。中国、俄罗斯、巴西这些新兴市场国家也逐渐成为日益重要的外包承接国。南非、加纳、越南、柬埔寨等也相继参与到承接外包服务的行列中来。

第四节　服务外包的垂直行业

服务外包的垂直行业是指服务外包业务所涉及的具体的行业类型。根据服务外包所处的行业不同进行分类，可以分为信息通信业、金融服务业、医疗保健业、影视传媒业、先进制造业、物流采购业、公用事业等不同的行业的外包。

按照业务性质，服务外包可以分为信息技术外包、业务流程外包、知识流程外包

和数字内容外包。将这四大类进一步细化，又可以分为许多具体的业务，或者说引申出许多具体的工作岗位，具体如表 2—2 所示。

表 2—2　　主要的服务外包业务

信息技术外包（ITO）	业务流程外包（BPO）	知识流程外包（KPO）	数字内容外包（DCO）
●软件开发 ●模块设计 ●本地化应用的开发 ●软件测试 ●软件本地化 ●自有产品出口 ●应用软件及嵌入式软件 ●定制解决方案 ●其他高附加值服务	●呼叫中心 ●技术支持 ●消费者支持服务 ●后台会计 ●后台交易处理 ●金融和财务 ●IT 支持 ●请求（索赔等）处理 ●人力资源外包 ●采购、订单处理 ●运营管理 ●工程设计、研发 ●电信增值服务	●通信产品嵌入式软件研发 ●汽车设计和汽车电子研发 ●移动互联网应用软件 ●商务智能 ●数据分析 ●咨询服务	●数字内容制作 ●动漫制作 ●游戏设计 ●数字出版 ●3D 电影制作 ●虚拟现实

通常，外包服务项目和产业类别无关，尤其在 IT 领域，如数据输入或服务器托管不分垂直市场。但随着外包市场竞争的日趋激烈，一方面，服务外包公司很难在与同业的竞争中突显特色，以赢得有利位置；另一方面，客户也迫切希望服务外包公司能提供更符合自身需求的外包服务。因此，近年来，通过掌握垂直市场所需的专业技术，从而切入垂直市场，获得为客户提供更专业服务的能力是一种很有效的策略。以主要的服务外包垂直行业为横轴，以服务外包具体的业务种类为纵轴，可以得到如表 2—3 所示的关系，其中圆点表示该业务在对应的垂直行业中得到了运用。

表 2—3　　服务外包业务种类与垂直行业之间的关系

服务外包主要业务种类 \ 主要的服务外包垂直行业		金融保险	先进制造	商业流通	公用事业	医疗保健	信息通信	物流采购	影视传媒
ITO	应用软件开发	●							●
	嵌入式软件		●				●		
	软件测试						●		
	游戏软件								●
	IT 服务	●						●	
BPO	呼叫中心运营	●				●	●		
	金融后台业务处理	●		●				●	
	人力资源外包	●	●	●	●	●	●	●	●
	财务管理外包	●	●	●	●	●	●	●	●
	信息安全	●							
KPO	数据挖掘与分析			●	●				
DCO	数字内容制作								●

目前，服务外包呈现欣欣向荣的发展趋势，不论是传统的外包强势行业，还是最新开始外包的传统行业，都呈现出外包的范围和领域不断扩大的势头。在行业内和企业中，由于市场竞争的激烈化和某些优势企业的外包示范效应，为其他行业和企业进行服务外包提供了案例，其外包效果也得到了相当程度的认可。下面介绍主要的垂直行业的外包情况。

一、信息通信业

（一）行业概况

信息通信业是指以计算机、通信、互联网为代表的信息通信技术所形成的一个具体产业，该产业正在成为推动我国经济和社会可持续发展的重要途径。信息通信技术包括电信设施、网络、软件、数字化技术等，它的出现与发展使得生产的全球化分工成为可能，是离岸服务外包发生的保障性条件。随着21世纪以数字化为基础的通信技术的普及和全球数字宽带的迅猛增加，20世纪90年代后期，由电子商务和数字通讯为基础的全球生产和服务体系加速联结。因此，信息通信技术基础设施的质量与可获得性对于一个国家的接包竞争力会产生积极影响。从存量和质量上看，各国信息通信基础设施水平差异较大，中国信息通信技术的基础设施无论从存量上还是质量上，在发展中国家中都处于较高的水平，这说明了其成为离岸服务外包接包国的潜力巨大，但是与发达国家接包国相比，中国在基础设施的质量和密度上，还有一定差距。

近年来，信息通信业中的电信外包市场和规模扩张迅速，新的外包服务方式不断催生。目前，中国电信、中国移动、中国联通都已开展了服务外包业务，具体如表2—4所示。

表2—4　中国三大主要电信运营商开展的服务外包业务

运营商	开展的外包业务
中国电信	主要集中于北方电信各公司，包括传输数据及配套、企业政府级的网络建设维护等
中国移动	主要集中于2G现场维护执行层面，涉及网络维护、无线配套、传输骨干层、交换自维、部分试代维等业务
中国联通	主要集中于2G现场维护执行层面（非核心网络），重心由原有的C网向G网方向转移

资料来源：中国服务外包研究中心：《中国服务外包发展报告2009》，74页，上海，上海交通大学出版社，2010。

（二）外包业务类型

1. 嵌入式软件

嵌入式软件，就是嵌入在硬件中的操作系统和开发工具软件。嵌入式软件又跟嵌入式系统密不可分，嵌入式系统是指以应用为中心、以计算机技术为基础、软件硬件可裁剪，适应于应用系统对功能、可靠性、成本、体积、功耗严格要求的专用计算机系统。嵌入式软件就是基于嵌入式系统设计的软件，它是计算机软件的一种，是嵌入式系统的重要组成部分。

在信息通信业的发展过程中，嵌入式软件外包一直起着举足轻重的作用。早在20世纪80年代，内嵌型的X86处理器和集成控制器就成为从数字无线电话到个人数字助理及网络浏览器等众多终端产品的核心部件；随着各大电信运营商3G网络的大规模铺设并投入运营，以及3G手机的普及，3G嵌入式软件成为信息通信业的主力军。而目前，我国工业和信息化部又提出了“物联网”这一概念。物联网是由感知层、网络层和应用层三层构筑的一个庞大的、集大量应用和服务于一体的信息化社会工程，其核心就是3C——把嵌入式的物理设备（computation）通过无线宽带通信（communication）与后台数据处理系统相连达到智能化的控制（control）和信息服务。

工业和信息化部的相关统计数据显示，中国的嵌入式软件在消费电子、医疗电子、工业自动化控制等多领域的应用保持了高速增长的态势，在中国软件产业中占据特殊地位。2009年，它的产值占整个软件产业产值的17.6%；在中国软件出口中，嵌入式软件的贡献占据了近2/3。

2. 软件测试

软件测试是为了发现软件程序中的错误而执行程序的过程，它是帮助识别开发完成（中间或最终的版本）的计算机软件（整体或部分）的正确度、完全度和质量的软件过程。

随着ITO的发展，软件测试也越来越多地应用于信息通信业。例如，作为世界上最大的信息工业跨国公司，IBM几乎将其所有的软件测试业务外包出去，这样既降低了成本，也降低了风险；诺基亚、三星等通信企业也都逐步在将软件测试的业务进行外包。

3. 呼叫中心运营

呼叫中心（call center）又称客户服务中心，起源于发达国家对服务质量的需求，主要是指通过电话、传真等为客户提供快速、准确的信息咨询、业务受理和投诉等服务。该业务通过程控交换机的智能呼叫分配、计算机电话集成、自动应答系统等高效手段和有经验的人工坐席，极大地提高了客户满意度，使企业与客户的关系更加紧密，提高了企业竞争力。

在呼叫中心产业中，如果按照不同的使用性质进行分类，可分为自建型呼叫中心、外包型呼叫中心和ASP（应用服务提供商）型呼叫中心三类。其中外包型呼叫中心是指租用其他地方的呼叫中心设备、坐席、人员和运营管理，完成客户服务、市场营销等诸多活动的类型。ASP型呼叫中心则是指租用其他地方的设备和技术，而话务代表来自于自己公司的类型。

在信息通信业的发展过程中，呼叫中心的运营业务越来越多。例如，中国电信的“号码百事通”业务，其目的就是要在充分挖掘和整合用户号码信息的基础上，延伸和拓展传统的查号业务，满足用户现实和潜在的各类信息查询需求，将 114 台打造成一个综合类信息服务平台，提高中国电信差异化服务优势；中国移动的 10086，以“外包方和移动方目标一致、利益驱动一致的企业机制”与“外包方员工和我方员工努力方向一致的员工机制”两大关键点为基础，建立了“自控他营”的呼叫中心运营模式；中国联通的外包呼叫中心业务是基于呼叫中心系统平台，专用服务号码以及遍布全国的坐席资源，为广大企业客户提供 7×24 小时的人工服务的产品。据统计，2009 年中国最佳呼叫中心排名前四位具体如表 2—5 所示。

表 2—5　　2009 年中国最佳呼叫中心前四位

	呼叫中心
号码百事通 Best Tone	中国电信股份有限公司上海号百信息服务分公司呼叫中心
China unicom 中国联通	天津联通客服呼叫中心
China unicom 中国联通	江苏联通10010客服中心
中国移动通信 CHINA MOBILE 移动信息专家	中国移动通信集团江苏有限公司客户服务中心

资料来源：中国服务外包研究中心：《中国服务外包发展报告 2009》，72 页，上海，上海交通大学出版社，2010。

4. 网络运维外包

从欧美市场看，电信网络运维外包已经成为大势所趋，运维服务市场近年高速成长。对爱立信、阿朗等国际主要设备商而言，运维服务业务成为近年来唯一持续增长的业务。2009 年经济危机期间，爱立信和阿朗的运维服务业务仍保持了稳健的增长。

运维服务行业良好的业务模式决定了其未来确定性的持续增长。运维服务行业的市场空间取决于存量网络的规模，只要网络规模不断增加，则运维服务市场就会持续增长。这点明显有别于通信设备行业的业务模式（该行业主要和运营商的新增 CAPEX，一般是指资金、固定资产的投入相关，而和存量网络规模关系较小）。

近年来，国内运营商持有更为积极开放的态度，通信网络运维外包渐成趋势。国内运营商利润增长压力加大，为了不断减少成本，运维外包成为重要选择。中国的通信运维服务行业在未来的 3～5 年内将保持高速增长，复合增长率将达到 30%以上。运维服务市场的增长一定程度上取决于网络规模的增长和运维外包比例两个因素，据预测，电信运营商网络规模未来将以 20%左右的增长率增长，并且其网络运维外包比例也将处于不断上升的通道，使得该市场未来 3 年的复合增长率将在 30%以上。同时，三网融合背景下的广电运营商的网络建设和维护外包使得该趋势更为明朗化。

（三）典型企业介绍

苏州国科数据中心

苏州国科数据中心是由苏州工业园区投资8.4亿元建设的华东地区规模最大的第三方数据中心，位于苏州国际科技园创意产业园内，建筑面积为4.2万平方米。已于2010年10月28日正式运作，是亚洲唯一获得T4认证的最高等级数据中心。国科数据中心专注于数据管理、高性能运算和系统集成等增值服务，并与电信运营商错位发展，致力为国内外高科技研发企业、现代服务业企业、新兴互联网服务供应商等提供国际一流的网络通信、信息安全、数据灾备、高性能运算及系统集成管理等专业数据服务。

苏州国科数据中心将功能定位为苏州市高科技中小企业综合数据服务平台（E-DC），苏州市电子政务、智慧城市的运营支撑平台（G-DC），ITO、BPO、金融后台等行业数据外包服务平台（O-DC）。将客户定位为苏州ITO、BPO等服务外包供应商，具体包括苏州政府机构、直属单位应用软件服务供应商、电子商务服务供应商、互联网服务提供商、商业银行、证券、保险等行业客户。国科数据中心提供的服务范围包括机柜出租、光纤出租、智能DNS等基础服务，防火墙、数据存储、数据备份等安全类服务，IP视频监控、网络监控等监控类服务，云计算①平台（PaaS）、IT系统综合运维管理外包平台、容灾备份等专业外包服务。国科数据中心目前已与IBM、HP、新电科技等全球500强企业签订合作协议。其中，云计算平台是国科数据中心致力打造的重点，力争成为“中国云计算”技术自主研发的国家级基地。

资料来源：整理自 http：//www. sisdc. com. cn/。

二、金融服务业

（一）行业概况

在服务行业日益兴起的今天，金融服务作为一支增长迅速的力量越来越受到人们的重视。在金融类服务中，银行业务、保险业务和证券业务始终以稳定的速度不断增长。以美国为例，在过去10年间，金融服务价值量的递增速度始终保持着两位数的增速。银行类金融业务始终是所有金融业务中占比最大的一部分，也是服务增长比较快的一部分。在金融服务创造巨大价值的同时，银行也越来越受到自身资源短缺等问题的困扰，为了集中优势资源提高自身的核心竞争力，银行也越来越重视外包业务的利用。

商业银行服务外包是金融服务外包的重要组成。按照国际清算银行（BIS）所属的

---

①云计算是基于互联网，通过虚拟化方式共享资源的计算模式，使计算、存储、网络、软件等资源按照用户的动态需要，以服务的方式提供。云计算是全球性战略新兴产业，是计算机科学和互联网技术发展的产物，也是引领未来信息产业创新的关键战略性技术和手段之一。

巴塞尔银行监管委员会（BCBS）与国际证券委员会组织（IOSCO）、国际保险监督官协会（IAIS）组成的联合论坛于2005年发布的《金融服务外包》中给金融服务外包所下的定义，商业银行服务外包指的是“受监管实体持续地利用外包服务商（为商业银行集团内的附属实体或集团以外的实体）来完成以前由自身承担的业务活动。外包可以是将某项业务（或业务的一部分）从受监管的商业银行实体转交给服务商操作，或由服务商进一步转移给另一服务商（有时被称为转包）”。商业银行服务外包的实质在于商业银行企业的重新定位，重新配置各种资源，将资源集中于相对优势领域，从而提升自身的竞争优势，增强持续发展的能力。

中国的金融服务业主要包括银行、证券、保险三大领域。受金融危机的影响，2007—2009年证券业呈现出典型的V字形反转形态，而银行和保险两大行业的业务总量仍持续增长，如表2—6所示。

表2—6　2007—2009年中国金融服务业主要业务情况　单位：亿元

业务 \ 年度		2007年	2008年	2009年
银行	银行存款余额	401 051.38	478 444.21	612 006.35
	银行贷款余额	277 746.53	320 048.68	425 596.00
证券	股票市值	327 140.89	121 366.44	243 939.12
	股票交易额	460 556.23	267 112.66	535 986.77
保险	保费收入	7 035.76	9 784.10	11 137.30
	保险赔偿	2 265.21	2 971.17	3 125.48

资料来源：中国服务外包研究中心：《中国服务外包发展报告2009》，67页，上海，上海交通大学出版社，2010。

根据互联网数据中心（IDC）发布的中国BPO市场分析报告中的数据，截至2008年年底，中国金融服务外包市场规模为48亿元，比2006年增长了45.5%，年复合增长率保持在21%左右。当时预计到2011年，中国在岸金融业务流程外包市场将高达500亿美元，离岸金融业务流程外包也将超过50亿美元。到2015年，中国和印度可能成为全球金融服务外包业的中心，其在亚洲市场的地位将得到巩固。

（二）外包业务类型

根据外包业务的特性，金融服务业外包可分为三类：第一类，后勤支持类业务外包，包括人力资源管理、档案管理等；第二类，专有技术性业务外包，包括信息技术、法律事务、审计事务等，该类外包事务具有专业上的特殊性，由于商业银行本身不是这方面的专家，利用第三方可以获得更高的服务质量；第三类，部分业务操作环节外包，如银行会将个人住房贷款、进出口贸易结算、客户财务数据录入、信贷业务后台处理等工作转移集中处理等。

按照外包业务的内容划分，银行业务外包可以分为信息技术外包（ITO）、业务流程外包（BPO）和知识处理外包（KPO）。其中，ITO是指银行将自身的信息系统建设、信息网络架构等IT业务外包给其他的专业公司来处理，如信息技术的应用开发、编程和编码等；BPO是指银行将某项业务流程或业务环节外包给其他公司处理，如会计服务、后台服务及管理工作等；KPO是指银行将知识创新、科技研发等业务交给外部服务商来完成，如电子银行产品研发等。

目前，国内商业银行业务外包的常见形式分别为：信息技术外包、信用卡业务外包、ATM业务外包、审计业务外包等。

1. 商业银行信息技术外包

对银行来说，通过外包，获得了IT商的专业技能，节约了管理成本。例如，中国人民银行在建立中国现代化支付系统（CNAPS）时就采用公开招标的办法，从美国IBM、AT&T、日本NTT DATA通讯公司等9家入围公司中选择了NTT DATA公司作为合作伙伴。国家开发银行从2004年9月开始，将总行的信息系统服务器维修业务外包给惠普公司，并收到了良好的成效。

2. 商业银行信用卡业务外包

信用卡外包是目前金融IT外包行业中较为成熟的领域。与传统借记卡业务不同，贷记卡业务对发卡银行的系统建设、运营管理、业务拓展、风险控制等方面都有着更高的专业化要求。在国外，发卡业务多由专业的外包服务商提供。由于系统建设前期投入较高，后期运营中也存在较大成本，因此中小型商业银行及其他发卡机构一般选择将发卡系统外包。

3. 商业银行ATM业务外包

ATM是自动取款机的英文缩写。ATM的出现，在很大程度上弥补了有限的银行资源与较大的客户需求之间的矛盾，为传统银行业务在时间和空间上的扩展提供了巨大帮助。ATM业务外包是指在ATM运营中，运营商（第三方中介机构或ATM生产厂商）提供ATM机具、软件、选址、安装、运营管理和维护等服务，而由银行提供加钞和清算等服务的经营模式。

4. 商业银行审计业务外包

内部审计作为有效公司治理的基石之一，在现代企业管理中的作用已经引起各方高度关注。现代内部审计是指一种独立的、客观的确认和咨询活动，旨在为企业提升价值和改善运营，通过应用系统的、规范的方法，评价并改善风险管理、控制和治理过程的效果，帮助组织实现其目标。内部审计外包即将内部审计业务全部或部分地外包给具备专业资格的外部服务提供商来实施。

从银行角度来看，将内部审计业务外包是一种日益受到重视的商业战略。在流程再造理论的引导下，银行为了适应不断变化的经营环境，越来越倾向于把自身内部非核心业务的一部分承包给外部服务提供者。根据美国内部审计协会的数据，以美国银行业为例，目前已实行内部审计业务外包的银行比重为23%，有意愿今后实行内部审计业务外包的银行比重为31%。

(三) 典型企业介绍

华道数据

华道数据公司员工在2008年突破了5 000人，在北京、上海、广州和苏州（昆山花桥）拥有5个交付中心。华道数据是中国第一家专注于金融（信用卡、银行、保险）后台领域的BPO企业，专门为中国和北美的信用卡发卡机构、银行和保险公司等提供一站式的后台流程外包服务，客户包括30余家境内外行业领先的银行、保险公司、支票清算公司等金融机构。

凭借以京、沪、穗、津四大金融中心为核心，辐射全国的设施和服务网络，自主研发的核心系统数据处理系统DataPower和业务流程管理平台ProcessPower以及业务监控系统，华道数据公司还建立了基于扫描影像的JIT远程处理系统，通过采用客户现场服务、远程操作和离岸交付等灵活交付模式，实现了把客户端零散的小规模业务进行“集约化”和“生产线化”处理，创造了BPO领域里独特的中国模式。

华道数据公司还在中国BPO领域率先通过ISO9001：2000质量管理体系认证，ISO27001（BS7799）信息安全管理体系认证和CMMI 3级软件过程改进方法与规范认证。公司的核心业务处理系统是国内唯一成功通过原信息产业部计算机安全技术检测中心严格检测的系统；同时华道数据公司也是中国BPO公司中唯一连续四届蝉联商务部颁发的“业务流程外包杰出贡献奖”的企业。

资料来源：http：//www.a8m.cn/2009-12/2010fuwuwaibaoyanjiuBaoGao.html.

三、影视传媒业

(一) 行业概况

近年来，随着计算机网络技术、数字电视技术和通信技术的日益成熟，影视传媒产业逐渐兴起，并已经形成了以文字信息、图像信息、声音信息、触觉信息为核心，以数字化媒介为基础的制造、管理、储存、交互、传播的技术和平台，广泛应用于通信、娱乐、教育、广告、影视、传媒等多个领域，被称为是21世纪知识经济的核心产业，是继IT产业后的又一个经济增长点。与此同时，影视传媒业全球化协作的特点也逐渐突显，基于各种方式的外包经济正在形成独特的发展模式。其中，基于游戏、动画和影视的数字内容外包订单占据了很大比重。

(二) 外包业务类型

影视传媒业务主要包括动画和录像带产品及其分销、动画投射、广播和电视传输、录音、娱乐、文化和运动服务以及新闻机构服务。在传媒业，从发行到印刷、广告以及影视制作，甚至采编业务都可以外包。

如今在传媒市场研究与数据监测、发行量调查、广告代理、印刷代理以及发行代理等领域，都有现成的配套企业或机构提供有偿服务，特别是在传媒的技术与网络层面，一般都采取购买、订购模式，例如不少传媒网站就是外包给专业公司运作，鲜有由内部来研发或设计生产的。此外，采编业务外包最适合的是非新闻类传媒，但是对于以时事新闻为主的传媒来说，外包的风险系数较高，因为新闻媒体对内容把关有很严格的要求。

对于影视业而言，最典型的外包业务是数字影视后期合成业务。数字影视合成业务主要是指将多个图像素材合成为一个统一完整镜头画面的处理过程。随着影视创作和计算机技术的不断发展，数字影视合成技术现在已经广泛应用于影视创作的各个方面，与三维动画技术一起，成为最为重要的计算机创作手段。

（三）典型企业介绍

鸿鹰动画

鸿鹰动画由董事长谢台春创建于1986年，是东南亚第一家拥有全计算机化卡通制作能力，也是亚洲规模最大的计算机化动画制作公司。该公司目前拥有上海（三鼎）、苏州（鸿扬）、无锡、南京、北京（鸿观）、台北、巴黎等分公司及办事处，员工总数将近千人，客户遍及东南亚、欧美各地。鸿鹰动画以其高效的制作能力，精良的制作品质，深获业界及客户的信赖。

其中苏州鸿扬卡通有限公司成立于1992年，目前拥有多名高专业素质的员工，主要经营生产外销动画片、漫画绘制品。上海三鼎动画广告创作有限公司成立于2002年，该公司的主要业务内容包括动画节目制作开发/设计、3D动画制作、Flash动画制作、动画衍生产品授权/代理、广告动画企划制作等。近来在国内颇受好评的动画片《哪吒传奇》、《小鲤鱼历险记》、《少林传奇》，电影动画片《梁山伯与祝英台》都是由鸿鹰动画负责制作的。鸿鹰动画目前成立了漫画及商品事业部，希望结合卡通、漫画发行、造型商品等形成上下联结的产业链，构筑国际性顶尖创意的动漫王国。

资料来源：整理自 http：//www.hong-ying.com/。

四、医疗保健业

（一）行业概况

对于医疗保健业外包，可以从三个方面进行理解：一是团体单位医疗事务外包，即公司将本单位的医疗事务交由专业的服务公司进行管理和经营；二是医药产业生产和流通子环节的外包，譬如将医药产业中的研发工作外包出去；三是医疗机构资源管理的外包，譬如将电子医疗记录之类的临床系统、病人管理系统，甚至将医院手术业务外包给外单位。例如：在印度，放射专家向远在美国的医疗机构提供专业的X光放射诊断服务；在孟加拉、印度、巴基斯坦、菲律宾和津巴布韦等国，一些医疗机构拥有医疗记录或者与患者会晤的数字化口述记录。

对于医药生产、流通子环节中的外包服务而言，目前，西方一些公司所采取的医疗外包的做法，正成为推动中国医药产业发展的一股新力量。在西方国家的医药产业发展的研发阶段，发现一个研究目标并和一个企业进行合作研究的过程不仅漫长而且涉及各种各样的环节，仅临床试验就需要 5～10 年的时间。这一过程需要进行密切的跟踪，否则企业在生产力方面便会落后。而这对于亚洲许多大的医药企业而言，要处理好复杂的研发环节并解决生产力问题的一个潜在的方法便是减小组织的规模，建立一些小型研究机构。而通过资源外包、服务外包等医疗外包的形式则可减小企业的组织规模，并缩短产品研发的时间。这样，中国丰富的人力资源及其在研发方面的一定优势将会推动国际、国内医药产业的发展。

另外，从医疗机构资源管理外包来看，发达国家高昂的医药费催生了“医疗旅客”这个特殊的旅客群体，现在不少公司和保险业者开始将注意力转向发展中国家的医疗服务，有意通过医疗外包节省营业成本。在 2005 年，美国就有 50 万人涌至发展中国家接受相关医疗服务，这给发展中国家带来了承接国际医疗外包业务的大好机遇。

（二）外包业务类型

通过上述定义可以知道，医疗保健业的外包主要有以下三个类型：（1）团体单位医疗事务外包；（2）医药产业生产和流通子环节外包；（3）医疗机构资源管理外包、医疗服务外包。

目前，中国团体单位的医疗事务外包才刚刚起步，专业性地承接这一类型的医疗外包公司还非常少。而对于医药产业生产和流通子环节外包，特别是医药的研发外包和生产外包在中国比较多见，特别是在一些高科技园区的高新技术企业，它们专门从事研发外包。最后，对于医疗单位的资源管理外包，涉及 IT 信息管理的外包比较多，而医疗机构将专业技术、专业职能外包的业务还比较少，承接国际医疗外包业务的医疗单位也很少。

（三）典型企业介绍

药明康德

在医疗保健行业外包中，药明康德新药开发有限公司是全球领先的制药、生物技术以及医疗器械研发外包服务公司，在中美两国均有运营实体。该公司成立于 2000 年 12 月，是中国首批以组合化学和现代药物化学技术为核心的新药研发企业。公司管理团队由一批具有丰富药物和医疗器械研发经验的博士以及工商管理硕士组成，该团队共拥有超过 200 项的已授权和申请中的专利成果，发表了 800 多篇论文。公司员工总数已经超过 4 700 人，其中科研团队有 600 多人。每天大概有 400 多个项目在同时进行，小到做一个化合物的项目，大到做上吨的原料药，项目的研发周期也由一个月到一两年不等。

作为一家以研究为首要责任，以客户为中心的公司，药明康德向全球制药公司、生物技术公司以及医疗器械公司提供一系列全方位的实验室研发、研究生产服务，服务范围贯穿从药物研发到推向市场的全过程。药明康德提供的研发服务并不针对某种药物，而是一个新药研发的服务平台。药明康德旨在通过高性价比、高效率的外包服务帮助其全球客户缩短药物及医疗器械研发周期、降低研发成本。

药明康德新药开发有限公司开创了药物研发外包新的模式：新药研发的服务平台。该服务平台能根据不同客户的需求，可以提供从发现前体药物到最后吨级合成工艺的每个环节的研发服务。这一创新式的外包服务，能够充分体现企业在研发外包上的整体实力，有利于承包企业优化配置资源，避免不必要的浪费。另外也能在外包生产中，提升承包企业的整体研发实力，有利于承包企业在一定时期内实现产业和经营模式的转型。

资料来源：曾松、郑雄伟：《国际外包全球案例与商业机会》，396 页，北京，经济管理出版社，2008。

五、先进制造业

(一) 行业概况

先进制造业是相对于传统制造业而言的，是指制造业不断吸收电子信息、计算机、机械、材料以及现代管理技术等方面的高新技术成果，并将这些先进技术综合应用于产品的研发设计、生产制造、在线检测、营销服务和管理的全过程，实现优质、高效、低耗、清洁、灵活生产，即实现信息化、自动化、智能化、柔性化、生态化生产，取得很好的经济效益和市场效果的制造业总称。

先进制造业中的“先进”两字，可以从以下三个方面理解：（1）产业的先进性，即在全球生产体系中处于高端，具有较高的附加值和技术含量，通常是指高新技术产业或新兴产业。（2）技术的先进性，即“只有夕阳技术，没有夕阳产业”。从这个观点看，先进制造业并非高新技术产业莫属，传统产业只要通过运用高新技术或先进适用技术改造，在制造技术和研发方面保持先进水平，同样可以成为先进制造业；（3）管理的先进性，无论哪种类型的制造业，要冠以“先进”两字，在管理水平方面必须是先进的。

(二) 外包业务类型

先进制造业企业除了将传统的生产业务外包出去，还更加注重对相关服务业务的外包。主要体现在三个方面：

1. IT 服务外包

IT 服务外包主要是将企业所采用的信息系统的开发、安装、维护等业务进行外包，如将企业内部使用的 ERP 系统外包。

以惠普、IBM、思科和联想等为首的国内外企业都主张推行 IT 外包业务。以惠普公司为例，该公司自进入中国以来，长期致力于推动中国制造业，特别是高科技产品制造企业的信息化发展。目前，该公司的全球制造行业咨询顾问为高科技、钢铁、电子、汽车、生物科技与制药等行业的客户，提供从计划、评估、建议、咨询、实施到服务的端到端解决方案。而其他提供 IT 服务供应商的同类公司也大抵如此。

2. 人力资源外包

人力资源外包就是企业根据需要将某一项或几项人力资源管理工作或职能外包出去，交由其他企业或组织进行管理，以降低人力成本，实现效率最大化。总体而言，人力资源管理外包将渗透到企业内部的所有人事业务，包括人力资源规划、制度设计与创新、流程整合、员工满意度调查、薪资调查及方案设计、培训工作、劳动仲裁、员工关系、企业文化设计等方方面面。

目前大多数先进制造业企业都将其人力资源业务进行外包。1997 年，麦肯锡咨询公司调查研究表明，世界 500 强企业通过人事外包而使其劳动力成本削减了 25%～30%。在美国，出现了各种各样的“临时雇员”公司和职业招聘公司（PEO），这些公司为客户承担有关工资、福利、员工档案、招聘、录用、培训等管理工作并提供相关报告等，是为企业提供人事方面服务的专门机构。英、法等国新近出现的快速人员服务公司，也是专为企业提供人力资源外包服务的。这些公司花费大量的时间去寻找、保留、培训自己及特许经营者、合作伙伴的人力。目前市场上盛行的猎头公司，也属于为企业提供人力资源管理外包服务的公司。

3. 财务管理外包

财务管理外包是近年来在西方国家发展较快的一种财务管理模式，是企业将财务管理过程中的某些事项或流程外包给外部专业机构代为操作和执行的一种财务战略管理模式。财务外包根据其外包形式可分为传统财务外包和现代网络财务外包。目前，财务管理外包业务主要包括：代企业建立会计账簿、建立财会制度，代理记账，纳税申报，财税咨询，代办资产评估和审计业务，代办工商税务年检，参加工商税务会议。

对于先进制造业企业而言，不仅可以将工资、报告、应收账款等财务模块进行外包，而且可以委托外部专业公司设置财务制度和纳税咨询、编制工程预算决算和单位审计任务等。财务外包的内容可以是一个部门，也可以是一项业务，甚至是一项具体的财务职能，从而使企业达到降低成本、专注于自身的核心业务、提高竞争力的目标。

(三) 典型企业介绍

东软集团

东软集团于1991年创立于中国东北大学，是中国第一家上市的软件企业，是第一家通过CMM5和CMMI5级认证的软件企业，是中国最大的离岸软件外包服务提供商。目前公司拥有员工18 000余名，在中国建立了6个软件研发基地、8个区域总部，在40多个城市建立了营销与服务网络，在大连、南海、成都和沈阳分别建立了3所东软信息学院和1所生物医学与信息工程学院；在美国、日本、欧洲、中东设有子公司。

目前，东软集团正在为全球50多家著名的跨国公司开展软件与服务外包业务，具体包括呼叫中心、计算机帮助台、应用支持以及人力资源外包、网页内容管理等后台管理外包服务。业务范围涉及汽车电子、手机、制造、医药卫生、交通、金融、证券、ERP实施等嵌入式和应用软件领域，其中嵌入式软件外包的员工已接近5 000名，其嵌入式软件系统已经在很多全球知名品牌的产品中运行，客户遍布世界各地。

近年来，东软集团逐步深化汽车电子产业和手机业的软件外包。在汽车电子产业方面，东软集团在日本市场继续深化与阿尔派、东芝以及富士通的合作；在欧洲市场深化与哈曼的合作，通过哈曼进驻奔驰、宝马、奥迪等高端客户。在智能手机方面，东软集团还将继续开展与诺基亚的合作，未来东软集团将与手机芯片厂商深入合作，一方面往更底层平台渗透，另一方面也从系统软件向移动互联网应用软件转变，加大和运营商的合作。预计东软集团的汽车电子及手机业务收入未来3年增长率将保持在30%以上。

东软集团引领离岸软件外包，取得了良好的业绩。2007年，东软集团离岸外包收入为1.4亿美元，被国际外包服务专业人员协会（IAOP）评为全球25家最优秀的外包提供商之一。2008年，尽管受到金融危机的影响，但是东软集团在日本、欧美市场的国际软件业务稳步推进，继续保持快速增长，实现离岸外包收入1.82亿美元，比2007年增长了29.6%。2009年2月，在由美国《全球外包》杂志和外包咨询公司NeoIT联合开展的“2009年全球IT服务100强”评选活动中，东软集团第5次入围“全球IT服务100强”名单，并且第3次荣登“亚洲新兴外包10强”榜首。

资料来源：http：//www.a8m.cn/2009－12/2010fuwuwaibaoyanjiuBaoGao.html.

六、其他垂直行业

(一) 商业流通业

商业流通是客户和供应商等买卖双方之间的商业贸易流程，一般包括店面销售、访问销售（上门促销）、邮政购物、网上购物、广告销售等流通形式。例如：通过商品目录、商店柜台发布的促销广告以及在物流信息网站上发布商品信息等方式与消费者沟通。商业流通渠道是双向的流通，始终在货源供应商和最终消费者间进行。

商业流通业的主要外包业务包括金融后台业务处理、人力资源外包、财务管理外包、数据挖掘与分析等四项。

金融后台业务是指与金融机构直接经营活动相对分离，并为前台业务提供支撑的功能模块和业务部门，如数据中心、清算中心、银行卡中心、研发中心、呼叫中心、灾备中心、培训中心等。对于商业流通企业而言，其金融后台业务处理主要是指数据处理中心，如从数据的录入、各种单据的扫描，到数据的传输等业务。

数据挖掘与分析业务是指对大量的数据进行分类并从中提炼出隐含的、以前不为人知的和潜在的有用信息，并将提炼出的信息进行分析，从而为商家提供有价值的商业信息。随着服务外包的发展，不少商业流通企业将数据挖掘与分析进行外包。

（二）第三方物流

物流外包是指企业将其物流业务以合同的方式委托给第三方物流企业来运作，从而使企业集中精力发展其具有核心竞争优势业务的运作模式。随着现代企业生产经营方式的变革和市场外包条件的变化，以第三方物流这一新兴的物流形态为主导的流通事业已经得到人们的高度重视。第三方物流（Third Party Logistics，简称 TPL）是指由供方与需方以外的物流企业提供物流服务的业务模式。

根据欧洲发达国家的统计，第三方物流占总物流服务份额的比重分别如下：德国为 23.33%，法国为 26.9%，英国为 34.4%，意大利为 12.77%，西班牙为 18%，欧盟国家平均为 20%左右，目前其需求仍呈增长趋势。相比之下，中国第一方和第二方物流的比重比西方发达国家大得多，随着生产、流通领域竞争加剧，第一方和第二方选择第三方承担物流服务的情况将会更加普遍，这也说明国内物流外包市场有较大的发展空间。

一般说来，如果物流对企业成功的影响程度不大，且企业对物流的管理能力较弱，企业采用物流外包模式较适宜。常见的物流外包经营方式有：（1）外包全部物流，当企业物流服务的复杂性低且资产的专用性低时，企业可利用多个外包伙伴，以提高外部企业的竞争性并从中获得更好、更稳定的低价服务；当企业物流服务的复杂性高但资产的专用性低时，更有利于企业广泛地将各种物流服务外包给潜在的专业化的第三方物流企业。（2）外包部分物流，当企业物流服务的复杂性低但资产的专用性高时，企业自己投资专用性资产，不从事物流自营，而将专用性资产租赁给外部企业，并由其来运作物流；当企业物流服务的复杂性高且资产的专用性高时，企业可运用激励机制实施部分物流外包。

当前，跨国公司进入中国市场提供延伸服务，以其先进的经营管理理念、经营方式以及系统、优质的服务吸引了中国的优秀企业，目前正逐渐向中国物流市场渗透，并且市场份额逐步扩大，如日本的近铁物流、三井物产等。我国的一些民营物流企业由于机制灵活、管理成本低等特点，近年来发展迅速，是中国物流行业中最具朝气的物流企业，但目前这些企业的规模均不大。

（三）公用事业

对于公用事业外包，不同国家和机构的定义有很多，其中经济合作与发展组织的定义最具有代表性。OECD 认为，政府公用事业外包就是指从外部购买产品或服务，而不是在政府机构内部提供这种产品和服务。据此，我们可以从另一个角度将公用事业外包定义为：政府部门将公用事业通过合同外包给非政府部门，也就是公用事业的合同外包。公用事业的合同外包在西方国家已有多年的历史，但其自产生以来就受到政府机构和学术界的广泛争议，合同外包过程中所产生的问题也成为人们关注的焦点。对于正在尝试采用合同外包方式提供公用事业服务的中国政府来讲，充分了解合同外包可能产生的问题，采取积极的防范措施避免问题的出现，不仅能为公众提供更多、更好的服务，还能降低公共产品生产的成本，节约公共开支。

公用事业外包的类型大体有以下四种：

1. 私人投资公用事业

该方式是指鼓励和吸引私人资本投入到原来由政府包揽的事业中，以弥补政府财力和服务能力的不足。采用这种方式的最典型的代表就是私人融资启动（Private Finance Initiative，简称 PFI）计划，是指凡需通过大量税收来建设、维修、保养的公共设施及服务，公共部门仅对其作政策计划的制定，而把设计、资金调配、运营管理等功能，尽可能委托给私人机构。

2. 公用事业代理化

这种形式主要出现在英国，撒切尔夫人出任首相后，把政府公用事业的架构分成两部分：一部分是负责政策制定的核心政府部门，另一部分是负责政策实施的代理机构，称为执行局。二者之间签订框架性文件，执行局在文件的指导下负责政策的具体实施和提供公共管理服务，首席执行官则根据既定框架下达到的最佳结果承担责任和获取报酬。核心政府部门依照文件规定的任务和目标对执行局的工作进行考核。

3. 合同外包

这是公用事业外包最常见的形式。大多数的政府部门都通过与营利或非营利组织签订外包合同把部分服务活动转移出去，例如数据处理、贷款处理、建筑和工程、培训、视听服务、食品服务、雇员身体检查、邮件和文件处理、图书馆、洗衣店、设备维护、物品存储、运输以及车辆维修等。据统计，美国最常见的 64 项城市服务中，平均有 23%以合同方式外包给私营部门。在美国州政府中，平均有 14%的服务以合同方式外包给私营部门。

4. 建立公共部门与私营企业的伙伴关系

随着公用事业外包的不断增加，公共部门内部组织和私营部门的企业在进行激烈竞争的同时，也在加强合作，逐渐开始组成合资企业，建立固定且正式的伙伴关系，共同建设、运作和管理公共设施。例如，英国就业服务部门与EDS公司建立起伙伴关系，EDS公司根据自己提供的服务所带来的利益获取一定的报酬。

公用事业服务外包是一个新兴的外包领域，由于受到我国政府的重视，已呈现出良好的发展趋势。目前，我国公用事业服务外包表现出以下几个特点：公用事业外包主要集中于IT外包领域；外包业务尚处于中低端；各级政府十分重视推动政府服务外包，将进一步以政府采购方式促进公用事业服务外包，详情如图2—3所示。

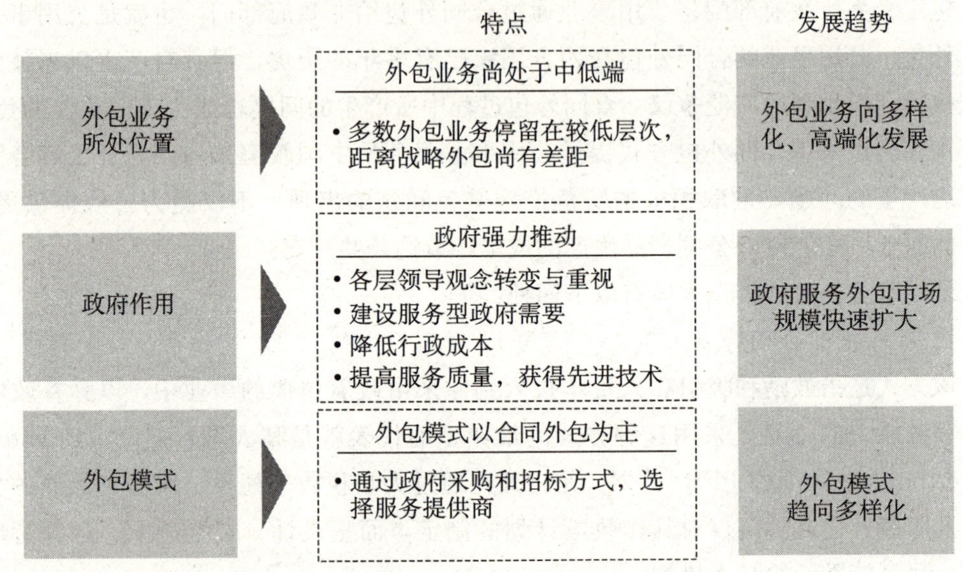

图2—3　我国政府服务外包的特点和发展趋势

资料来源：中国服务外包研究中心：《中国服务外包发展报告2009》，76页，上海，上海交通大学出版社，2010。

第五节　综述：服务外包——尚未界定边界的新兴行业

《哈佛商业评论》曾将“外包”评为过去75年来企业最重要的管理概念和经营手法的创新，而且越来越多的企业使用外包的管理模式。据美国《财富》杂志调查，目前全世界年收入在5 000万美元以上的公司，都普遍开展了业务外包。

美国著名管理大师彼得·德鲁克20世纪末曾预言：10～15年内任何企业中仅做后台支持而不创造营业额的工作都应该外包出去。这一预言正在成为现实，服务外包越来越成为世界各国关注的焦点。

根据联合国贸易和发展会议估计，未来5～10年全球服务外包市场将以30%～40%的速度递增。这些数据表明，服务外包正以其不可替代的优势成为国际商务活动中的新宠。而且有越来越多的跨国公司将加入到服务外包的行列，从而更加扩大了服务外包的市场规模。

“服务外包”是我国为发展这一新兴行业而“创造”的一个名词，其中有两个重要且特殊的内涵界定。首先是“服务”，强调其服务贸易的出口特性，并界定了服务外包是现代服务业的重要组成，因此从学科建设角度而言，应属于服务科学研究的范畴。其次是“外包”，这代表了国际化深层次专业分工带来的现代经营方式和组织方式的变革，是管理科学与信息技术相结合的产物，和产品制造的外包不同，“服务”的外包之所以能够在不同国家之间和组织间实现交付，必须依赖于信息技术和网络技术的应用。

由于“服务外包”是新生事物且有特定含义，简单地“顾名思义”往往容易产生误解，特别是在界定哪些业务属于服务外包，哪种企业属于服务外包企业的时候，经常会产生分歧。例如，一些传统服务业，包括物业代理、家政服务、出口报关、财务审计、广告策划等，经常有服务性工作外包出去，但是这些业务类型绝大部分不属于“服务外包”范畴，主要原因就是其业务实现方式没有以信息技术应用为支撑，信息技术及其应用程度是判断服务外包的关键因素。

关于服务外包的定义和分类，目前在全球尚未形成通用标准，也没有通用的国际名词，而且因行业的快速发展，其内涵也在不断发展变化之中。关于服务外包的分类，最为广泛接受的包括信息技术外包（ITO）、业务流程外包（BPO）和知识流程外包（KPO）三大类。目前占有全球离岸服务外包业务超过一半份额的印度，其服务外包发展历史悠久、产业门类齐全、业务规模庞大、管理较为规范，分析印度对这一新兴行业定义的变化，有助于深刻理解这一新兴行业。早期印度软件业和服务公司协会把该行业定义为IT-ITES，就是基于IT的服务，当时主要是指ITO。随着ITO向BPO的发展，从2008—2009年开始，NASSCOM把该行业重新定义为IT-BPO（IT Business Process Outsourcing），就是以IT技术为支撑的业务流程服务，基本囊括了前面所指的三种类型。从中不难看出，IT技术一直是定义这个行业的基础，这种认知非常重要。

20世纪90年代，经济合作与发展组织国家将信息服务业（包括通信）、金融服务业、教育服务业、专业技术服务业、健康保健服务业等五大类列为知识密集型服务业，与我国的现代服务业范围最为接近。美国1998年的统计数据显示，知识密集型服务业当时已经占全美GDP的35%，在知识经济时代的背景下该产业表现出长足的发展潜力，因此把该产业称为战略性服务业。这些知识密集型服务业首先在发达国家本土进行外包，随后逐步向发展中国家进行离岸发包，服务外包的领域不断拓展。

而中国的服务外包近些年来才逐步发展，因此一些软件专家认为，服务外包（软件外包）技术含量低、没有自主知识产权，特别是BPO仅仅是打电话和数据录入，建议政府不应鼓励服务外包产业。应该说我们看到的只是服务外包产业今天的现状，但它并不代表全球服务外包产业的水平，更不代表中国这一产业的明天。就如同25年以前的中国制造业，不能代表今天的中国制造业，更不能代表世界制造业一样。尽管我们今天有着与印度相同的服务外包市场规模，但经验与技术的积累，尤其是行业经验的积累确实与印度有着相当大的差距。与IBM、EDS、埃森哲、惠普、CSC这些一流企业相比，中国企业更有着巨大的学习和发展空间。

2008年爆发的金融危机，曾经对全球软件和服务外包业造成业务缩减、搁置、延缓等严重的不利影响。以印度为例，NASSCOM的报告显示，印度服务外包收入的近70%来自出口，服务外包收入约92%来自欧美，而且从垂直行业来看，银行、证券、保险等金融行业占40%。因此，全球金融危机对印度造成的损失较为严重。尽管如此，2009年印度的服务外包产业依然保持了超过两位数的增长。

但是从另一方面来看，金融危机导致越来越多的企业开始减少或者控制成本，削减在非主营业务上的开支，作为企业中非核心业务的IT服务、人力资源、办公、培训等业务的外包市场反而逆市起飞，很多新兴的服务外包垂直行业得到发展。例如在印度，法律流程外包业务近年来发展迅速。金融危机导致美国国内涉及破产、并购和其他有关方面的诉讼案件增加，导致美国诉讼服务的需求不断增加，同时，金融危机也使得成本控制成为美国企业和法律机构的巨大压力，而通过外包给印度的服务提供商，则可以节约70%左右的成本。所以，印度提供法律流程外包（LPO）服务的企业获得快速成长。

从国内来看，政府从财政、税收、工时制度、人才培训、融资、电信服务等方面加大政策支持力度，并推动国内市场的开放，为服务外包企业创造了更多的发展机遇，如政府服务外包大幅度增长。政府服务外包是指政府将原本由自身提供的基于信息技术或知识密集的非法定业务，或为履行法定职责所需的技术性、保障性服务剥离出来，通过政府采购的方式交给提供专业服务的市场主体或社会组织主体（统称服务提供商）完成，并以财政性资金予以支付的经济活动。政府开展服务外包可以降低行政成本、提高公共服务质量与效率、获得先进技术、分散风险等，对转变政府职能、建设服务型政府具有重要意义；同时对释放外包内需市场、扶持和培育国内接包企业，促进服务外包产业的发展具有重要作用。中国的政府服务外包起步较晚，但是呈现出蓬勃的发展势头，正在逐渐成为国家推动服务外包发展的新兴领域。

在国内较早推动服务外包发展的前大连市委书记夏德仁博士曾指出："从全球化分工来看，互联网的发展创造了一个新的国际分工大调整的技术条件；跨国公司在全球范围内配置资源，为新兴国家创造了参与国际分工的新机遇，而且新兴国家扮演了不可或缺的角色。"这段话指出了服务外包得以持续发展的三个关键性因素：互联网、跨国公司和国际分工。以不断发展的信息技术进步为支撑，跨国公司出于自身发展的要求，会不断提出服务外包的需求，推动新的服务外包业务发展，而新兴国家也会更加努力加强创新，从更多国际分工体系中获得收益。

综上所述，服务外包是传统行业与信息技术应用结合的产物，尽管原先的行业本质并没有改变，但是其生产方式、服务条件、管理模式等都在发生着深刻变化，因此有人说：服务外包是一个尚未确定边界的产业。

案例与分析

东方海外将财务处理业务外包给埃森哲

发包方：

东方海外是一家国际性的集装箱航运公司，拥有庞大的运输网络，业务跨越亚洲、北美洲、欧洲、中东等地，在全球56个国家建立了230多家分支机构。

接包方：

埃森哲是全球最大的管理咨询、信息技术和外包服务公司，在全球49个国家设立了分公司。其业务范围主要包括管理及信息技术咨询、企业经营外包、企业联盟和风险投资。

外包内容及实施过程：

国际知名航运公司东方海外和埃森哲之间签订了外包协议。根据协议，东方海外将重要的财务职能外包给埃森哲。这个为期8年的协议规定东方海外账户资金的结存、取款、对账都由埃森哲来处理，双方制定了详细的流程交接计划，清晰地界定了服务的水平。该协议创新力度最大的一个方面是关于东方海外授权埃森哲参与其成本控制的规定，这将有利于东方海外节省财务成本，提高盈利水平。东方海外认为，与埃森哲的协议是集团公司致力于财务管理流水化作业方面前进的一大步。埃森哲具备优秀的操作经验、为人称道的管理流程和管理工具，有助于东方海外缩减成本、改善现金流和提高服务品质。东方海外还认为，其核心业务是物流运输，而不是财务处理，埃森哲在财务管理方面有专业特长，把集团公司的财务管理外包给埃森哲，符合市场经济比较优势的原则，同时也有利于公司把金融管理职能全部集中到为公司创造价值的核心业务上来。

外包效果及评价：

东方海外将财务职能外包给埃森哲的原因在于：财务职能虽然重要，但不是东方海外的核心业务，而埃森哲在财务管理方面有着优秀的管理经验和操作水平，因此东方海外服务外包的驱动因素是期望通过外包非核心业务，从而集中于创造更多价值的核心业务。财务职能属于复杂度较高的非标准业务，需要专业的知识、双方的交流合作以及对服务商能力的信任，因此东方海外与埃森哲双方以详细和清晰的长期契约的方式建立起了外包关系。

资料来源：整理自 http：//elearning. myeschool. com. cn/course/category. php? id=16。

本章小结

外包作为一种经济活动和经营方式，很早就被运用于企业的生产经营之中，从内容上来看，外包可以分为生产外包和服务外包。服务外包是指企业将其非核心的业务外包出去，利用外部最优秀的专业化团队来承接其业务，从而使其专注于核心业务，达到降低成本、提高效率、增强企业核心竞争力和对环境应变能力的一种管理模式。近 20 年来，在服务业转移的过程中，服务外包几乎同时发展，且日趋成为服务业转移的主要形式。

与传统的生产外包不同，服务外包具有以下五方面的特征：(1) 以 IT 技术应用为基础，发包方与接包方合作关系的确立以及业务的进行必须依赖现代化的通信手段；(2) 跨国公司“以世界为工厂，以各国为车间”，促成了服务外包的国际化；(3) 服务外包具有强大的流程化管理和标准化运营体系；(4) 服务外包的契约化管理，主要涉及的问题是信息甄别、激励投入和知识产权的保护等问题；(5) 与制造业的转移相比，服务外包相当于发达国家白领工作岗位的转移。

近年来，服务外包发展迅速，波及全球，它在节约成本、提高财务绩效、强化核心竞争力、提高生产效率、引进先进的专业化服务、提升整体竞争力、拓展新的市场等方面具有明显的优势。在这些优势的驱动下，服务外包蓬勃发展，由过去的 IT 外包发展到了现在几乎价值链上的每一个活动环节均有可能外包。

服务外包的垂直行业是指服务外包业务所涉及的具体的行业类型。根据服务外包所处的行业不同进行分类，可以分为信息通信业、金融保险业、医疗保健业、影视传媒业、物流采购业、公用事业等不同的行业。本章在介绍每种垂直行业时，首先介绍了该行业概况，然后具体讲解该行业的外包业务类型，最后选择该行业的典型企业进行分析。

思考题

一、简答题

1. 请简述服务外包的发展历程。
2. 请简述服务外包的特征。
3. 请简述服务外包的优势。

二、论述题

1. 试论述服务外包业务种类与各个垂直行业之间的关系。
2. 请论述我国商业银行外包业务的具体种类及其发展现状。

第三章

服务外包的业务种类

学习目标

1. 理解服务外包的具体业务种类。

2. 掌握信息技术外包、业务流程外包、知识流程外包、数字内容外包的主要业务类型。

3. 掌握信息技术外包、业务流程外包、知识流程外包、数字内容外包的业务特点。

4. 能够运用相关知识分析各业务类型的典型案例。

重点难点

重点：

1. 掌握信息技术外包的概念、类型和特点。

2. 理解物流外包的动因。

3. 掌握业务流程外包的特点。

难点：

掌握知识流程外包的业务类型，及其与业务流程外包和数字内容外包的联系。

第一节　信息技术外包

信息技术外包（Information Technology Outsourcing，简称 ITO），是指企业专注于自己的核心业务，而将其 IT 系统的全部或部分外包给专业的信息技术服务公司。企业以长期合同的方式委托信息技术服务商向企业提供部分或全部的信息功能。常见的信息技术外包涉及信息技术设备的引进和维护、通信网络的管理、数据中心的运作、信息系统的开发和维护、数据备份和灾难恢复、信息技术培训等。

ITO 包括产品支持与专业服务的组合，用于向客户提供 IT 基础设施或企业应用服务，或同时提供这两方面的服务，从而确保客户在业务方面取得成功。从最低程度上看，外包包括某些 IT 管理服务，ITO 则被进一步细分成数据中心、桌面、网络与企业应用外包。

自从计算机在 50 年前进入商业应用领域，各种形式的信息技术外包就一直存在，但是直到最近 15 年信息技术外包服务才盛行起来。外包赋予了组织应对快速变化的全球经济所必需的灵活性，同时它也使组织在竞争激烈的市场环境中能将精力集中于组织的核心竞争力上。外包商通常在规模经济、经验以及对最新技术的掌握等方面具有明显的优势，而这些优势是单个组织的信息技术部门所难以企及的。

自从柯达公司于 1989 年将其信息技术的主要业务外包以来，信息技术外包得到蓬勃发展，全世界年收入 5 000 万美元以上的公司，都普遍开展了业务外包，其中信息技术应用服务外包的支出占企业所有业务外包开支的比重最大，几乎每一家实行业务外包的公司都将其信息技术的某些职能外包出去了。

加特纳（Gartner）咨询公司对全球 IT 服务外包市场的业务形式进行了细分，2004 年全球 ITO 总量为 1 927 亿美元，到 2009 年将达 2 603 亿美元，其中，数据中心外包占 38%，网络外包占 30%，企业应用外包占 19%，桌面外包占 13%。具体数据如表 3—1 所示。

表 3—1　2006—2009 年全球 ITO 市场业务形式细分　　单位：百万美元

ITO 细分市场	2004 年	2005 年	2006 年	2007 年	2008 年	2009 年
数据中心外包	78 607	82 245	85 217	89 512	94 234	99 150
桌面外包	25 826	27 383	28 422	29 897	31 448	33 074
企业应用外包	36 456	38 988	41 242	44 111	46 960	49 934
网络外包	51 897	55 887	59 998	65 438	71 577	78 133
总计	192 786	204 503	214 880	228 958	244 219	260 291

资料来源：http：//www. doc88. com/p-27186946265. html.

外包赋予了组织应对快速变化的全球经济所必需的灵活性，也使组织在竞争激烈的市场环境中能将精力集中于组织的核心竞争力上。外包商通常在规模经济、经验以及对最新技术的掌握等方面具有明显的优势，而这些优势是单个组织的信息技术部门所难以企及的。企业可能因为许多不同的原因而外包其信息技术业务，例如伴随着市场紧缩和产品生产周期的缩短，企业不得不经常调整它们的总体目标，在这种情况下，市场就会迫使企业进行信息技术外包来提高竞争力。只有这样，企业才能及时对市场变化作出反应，并且经常性地更新软件。还有的企业内部缺乏专门的信息技术人才，它们将外包作为一种切实可行的替代，以便能够及时获取发展新技术的专门“通道”。

一、ITO的主要业务类型

按照业务类型，ITO主要可以分为软件研发及外包、信息技术研发服务外包和信息系统运营维护外包。

（一）软件研发及外包

软件研发及外包又可分为软件研发及开发服务和软件技术服务。前者适用于金融、政府、教育、制造业、零售、服务、能源、物流和交通、媒体、电信、公用事业和医疗卫生等行业，接包方为用户的运营、生产、供应链、客户关系、人力资源和财务管理、计算机辅助设计/工程等业务进行定制软件、嵌入式软件、套装软件和系统软件开发，软件测试等。软件技术服务则涉及软件咨询、维护、培训、测试等技术性服务。

（二）信息技术研发服务外包

信息技术研发服务外包又可分为集成电路设计、提供电子商务平台和测试平台。为集成电路产品设计以及相关技术支持服务，为电子贸易服务提供信息平台，以及为软件和集成电路的开发运用提供测试平台。

（三）信息系统运营维护外包

信息系统运营维护外包又可分为信息系统运营与维护服务和基础信息技术服务。前者给客户提供内部信息系统集成、网络管理、桌面管理与维护服务、信息工程、地理信息系统、远程维护等信息服务；后者则是指基础信息技术管理平台整合等基础信息技术服务，如IT基础设施管理、数据中心、托管中心、安全服务、通讯服务等。

二、ITO业务特点

ITO使企业将有限的IT资源有效地用于核心业务，最快获得专业支持能力，从而实现对系统的完善管理，降低IT运营成本，提高企业的竞争力。IT外包是社会分工和IT发展结合的产物，也是目前服务外包领域最为重要的组成部分。

近年，IT投资的持续增长、企业成本和效率的“双重压力”推动着全球IT服务外包市场快速增长，其占IT服务总市场的份额日益增大。2008年全球IT服务支出总量达5 767.49亿美元，其中IT服务外包占据了IT服务总支出37.4%的市场份额，其规模增速及市场份额在细分市场里均属首位，是发展最强劲的市场。从IT服务外包的细分市场来看，信息系统外包和网络桌面外包是其主要的组成部分；另外，托管应用管理以及托管基础设施服务增长快速，增速超过两位数。

案例与分析

海尔集团对东软 IT 外包

发包方：

海尔集团作为在海内外享有盛誉的大型国际化集团企业之一，其产品出口世界160多个国家和地区。2003年，海尔全球营业额实现806亿元，蝉联中国最有价值品牌第1名。2004年，海尔作为中国唯一入选的品牌，排名“世界最具影响力的100个品牌”第95位。

接包方：

东软集团——中国最大的软件和解决方案提供商，十分重视IT技术的研发和投入，并关注不同领域客户业务的发展，通过将IT技术与客户业务的完美融合，为客户提供更加适用的信息技术解决方案。

外包内容及实施过程：

自1998年起，海尔开始了与东软在IT领域的广泛合作。东软在商流系统、物流系统、售后服务系统以及IT系统维护服务等众多方面为海尔提供了一系列IT系统解决方案，见证了海尔多次管理创新和业务流程改进，为海尔向先进IT技术要效益贡献了突出的力量。目前，作为海尔IT外包服务的提供商，东软以其多年来对海尔IT服务的经验积累和知识沉淀，正在为海尔提供日益完善、不断创新的IT外包服务。

作为国际知名的大型集团企业，海尔集团一直在追求管理思想的不断创新和业务流程的持续改进，一直坚持对IT系统建设的持续投入，用IT技术支撑管理模式和业务流程的创新优化。海尔对管理创新和IT系统建设的大手笔投资以及东软对解决方案的深刻理解和准确把握使双方构筑起卓越的双赢合作模式。

以海尔顾客服务体系（以下简称“顾服体系”）建设为例，从1998年至今，东软根据海尔对顾服体系不断改进的业务要求，已经成功实施了三期顾服体系IT支撑系统项目，极大提高了海尔客户服务效率、客户满意度和品牌美誉度，目前正在进行第四期项目的开发和实施。顾服体系一期工程建立了海尔集团青岛电话呼叫中心和售后服务中心；二期工程成功将海尔在青岛的呼叫中心和服务网络推广至全国34个电话中心和42个工贸点；三期工程改变了过去对服务网点的人工派工模式，全部应用电子自动派工，大大节省了人力、物力和财力，极大提高了海尔的售后服务质量和响应速度。

电子自动派工系统的成功实现，收到了显著的效益，得到了海尔集团的极大认可。自动派工使海尔集团一次性减少派工员300多名，为此每年节省派工成本至少600多万元。派工过程中人为因素的消除，大大提高了顾服体系的响应速度和服务质量，派工在各个服务网点中公平进行，也提高了服务网点提供优质服务的积极性。东软以其对解决方案快速构建的能力和应用户需求而变化的能力为海尔集团量身订制的IT解决方案，为海尔的管理创新和流程优化添上了一笔浓墨重彩。

在IT外包服务市场中，HP拥有丰富经验和毋庸置疑的能力。在海尔集团服务器硬件维修服务项目中，东软和HP强强联合，由东软负责硬件维修、HP负责系统运维，这种模式为海尔提供了更加贴近海尔需求的服务模式，搭建了更便捷有效的服务平台，提供了更高性价比的服务。HP的保修服务、热线支持和强大的顾问咨询力量均得到了用户的认可；而东软在服务方面也早已形成成熟、稳定的服务架构。这种由东软与HP组合提供的雄厚技术实力和完善的服务架构，为海尔提供了更加本地化的服务，为用户带来更高的服务价值。目前，东软为海尔提供的IT系统维护服务内容涉及海尔集团商流及工贸企业的计算机、外设、网络设备、电信电话交换机、操作系统、顾客服务系统、电话中心系统、分销系统维护与维修，以及对系统管理人员的技术培训，远程、现场、电话技术支持等。

外包效果及评价：

东软作为海尔的IT管家，在与海尔集团长期稳定的合作下，以对IT技术的持续投入和对客户业务的深刻理解，不断为海尔集团提供高质量的IT应用解决方案和IT系统维护服务，为海尔集团通过管理创新和流程优化增值、增效作出了不可磨灭的贡献。

资料来源：曾松、郑雄伟：《国际外包全球案例与商业机会》，164页，北京，经济管理出版社，2008。

第二节　业务流程外包

BPO是英文Business Process Outsourcing的缩写，直译为“业务流程外包”，是指以长期合同的形式，将公司的某项业务交由外部业务提供者去完成，以达到使公司增值的目的。

由此可见，BPO包含三层含义：第一，BPO是将公司的部分业务对外承包，即把原来由公司内部处理的某些业务交给公司外部实体去完成。因此，对外包业务与外部承包人的确定涉及权衡与选择的问题。第二，以BPO模式运作的公司与外部承包人之间是“长期合同”的关系，即一种责、权、利明确的长期稳定的关系。第三，实施BPO运作，其出发点与最终目的只有一个，使公司增值，即增加盈利。目前，BPO服务涉及金融、保险、医疗、人力资源、抵押、信用卡、资产管理、物流、客户服务以及销售和营销等领域。

BPO在世界范围内是从20世纪90年代开始发展的，不少企业开始外包诸如物流、设备运营管理、客户服务、销售营销、人力资源之类的业务职能。但在最近两三年里，

BPO 市场却发生了深刻的变化。由于 IT 技术的发展，加上过去几年来发达国家（主要是美国、欧洲和日本）企业所面临的商业竞争更加激烈，它们开始重新评估其业务运作。在此过程中，它们开始制定新的目标，如严格专注于核心竞争力，实现高效运作，采纳最佳实践，管理成本、风险，评估、利用技术等。许多领先的企业开始探索和评估 BPO 在其业务运作中的适用性。这一趋势为 BPO 服务带来了前所未有的市场潜力，并促使 BPO 市场竞争格局发生了重大变化，业务流程外包已经成为众多发展中国家企业大力发展的重点之一。

一般来说，BPO 合同中的内容通常涉及企业的某项职能，如人力资源、采购、物流等，也可能是业务职能内的某些分散活动，如福利管理、战略采购、仓储等。按照外包业务的性质，BPO 可以分为人力资源外包、物流外包、呼叫中心外包、财务管理外包、资产管理外包、行政管理外包、金融业务外包及业务咨询服务外包等。

一、BPO 的主要业务类型

（一）人力资源外包

人力资源外包就是企业根据需要将某一项或几项人力资源管理工作或职能外包出去，交由其他企业或组织进行管理，以降低人力成本，实现效率最大化。采用人力资源外包可以通过合理地运用外部资源，促使企业对内部资源进行最合理、最有效的配置，从而发挥企业外部资源和内部资源的协同作用，建立企业竞争优势。我国人力资源服务外包的服务项目和内容如表 3—2 所示。

表 3—2　　我国人力资源服务外包的服务项目和内容

猎头	人才中介	人才派遣	多渠道招聘	人才评测	培训	管理服务	信息调查服务	数据处理服务	人事外包	管理咨询	
高层员工猎头	专业人才中介	长期员工派遣	招聘会	性格测试	语言培训	招聘管理服务	员工背景调查	绩效数据处理服务	档案管理	人力资源战略咨询	企业激励体系咨询
		临时员工派遣	招聘网站	职业倾向性测试	技术培训	绩效管理服务	薪酬调查	薪酬数据处理服务	录用工手续代理	组织设计咨询	企业福利咨询（本金咨询）
		全风险职能外包	招聘报纸	专业技能测试	管理培训	薪酬管理服务	福利调查	出差及报销管理服务	社保代缴	工作岗位分析咨询	流程及制度咨询
		国际劳务输出		胜任力测评	认证培训	福利管理服务	员工流失及保留调查	呼叫中心外包服务	工资代发	绩效管理咨询	职业生涯规划、领导继任计划咨询

续前表

猎头	人才中介	人才派遣	多渠道招聘	人才评测	培训	管理服务	信息调查服务	数据处理服务	人事外包	管理咨询	
					企业内训	HR 软件租赁服务（ASP）		年金账户管理服务	异地员工安置服务	薪酬管理咨询	人力资本审计
					职业辅导	员工体检服务			裁员安置服务	企业能力素质模型咨询	员工留保咨询

资料来源：http：//www.shrca.org.

现在，国外 HR 人员与员工的比例通常是 1∶100，而在国内这个比例却在 1∶30 左右。因为国外企业已纷纷将部分人力资源工作进行外包管理，从而使企业内部的人力资源管理人员摆脱了繁琐的事务性工作，企业将注意力集中在核心工作上；而由于国内企业考虑保密性的问题，或出于便于操控的原因，HR 部门要完成大量事务性工作，致使效率普遍低下。但我们应该看到，任何事物的发展都不是一蹴而就的，需要经历一个新兴期、成长期、发展期，最后走向成熟，人力资源的外包也是如此。新经济时代的到来，使得技术的发展日新月异，知识的更新瞬息万变，因而企业在提高效率、赢得竞争优势方面面临比以往更大的压力。越来越多的企业开始认同并接受这一管理方式，逐渐改变传统的做法，将那些能借助外部力量完成的事情尽量交给“他人”去做。

（二）物流外包

物流外包，就是制造或销售等企业为集中资源、节省管理费用、增强核心竞争能力，将其物流业务以合同的方式委托给专业的物流公司运作。

物流外包是企业业务外包的一种主要形式，也是供应链管理环境下企业物流资源配置的一种新形式，完全不同于传统意义上的外委、外协。企业选择物流业务外包的主要原因有：

1. 物流外包是企业增强竞争力的必然选择

物流服务供应商和需求商的联合和协同，将促进物流业务外包市场的发展。对于需求方来说，产品的生产和交付的方式正在进行结构性转变，业务的全球化趋势、对供应商依赖程度的提高、生产制造过程中部分功能外包率的上升、直销渠道的发展以及对市场快速反应的需求都将使物流管理工作比以前更为复杂并充满挑战。对于供应方来说，物流外包服务逐步趋于一体化和系统化，服务提供商正在加紧进行创新和技术变革，强化竞争力，利用技术提高物流管理的效率，快速延伸全球业务链和扩展服务功能链，为使企业进驻不同的细分市场做好准备。

2. 专业化的物流管理有助于企业提高管理和作业效率

物流外包是使企业提高物资流通速度、节省物流费用和减少在途资金积压的有效手段。一是企业可以集中精力做好主营业务，实现资源优化配置；二是节省费用，第三方物流的专业能力和规模使其能够压缩物流管理费用，减少额外开支；三是减少库存，好的第三方物流公司可以最大限度地盘活库存，改善企业现金流。

例如，台灯生产商要从广州运输一批货物到北京，如果只有 50 个台灯，假设一辆车载重为 500 个台灯，这将造成剩余运载能力的浪费，回程的时候多数情况下也是放空，整个路程的油费与过路费都加大了成本。但是第三方物流企业服务商可以集合许多小批量的送货要求来获得规模效应。而且由于物流企业客源广，在回程的路上也会运载其他的货物，因此总的效益明显增加。

3. 企业资产效益突出

随着全球经济一体化进程的加速，信息技术在物流领域的应用和发展，企业对一体化多渠道市场需求的增长，以及物流服务供应商服务能力的扩充和完善，物流业务外包服务逐步被社会认识、了解、认可和进一步采用。美国 IDC 公司进行的一项供应链和物流管理服务研究计划表明：全球物流业务外包将以平均每年 17%的速度增长。

4. 企业快速战略扩张

近年来，由于跨国企业正在将更多的业务转向中国，并通过外包来降低供应链成本，国内企业面临着降低成本和增强核心竞争力的压力而增加了物流外包的需求，政府采取的积极财政政策和激励措施对物流市场需求的刺激，营销方式的不断发展和营销渠道的网络化趋势日益突显，传统仓储企业和新兴物流企业的激烈竞争等，这些均推动了我国物流业务外包市场的迅速发展。

随着物流行业的进一步整合和物流服务逐步走向一体化和系统化，物流业务技术含量的高低将是供应商抢占市场份额的关键因素，仅仅靠功能性的专业知识取得竞争优势将日趋艰难。为维持并增加市场份额、提高客户满意度，使需求商了解企业的特色，认可企业的价值，供应商就必须塑造个性化的核心竞争能力，明确、清晰地宣传企业能够为客户物流管理带来的战略价值和管理效率。

(三) 呼叫中心外包

呼叫中心是在一个相对集中的场所，由一批服务人员组成的服务机构，通常利用计算机通信技术处理来自企业、客户的电话咨询，尤其具备同时处理大量来话的能力，还具备主叫号码显示功能，可将来电自动分配给具备相应技能的人员处理，并能记录和储存所有通话信息。一个典型的以客户服务为主的呼叫中心可以兼具呼入与呼出功能，在处理客户的信息查询、咨询、投诉等业务的同时，可以进行客户回访、满意度调查等呼出业务。

呼叫中心是一些企业为提升客户服务质量而设立的。早在20世纪80年代，欧美等国的电信企业、航空公司、商业银行等为了密切与客户的联系，以计算机技术为支撑，利用电话作为与客户交互联系的媒体，设立了呼叫中心，也叫做电话中心，实际上就是为客户提供服务的服务中心。

现代呼叫中心由于应用了计算机电话集成技术（CTI）而大大增强了服务功能。CTI技术是以电话语音为媒介，用户可以通过电话机上的按键来操作呼叫中心的计算机。接入呼叫中心的方式可以是用户电话拨号接入、传真接入、计算机及调制解调器拨号连接以及互联网IP地址访问等。用户接入呼叫中心后，就能收到呼叫中心任务提示音，按照呼叫中心的语音提示，就能接入数据库，获得所需的信息服务。同时，可以进行存储、转发、查询、交换等处理，还可以通过呼叫中心完成交易。呼叫中心能够每天24小时不间断地随时提供服务，并且有比柜台服务更好的服务界面，用户不必跑到营业厅，只要通过电话就能迅速获得信息，方便、快捷地解决问题，提高了用户对企业服务的满意度。

现阶段，外包呼叫中心正成为一种趋势。在世界500强企业中有90%以上的企业将呼叫中心外包，并由简单的合作发展到建立战略伙伴关系。随着外包呼叫中心的发展领域延伸到各个行业，呼叫中心的运营管理也得到了进一步的规范与加强。

（四）财务管理外包

财务管理外包是近年来在西方国家发展较快的一种财务管理模式，是企业将财务管理过程中的某些事项或流程外包给外部专业机构代为操作和执行的一种财务战略管理模式。财务管理外包根据其外包形式可分为传统财务管理外包和现代网络财务管理外包。

传统财务管理外包主要是将整个财务管理活动根据企业的需要分解成若干模块，如总账核算、往来账款管理、工资核算、固定资产管理、报表系统、纳税申报等模块，将这些模块中企业不擅长管理或不具有比较优势的部分外包给那些在该方面居于行业领先地位的专业机构处理。例如，将财务资金管理外包给银行等金融机构管理，将应收账款外包给收账公司管理等。现代网络财务管理外包是利用提供财务应用服务的网络公司（如ASP，即应用服务提供商）搭建的网络财务应用平台，通过合同或协议的形式，企业将全部或部分财务系统业务外包给服务商，由服务商通过互联网上的专营网站代替企业执行财务操作流程及财务信息的生产职能，而分析、决策的职能仍由本企业高层财务管理人员执行，同时服务商需保证财务信息质量并给予必要的咨询和指导的一种财务管理外包方式。现代网络财务管理外包是网络技术普及后传统财务管理外包发展的高级形式，能将各项外包财务职能通过网络技术平台形成有机的逻辑联系，这种方式还可以实现整体财务职能的外包，而且效率极高。财务管理外包不仅能够降低成本和减少费用支出，还能使企业集中发展和管理核心部门，突出主营业务优势，占据更大的市场份额。

财务管理外包已在西方实践多年，并在外包服务市场中占有相当比重。在我国，刚刚出现财务管理外包，且运用范围比较窄。目前企业一般会将会计记账、纳税申报等业务委托专业的会计服务公司，如会计师事务所、会计记账公司、税务师事务所等来完成。但大多数的中国企业仍认为财务系统是企业最核心的机密，除公开上市必须公开的财务信息以外，其他信息都不能让高层以外的任何人知晓，目前中国的财务管理外包市场发展还处于初级阶段，企业可以先尝试外包一些相对较为独立的工作操作环节，这些工作包括：

1. 纳税工作

目前国内的税务制度十分复杂，合规性要求很高，如果企业一不小心违规就需要支付较高的成本，但企业一般很难配备专业的精通税务知识的会计人员或办税人员，所以企业可以选择将和纳税有关的工作外包。

2. 财务报告的编制

随着企业会计制度的完善，财务报告的编写要求越来越高，由提供财务报表发展到提供财务会计报告，由以年度提供报告发展到中期财务报告和年报的结合，另外要求企业提供现金流量表，而到现在为止，仍有许多企业的会计尚不会编制现金流量表。而相关机构在监督企业经营情况时采取的主要形式之一就是对财务报告进行审查，投资者也是依据财务报告来决定自己的投资取向，所以，财务报告是否能满足各主体的要求，是否符合会计制度和准则的规定对企业来说非常重要。因此，企业可以选择专业服务机构代为编制财务报告。

3. 应收账款的管理

应收账款对企业的财务管理十分重要，如果出现大量拖欠现象，会造成资金紧张、坏账损失，影响资金的流动，而催收应收账款又会耗费企业大量的时间和人力，如果企业为此投入较强的专业化管理团队，有可能会得不偿失。所以，企业可以选择将应收账款管理外包，从而提高资金运转效率，减少企业内部的人力耗费。例如，新加坡东方海皇轮船公司就将全球范围内的财务部门的应收、应付账款处理等功能集中统一外包给埃森哲公司，以减少其在全球子公司中相关部门的设置，缩减了机构的配置和人员配备，节约了管理成本。

4. 员工工资的核算和发放

将员工工资的核算和发放外包可以解决员工工资保密性问题，使内部员工无从打听和进行比较。

因此，企业可以将工资、财务报告、应收账款等外包，还可以委托专业公司制定财务制度、进行纳税咨询，可以将一个部门外包，也可以将一项具体的财务职能外包。

（五）金融业务外包

近年来，在金融业务外包领域，随着离岸外包和整个经营过程外包 BPO 业务的崛起，金融企业从外包中获得的利益大大提高，因此金融业务外包也成为国际外包市场的主流。金融业务外包是指金融企业持续地利用外包服务商（可以是集团内的附属实体或集团以外的实体）来完成以前由自身承担的业务活动。外包可以是将某项业务（或业务的一部分）从金融企业转交给服务商操作，或由服务商进一步转移给另一服务商（即“转包”）。金融业务外包始于20世纪70年代的欧美，证券行业的金融机构为节约成本，将一些准事务性业务（如打印和存储记录等）外包。

根据外包业务的特性，金融业务外包可以分为以下三类：第一类是后勤支持服务类业务外包；第二类是专有技术性事务外包；第三类是银行业务的部分操作环节外包。其中，专有技术性事务外包具有专业上的特殊性，银行本身不是这方面的专家，而利用第三方的服务可以获得更高的服务质量。

谋求低成本、提高核心业务能力是金融业务外包迅猛发展的主要动力。欧洲中央银行对欧盟国家银行的调查显示，89%的受调查银行外包目的在于降低成本。与作为发包方的金融企业相比，专业化分工和规模效应使外包服务供应商拥有更丰富的专业经验和资源，以及更低的成本和更高的效率。而将特定业务外包到服务成本更低的国家和地区，能直接降低金融企业的固定成本、人力成本和管理成本。不仅如此，服务外包还有利于金融企业节省大量的固定资产投资，减少由于资产专用性而产生的沉没成本。

此外，服务外包还能有效降低金融企业的新产品开发风险。金融企业与外包服务供应商建立战略联盟，利用后者的优势资源能够缩短金融产品从开发、设计、生产到销售的时间，降低由于技术或市场变化所造成的新产品开发风险。在这种战略合作中，由于各方都可以充分利用原有的技术和设备，从而在整体上降低了项目的开发成本和投资风险，使金融企业能灵活地应对快速变化的外部环境和顾客需求。服务外包带来的大量效益也使得金融企业相比于其他行业企业具有更加积极的外包倾向。目前，我国也已经进入了金融业务外包的高速发展阶段。

二、BPO业务特点

（一）BPO能有效地改善辅助业务对核心业务的支持作用，并且进一步突出对核心业务的重点管理

公司业务可划分为核心业务与辅助业务，BPO运作的主要对象是对整体业务起支撑作用的辅助业务，如财务、系统等。将这些辅助业务承包给专业化公司后，作为业务承揽方的外部专业化公司，对其承揽项目的服务等级、成本构成、质量检测等有着明确的标准和承诺，其业务质量能得到显著而迅速的改善。将部分辅助业务外包，有助于公司管理层有更多的时间和精力，将更多资源投入到核心业务上。另外，与外部

公司形成跨业务领域的联合，构建长期的战略伙伴关系，能增强彼此的竞争力，达到双赢。

（二）BPO在提高外包业务质量的同时，也将这一业务领域改变成为具有创造性的领域

在公司内部，辅助业务常被视为日常性工作，是一笔经常性费用。当由外部专业化公司的雇员们接手这些业务后，这些业务的性质不再是日常性工作，而是新的就业机会。他们能以一种充满激情的态度，富有创造性地去完成这些工作。此外，外部专业化公司常常是所从事业务领域中的技术领先者，它们对所承包的业务施以优化设计、科学运作与管理，并跟踪最新技术发展，不断更新公司的系统。

（三）BPO对信息基础设施有较高的要求

业务流程外包需要具备恰当的互联网基础设施和介入条件，因此对该地区信息基础设施条件有较高的要求。正因为如此，目前的服务外包主要集中在一些发达国家和新兴市场国家。

（四）BPO具备科技含量高、附加值大、资源消耗低、环境污染少的特点

首先，业务流程外包主要集中于服务业中的智力密集型产业，如软件开发、银行、保险、人力资源、管理等领域。发包企业往往为了集中企业核心竞争力而将属于相对低端的业务环节转移到外包企业。但即便如此，业务流程外包作为现代服务业的有机构成，依然具有较高的技术含量。其次，作为一种服务业，业务流程外包需要供应商与客户进行大量的业务沟通和交流，具有更强的知识外溢效应。再次，在制造外包的资本与人力分工模式下，发展中国家为了发挥自身的人力资源优势和增加就业，往往在吸引外资的过程中付出了牺牲环境的代价。而业务流程外包作为一种现代服务贸易形式，并不需要生产方消耗自然资源，对生态环境几乎不会造成任何影响。

（五）BPO奉行以人为本的理念

BPO企业的产品提供质量取决于员工的业务水平和积极性，生产设备与资本则相对处于次要位置。以技术含量较低的呼叫中心为例，硬件设施主要是基本的通讯设备，而服务质量则取决于工作人员的外语水平和态度。因此，BPO企业一般都会对员工培训有较大的投入，而对员工积极性的重视也使得服务外包企业更具有人文关怀的激励机制。

案例与分析

西门子与敦豪速递公司的物流外包合作

发包方：

西门子公司，总部位于柏林和慕尼黑，是世界上最大的电气工程和电子公司之一，其业务遍及全球190多个国家，在全世界拥有大约600家工厂、研发中心和销售办事处。

接包方：

敦豪速递公司（DHL）通过空中运输来支持发包方的商业活动。敦豪速递公司本身拥有4家航空公司：欧洲航空运输公司、英国航空公司、中东航空公司和拉丁美洲航空公司。

外包内容及实施过程：

2007年，西门子（中国）有限公司工业自动化与驱动技术集团和敦豪丹沙中福货运代理公司签订了无限期的合作协议，由后者全面负责其从德国工厂至上海的进口海运、空运及清关程序。在敦豪速递公司上海货区内，任何时候西门子公司货物的库存量均高于2 500件。通过铁路、公路及国内空运，西门子每月2 000项左右的订单全部由敦豪速递公司负责门到门的递送。所有订单均通过连接西门子公司的电子数据交换系统进行处理，使西门子公司与敦豪速递公司的仓库管理系统互通，实现全面自动化的仓储管理过程。

外包效果及评价：

由于敦豪速递公司的服务集成了海运、空运及物流服务，实现了端到端的物流系统，使得西门子公司的物流效率大大提高。在与敦豪速递公司合作之前，西门子公司的仓储、库存及派送均由公司内部自行管理，各个生产工厂都需要设小型产品存储仓库，由员工手工管理。在敦豪速递公司接管及引进电子数据交换系统后，原来由19名西门子公司员工才能完成的物流管理工作，现在由8名驻上海的敦豪员工即可完成。

资料来源：曾松、郑雄伟：《国际外包全球案例与商业机会》，350页，北京，经济管理出版社，2008。

第三节 知识流程外包

知识流程外包（Knowledge Process Outsourcing，简称KPO），是业务流程外包的高智能延续，是BPO最高端的一个类别。一般来说，它是指将公司内部具体的业务承包给外部专门的服务提供商。KPO的中心任务是以业务专长而非流程专长为客户创造价值。因此，KPO相较传统的业务流程外包能使企业获得更高的附加值，提升了传统的BPO基于成本所带来的利益，更多的是寻求先进的分析与技术技能，以及果断的判断。KPO更加集中于高度复杂的流程。这些流程需要有广泛教育背景和丰富工作经验的专家们完成。对于工作的高执行要求专家们对某一特殊领域、技术、行业或专业具有精准、专业的知识。

一、KPO的主要业务类型

表3—3是知识流程外包公司的实例业务类型。

表3—3　　知识流程外包公司的实例业务类型

研究类	商业研究/商务智能（分类市场研究、市场规模、竞争策划、商业计划起草、创新鉴定等） 市场研究（电话调查、网上调查、客户满意度研究、品牌研究、消费者倾向研究、消费者调查等） 股票、金融及保险研究
分析类	数据分析、财务分析、风险分析及数据挖掘等服务 数据管理（数据录入、数据采集、数据清洗、数据集成及管理） 市场进入/离岸外包
市场进入类	联合风险投资 建立—经营—移交
咨询服务类	战略咨询 采购投标分析 行业及公司研究 跨文化、跨语言服务 本地化供应商谈判
其他	销售流程外包（SPO） 法律流程外包（LPO） 工程及设计服务 设计、动画、模拟化服务 人力资源研究及支持 决策支持系统（DSS）

KPO的核心是通过提供业务专业知识而不是流程专业知识来为客户创造价值。KPO将业务从简单的标准过程执行演变成要求高级分析技巧以及准确判断的过程。

二、KPO业务特点

（一）知识流程外包能促进知识经济发展

相关人士指出：知识不会因使用而有任何的减损，相反，大量使用知识，会激发更多的新知识。可以说，知识生产的“原料”永不会枯竭，因此知识生产具有永久和持续性的特点。在知识流程外包活动中，无论是知识提供者，还是知识接受者，甚至知识扩散转移者，都会在知识流程的各个阶段中获得知识的积累、学习和反馈。知识流程外包的持续性直接影响了知识的效率，影响了知识产品的成本，为人类社会的可持续发展注入了动力。因此，发展知识流程外包是丰富知识经济形式、扩大知识经济参与范围、增加知识经济价值和内涵的必然选择。

（二）知识流程外包能够支持新兴产业发展

2009年12月19日，联合国气候变化大会在达成《哥本哈根协议》后闭幕。"后哥本哈根时代"所倡导的"低碳经济"是以低能耗、低污染、低排放为基础的经济模式。从经济发展来看，需进行产业结构调整，发展低碳的第一产业（如农业、林业、农副产业等），降低对石化能源的依赖，走有机、生态和高效的新路。对新技术、新知识、新兴产业的强烈需求成为知识流程外包发展的市场动力。而知识流程外包本身的知识密集型活动对能源和自然资源的依赖程度低，其产业成果对自然环境的保护程度高。因此，发展知识流程外包是新兴产业未来的发展方向，也是发展新兴产业的重要路径。

（三）知识流程外包能够培养企业创新能力、缩小技术水平差距

在知识流程外包中，知识生产组织形式和主体多元化、专业化、小型化与灵活化的特征直接影响了自主研发的数量与质量；而知识流程外包中的运转组织全球网络化、市场化运营，又对技术引进产生了实质性影响。知识流程外包的市场化活力在吸引外商直接投资、促进国际贸易、鼓励离岸服务等方面直接影响了知识生产效率和技术溢出效率。印度发展知识流程外包的经验证明：在形成知识流程外包核心能力后，将出现逆向外包，这将进一步突出企业技术优势并缩小技术水平差距。

（四）知识流程外包能够吸引、鼓励创新型人才成长

知识流程外包最主要的资源投入就是人力资本，特别是拥有新技术、新知识和新思维的创新型人才。而知识流程外包的价值性特征则表现在两个方面：一是知识生产和转移的成本竞争性；二是知识成果嵌入知识接受者后，将为知识接受者创造的价值和节约的成本。知识密集性的特征决定了知识提供者出现了个体知识密集性成长和团体化知识密集性成长，组织与组织之间的知识密集性成长。知识流程外包从传统业务部门中不断分化、不断与时代潮流结合的成长脉络，不断积淀下的跨组织、跨行业、跨文化的特征，正逐渐在创新型人才的不断改造和不断丰富的过程中，搭建起创新型人才成长的舞台。

（五）知识流程外包能够提升区域竞争活力

有学者认为，对于成功的知识型集群而言，极为重要的是与"创新环境"有关的

当地“集体学习过程”。研究表明，服务业集群发展的一个理由是获取全球网络、客户和知识的需求。知识流程外包虽然常利用现代网络技术获得市场地理位置边界的突破，但其产业主要活动空间还是经常出现地理位置空间上的聚集。这种聚集既依靠产、学、研的知识流程脉络，也需要官、学、商的知识流程运行特征，还依赖于规模效应，同时也离不开区域传统生产性需求的市场需求拉动。因此，一方面，知识流程外包的差异化成长为区域经济结构提供了知识服务，形成区域知识核心竞争力，并在更大网络范围内为区域经济注入活力，形成新的经济增长点；另一方面，知识流程外包成长所需要的软环境建设、运行基础建设也成为区域建设投资热点，增加了区域经济投资动力，进而实现区域经济的持续发展。

案例与分析

CPA Global 为力拓集团每年节省高达 20%的法律成本

发包方：

1873 年，力拓集团（Rio Tinto Group）成立于西班牙。Rio Tinto 是西班牙文，意为黄色的河流。1962 年至 1997 年，该公司兼并了数家全球有影响力的矿业公司，并在 2000 年成功收购了澳大利亚北方矿业公司，成为在勘探、开采和加工矿产资源方面的全球佼佼者。力拓集团总部在英国，澳大利亚总部在墨尔本。力拓集团不仅是全球最大的资源开采和矿产品供应商之一，而且是世界三大铁矿石供应商之一，被称为铁矿石三巨头之一。力拓集团作为全球最大的资源开采和矿产品供应商，不仅向全球提供铁矿石，还提供包括铝、铜、钻石、黄金、能源产品、工业矿物等产品。该集团业务遍及全球，尤其以澳大利亚和北美洲为重。

接包方：

CPA Global 是全球顶尖的知识产权管理专家，也是外包法律服务的领先提供者。CPA Global 于 1969 年成立于泽西岛，现有员工 1 500 多名，为超过 100 多个国家的客户服务。CPA Global 分别在英国、法国、德国、美国、澳大利亚、印度、中国香港以及韩国等主要的国际城市设有办事处，在日本等其他重要市场拥有长远稳定的战略伙伴。CPA Global 为众多世界知名的企业和律师事务所客户提供一系列的服务，包括知识产权管理以及其他更广泛的法律服务，协助它们减少风险、控制成本和发挥潜力，以及为其业务和知识产权资产增值。CPA Global 当前的客户包括世界 500 强企业和 FTSE 企业等。

外包内容及实施过程：

力拓集团为节省法律成本，决定将公司的法律事务外包给 CPA Global，双方因此签订了一份法律服务外包协议。

根据该协议，外包法律支持服务全球领先供应商之一的 CPA Global 将在印度提供一个律师团队以支持力拓集团内部基于全球的法律功能。

最初，CPA Global所开展的工作，包括合同审查和起草、法律研究以及文件审查。随后，工作范围扩展至其他日常法律服务工作，这些工作以前通常由力拓集团内部或该公司的律师事务所小组共同承担。

力拓集团在不牺牲服务质量或安全的前提下，通过外包获得了更好、更具成本效益的方式，完成了自身所需的法律服务工作。而CPA Global的印度团队则将作为力拓集团内部法律部门的延伸为其提供服务，他们精心挑选训练有素的法律专业人士来处理力拓集团一系列的全球各地的法律事务。

外包效果及评价：

通过实施法律事务外包，力拓集团每年节省了高达20%的法律成本。

资料来源：http：//www.51callcenter.com/newsinfo/157/33720.

第四节　数字内容外包

数字内容产业也被称为内容产业或信息内容产业，是指运用数字化高新技术，将图像、文字、影像、语音等内容进行整合，形成的产品或服务的统称。数字内容产业属于文化产业，其产品本质上是精神产品。在美国，内容产业占信息产业的销售额比重接近50%。在英国，内容创意产业的产值仅次于金融业，是第二大产业。有专家估算，全球创意产业每天创造的产值高达220亿美元。随着数字内容产业的迅速发展，数字内容外包也日趋成为服务外包发展的新领域。数字内容外包（Digital Content Outsourcing，简称DCO）是继信息技术外包、业务流程外包和知识流程外包之后的新一代概念，是从知识流程外包中分离出来的一个类别。具体业务主要包括动漫影视、游戏、数字出版等外包业务。

一、DCO的主要业务类型

（一）动漫影视外包

动漫影视产业，是指以“创意”为核心，以动画、漫画为主要表现形式，包含动漫图书、报刊、电影、电视、音像制品、舞台剧和基于现代信息传播技术手段的动漫新品种等动漫直接产品的开发、生产、出版、播出、演出和销售，以及与动漫形象有关的服装、玩具、电子游戏等衍生产品的生产和经营的产业。动漫影视外包是指在动漫和影视制作过程中，利用先进的信息技术将部分的数字动漫制作、特效处理、音像剪辑等数字处理与后期制作外包给其他动漫影视制作方。例如，大家熟知的电影《阿凡达》就是一个影视外包的典型案例。《阿凡达》的电影制作团队是在美国写剧本、在中国建模型、在新西兰录音、在法国配乐等，其成功的利器之一就是服务外包。

动漫影视作为文化产业独具魅力，它具有国际化程度高、消费群体广泛、市场需求量大、产品生命周期长、高附加值等特点。就我国而言，发展动漫影视产业对于繁荣优秀民族文化，满足人民群众特别是未成年人精神文化需求有着重要的时代意义；也是适应经济全球化发展，形成新的经济增长点，推进广电影视产业发展，促进我国文化产业做强做大的重要举措。

2008年，全球动漫影视产业销售规模达350亿美元。美国是动漫影视产业的发源地，以迪士尼、梦工厂等跨国企业为代表，美国动漫影视产业处于世界领先地位。日本拥有索尼、东映、京都动画等一大批国际知名企业，成为世界最大的动漫作品制作和输出国，目前全球播放的动漫作品六成以上出自日本。我国动漫影视产业尚处于起步阶段和发展初期，2008年实现销售收入160亿元人民币，2009年实现销售收入230亿元人民币。

以日本动漫外包为例。经过50多年的努力，动漫产业已经成为日本国民经济的第六大产业。近年来，随着日本人力资源成本的不断提高以及相关业务国际外包的扩大，日本动漫产业外包给中国、韩国的例子屡见不鲜。而对于谋求崛起的中国动漫行业而言，日本动漫的外包无疑是难得的机遇。在日本，尽管动画制作已采用数字技术，但仍需要庞大的绘画工作。为削减成本，日本国内的动画制作大公司开始实施国际分工体制，将描线、上色等工序外包。有关数据显示，日本动画制作工作90%已依赖海外。而中国的动画绘制人才素质较高，特别是低廉的人工成本能促使日本动漫企业将其业务外包给中国企业。

（二）游戏外包

数字游戏产业主要包括视频游戏、网络游戏和手机游戏三大类，其中，视频游戏和手机游戏产业主要集中在欧洲、美国和日本，网络游戏产业则主要分布在中国、韩国及东南亚国家和地区。据统计，2008年全球数字游戏产业销售规模达450亿美元，其中视频游戏约占80%。2008年，我国国内数字游戏产业实现销售收入190.8亿元人民币，2009年达256.2亿元人民币，直接或间接拉动了相关产业发展。国内数字游戏产业目前主要集中在网络游戏，但随着3G网络的发展和移动终端的普及，国内手机游戏产业表现出强势发展势头。

游戏外包是伴随全球游戏产业发展需要而出现的新兴业务。游戏外包是指将游戏制作过程中的美工和测试环节交给其他公司或者团队。对于游戏外包，早先游戏商并不是很重视，随着时代发展和次世代主机的悄然问世，游戏制作也在向着电影级的标准迈进，而技术难度与开发工作量都较之以往有数倍的增加，游戏外包的需求量也在不断扩大。

目前，游戏外包项目以美工为主，美工属于离散型外包项目。在游戏开发中，

40%～50%的成本是用在美工工作上的。但是，以测试为主的外包项目将会是下一个热点，这是个劳动密集型的外包项目，技术含量较低，标准化的流程和质量更易于管理。诸多发包方都在调整公司内部结构和工作流程，为大规模发包做准备。

当前外包市场面临一个井喷式的发展态势。根据 Screen Dige 公司的调查，全球美工外包市场在 2006 年有 10 亿美元规模，而在 2010 年已经达到 25 亿美元。根据 Niko-Partners 公司的研究，中国企业 2008 年游戏外包收入超过 3 500 万美元，在今后 3～5 年内，游戏外包领域会有非常大的发展空间和大量的商业机会。目前各发展中国家，包括中国、印度、泰国、越南以及东欧等国的公司，都希望能够把握住这次外包浪潮。

(三) 数字出版外包

用手机看报、通过互联网或电子阅读器看书、在驾车时“听小说”——过去人们阅读纸质书的习惯，在未来可能变成读手机、读网页、读电子阅读器，甚至听广播、CD……这一切的改变预示着一个新行业——数字出版的兴起和一个新阅读时代的来临。在信息化进程加快和新兴媒体的带动下，经过数年发展，数字出版已经颇具规模。《2010 中国数字出版产业年度报告》中的数据显示，2009 年中国数字出版产业的产值达 799.4 亿元，较 2008 年增长 50.6%，4 年以来年均增长率超过 55%，并且在未来几年仍将保持高速增长的态势。

数字出版是一个包含作者（内容生产者）、出版社（内容出版者）、数字内容加工平台（技术支持商）、阅读器（手持阅读设备提供商）、图书馆和网上书店（内容销售商）、读者（内容消费者）六个环节的完整产业链。它是出版业未来的一种发展趋势，数字出版包括原创作品的数字化、编辑加工的数字化、印刷复制的数字化、发行销售的数字化和阅读消费的数字化，涉及出版的各个环节。

但就目前一些公开资料以及媒体报道来看，不少人对“数字出版”这个概念的理解存在偏差。有些人一提到“数字出版”，总是习惯性地将数字出版等同于电子书。

在《2010 中国数字出版产业年度报告》中，公布了这样一组数据：2009 年数字出版产业的产值中，数字期刊收入达 6 亿元、电子书收入达 14 亿元、数字报（网络版）收入达 3.1 亿元、网络游戏收入达 256.2 亿元、网络广告达 206.1 亿元、手机出版（包括手机音乐、手机游戏、手机动漫、手机阅读）则达 314 亿元。网络游戏、网络广告和手机出版成为数字出版产业名副其实的三巨头。显而易见，电子书市场并非数字出版规模最大的一部分。

随着数字时代的到来，古籍数字化也日益蓬勃发展起来。古籍数字化就是利用现代信息技术将古代文献转化为数字的形式，通过光盘、网络等一切虚拟介质保存和传播。我国古籍数字化经历了数据库版、光盘版、网络版三个建设阶段。数据库版古籍包括书目数据库和全文数据库两种形式。光盘版古籍一般有图像版、全文版和图文版三种类型。网络版古籍主要是将数字化的古籍资源在网络上有偿或无偿发布，供互联网用户使用，这是目前古籍数字化的主要目标。

目前国内通过数字内容外包实现的古籍数字化案例举不胜举，例如，由方正国际承接的宁波天一阁博物馆古籍数字化工程，是天一阁发展史上新的里程碑，真正实现了天一阁“良书惠九州”的夙愿。从根本上促进了古籍原生态的保护与长远利用，为馆藏古籍数字化的发展提供了安全性高、可靠性高的应用服务模式，同时开启了古籍数字化加工的新格局，受到了社会各界的高度重视。

再如，上海世博会中国馆“镇馆之宝”的动画版《清明上河图》的制作者水晶石数字科技有限公司，以先进的三维动画科技，将《清明上河图》重新演绎，制作成一件全长 128 米、高 6.5 米的壮观展品。《清明上河图》千百年来以“至广大，尽精微”的艺术造诣，被喻为“有声音”的画。为保护、展示和传承文化遗产，该公司经过近 1 年的研发，用数字技术重新演绎了这幅传世佳作。电子版《清明上河图》采用超高清晰的数字影像，最大限度地再现了原作所有细节。根据画卷情节安排了 54 个场景，在著名文物专家研究成果的指导下模拟设计了 700 多段人物对话。观众根据自己的兴趣触碰、划动，便可以观赏画面的任意细节，听到相应场景对话，宛如置身画中。

二、DCO 业务特点

与传统的信息技术外包、业务流程外包和知识流程外包相比，数字内容外包是将以创意为核心、以互联网等信息技术为载体的精神产品进行外包，其核心是结合当地的文化，通过提供创意产品的研发、制作，而不是通过流程专业知识来为客户创造价值。总体而言，数字内容外包业务具有以下几个特点。

（一）突出产品的创意性

数字内容产品是以创意为核心、以互联网等信息技术为载体的精神产品。任何社会劳动产品都可以由精神内容和物质载体两部分组成。其中，精神内容是无形的，如创意、构思等，但当精神内容借助于一定的物质载体表现出来时，便形成了商品的具体表现形态。在数字内容产品的生产过程中，主要投入要素是创意和技术；从产品形态上来看，它则是一种以创意内容或知识为核心的精神产品。

（二）需要高效的内容传输渠道和坚实的信息技术支持

无论是数字内容产品还是数字内容服务，都建立在数字技术、信息技术、网络技术的基础之上，技术既是所有数字内容产品和服务存在的前提，也是其向前发展的条件。例如，在 3D 动画制作方面，同样的内容素材，好莱坞制作团队和国内制作团队制作出来的效果截然不同。由于国内缺乏高水准技术团队的支持，在光影效果、色彩搭配、材质处理等方面尚无法与好莱坞相提并论，这种差距来自于技术水平差异而非文化差异。

（三）注重文化基础

从数字内容产业的内涵及界定的整理分析可以看出，数字内容产业本身具有一定程度的复杂性、较高的前沿性以及与其他传统或新兴产业的部分交叉。因此，要在整体上促进数字内容产业的发展，达到文化产业的振兴和繁荣，必须拥有能够为数字内容产业提供内容对象的带有原创性内容特征的相关产业基础，如教育、娱乐、咨询、艺术和文化产业等。如果缺少这些内容素材和文化支撑，无论技术如何精良，都无法吸引消费者。

案例与分析

方正国际助力宁波天一阁实现古籍数字化

发包方：

宁波天一阁博物馆是中国现存最早的私家藏书楼，也是亚洲现有最古老的图书馆和世界最早的三大家族图书馆之一。馆内收藏着大量珍贵的文献典籍，传承了中华民族在数千年历史发展过程中创造并保留下来的重要文明成果，蕴含着中华民族特有的精神价值。

接包方：

方正国际软件有限公司是国内从事中文字库开发最早、最大的专业厂商，方正的超大字库极大方便了专业辞书和古籍的数字化加工和排印。方正国际软件有限公司一直致力于古籍资源的保护与开发，在古籍整理、修复和数字化加工方面具有丰富的经验，拥有一支300人的古籍数字化专业团队，先后承担过国家图书馆地方志数字化、浙江图书馆舆图数字化、宁波天一阁古籍数字化及集美图书馆民国馆藏资源数字化、北师大图书馆民国教材数字化等古籍数字化工程。

外包内容及实施过程：

古籍数字化工程由天一阁博物馆和方正国际软件有限公司历时两年合作完成，占天一阁全部库存的1/5，共5 000种、3万册，比《四库全书》的信息量更丰富，而且此次完成数字化的古籍是天一阁最核心的善本、孤本，包括为世人看重的宋元珍本、明代地方志、科举录、政书等。天一阁数字化古籍的启用标志着这些珍贵古籍从此将通过互联网向全世界开放，无论是广大的古籍研究者和爱好者还是普通市民都能通过网络一睹原版原貌、原汁原味的古籍。

作为天一阁古籍数字化加工和古籍发布平台系统的承建方，方正国际在天一阁专家的支持下，针对馆藏古籍资源的特点设计了适应古籍资源开发和应用的模式。在古籍数字化加工方面，采用了先进的古籍OCR文字识别引擎，通过逐字折校、聚类通校及语义校对等智能校对技术保证文字数字化差错率不高于万分之三，这一标准在古籍数字化加工中处于领先水平，同时实现了古籍版式的矢量还原重构，保证成果能够原版原样输出。在古籍发布平台系统方面，率先实现在Web页面上基于超大字符集的文本展示、专业全文检索和文字录入。同时考虑到古籍研究查考的使用需求，开发了全文页与影印页的同屏对照阅读、对照选词、专业导航等功能，并提供繁简互转、自建批注评论等个性化功能，增强了系统的专业性和实用性，充分展示和挖掘了古籍资源的内在价值。

外包效果及评价：

天一阁新书库的建造和古籍数字化工程的实施是天一阁发展史上新的里程碑。新书库采用恒温恒湿自动控制系统，一举解决困扰了天一阁400多年的典籍保管问题，而古籍的数字化则真正实现了天一阁“良书惠九州”的夙愿。

天一阁与方正国际的强强联合，发挥了我国现存历史最久的私家藏书楼的藏书优势与方正国际古籍数字化经验，从根本上促进了对古籍原生态的保护与长远利用，为馆藏古籍数字化的发展提供出安全性高、可靠性高的应用服务模式，此次合作也开启了古籍数字化加工的新格局，受到了社会各界的高度重视。

天一阁联手方正国际进行的大规模古籍数字化工程将古籍保护、研究利用和古籍资源数字化前沿技术融为一体，打造了一套全新的古籍数字化模式，实现了珍惜古本的保护、开发、利用和研究，无疑将成为业界典范。

资料来源：整理自 http://www.foundersoftware.com/website_2/news/index10121002.html。

第五节 综述：服务外包业务的价值链延伸

服务外包是继制造业之后，世界范围内的新一轮产业转移。服务外包起源于用户将自己不熟悉的IT技术支持，交由外部供应商来提供服务。随着服务供应商对用户业务流程的深入了解，加之为多个用户提供服务，使得服务供应商较之用户有着更多的经验。服务供应商基于用户的业务流程，不断扩展自己的服务范围，随即出现了ITO服务向BPO服务的延伸。实际上，制造业当年也经历过同样的发展历程。起先是简单的零件加工，后来是较为复杂的零件或部件加工，经验成熟后为买家提供整件或某个功能集成的生产，再后来帮助买家进行整机装配，最后可能是OEM生产等。制造业加工外包是一个不断前进的发展过程，服务业同样需要一个循序渐进的学习与发展过程。

在全球化过程中，尽管服务外包的发展仍然面临诸多阻力，企业追求剩余价值的根本取向和劳动力价值升值之间不可调和的矛盾必然导致来自企业内部的成本压力，这也将始终作为服务外包的基础动力而存在。科技竞争力作用的愈加显现，将继续推动各国政府科技振兴战略的实施，并增加企业的科技投入。信息技术的不断进步及其所带来的服务模式的创新，将继续推动服务外包不可逆转的长期发展的趋势。与此同时，随着产业分工的不断强化，服务外包作为后危机时代拉动经济复苏的重要增长点之一，将会得到各国政府的普遍重视，从而为产业发展赢得更加有利的政策支持。这一切也正在对服务外包行业本身产生着深远和重大的影响。随着信息技术的升级，越来越多的 IT 服务提供商将向业务流程服务领域渗透，以便为客户提供 ITO 和 BPO 捆绑的“一揽子”整合服务。软件即服务（Software-as-a-Service，SaaS）、平台即服务（Platform-as-a-Service，PaaS）、基础设施即服务（Infrastructure-as-a-Service，IaaS）及在此基础上混合演进而来的云计算等将使供应商能够提供更多的模块化、即插即用服务以及现付现用的定价体系，并促使服务接包商从一对一服务转向一对多服务模式。同时，源自开放源代码和 Web 2.0、利用大众智慧的众包模式（如苹果 iPhone 开发平台）也将会被更多地采用。服务外包产业的创新变革模式具体如图 3—1 所示。

交付模式变革

- 在岸与离岸的混合模式
- 在岸、近岸和离岸结合的多层模式

合作关系变革

- 定价模式
- 工时核算方式
- BOT模式
- 逆向BOT模式

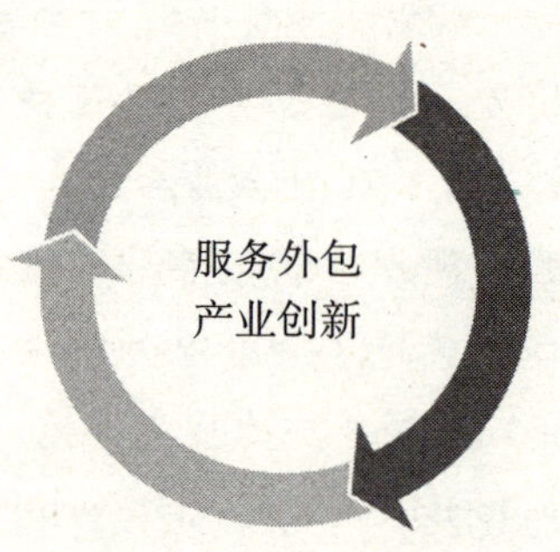

技术升级变革

- ITO和BPO捆绑的“一揽子”整合服务
- 模块化、即插即用服务
- 现付现用定价体系
- 一对多服务模式
- 源自开放源代码和Web2.0
- 众包

图 3—1　服务外包产业创新变革模式

资料来源：中国服务外包研究中心：《中国服务外包发展报告 2009》，122 页，上海，上海交通大学出版社，2010。

在与客户紧密合作共同应对危机的过程中所建立起来的多元化灵活的合作模式，今后将继续为服务外包企业所重视，并获得进一步的应用和创新，从而使服务外包向企业价值链延伸。例如：深圳市怡亚通供应链股份有限公司成功地将信息技术和传统物流体系进行整合，为客户提供供应链服务。该公司现有员工 800 余人，以承接全球整合企业的非核心业务外包为核心，创造性地实现了物流外包、商务外包、结算外包和信息系统及信息处理外包等一站式供应链管理外包服务。

随着发包方对外包价值认识的不断提升，服务外包将不再仅仅作为企业节省成本的手段，而是成为提高业务水平和竞争力的必要途径。在此基础上，服务提供商在垂直行业的经验累积和客户更为准确的服务专业化定位要求下，将进一步强化外包服务与发包企业本身所在行业的紧密结合以及行业内细化分工的优势。与此同时，企业对自身业务流程更为细致的分解，将使各服务外包企业更加专注于自身服务的流程区间，并寻求细分专业的价值增值。服务外包的竞争要素将呈现出由成本优势和技术优势向行业优势转变的发展态势。

随着交付模式、服务模式和合作模式的不断创新，服务外包的业务范围也将得到不断扩展。ITO、BPO和KPO的范围，将分别随着软件应用范围的扩大、企业发包能力和风险控制能力的提高以及各界对知识依赖程度的增加而拓展。

Infosys（印孚瑟斯技术有限公司）首席执行官、创始人克里斯·戈帕拉克里什南认为："可能是因为经济危机，也可能是因为技术成熟，客户看待外包的方式不同了。他们期待外包担当起服务的功能，希望服务提供商负责整个价值链。"这个大趋势不可逆转。

案例与分析

索尼公司IT外包的成功应用

发包方：

索尼（中国）有限公司。

接包方：

IBM（国际商用机器公司）。

外包内容及实施过程：

在实施信息化的最初两年，索尼公司在基础网络和硬件平台建设的准备工作上投入了大量精力。在数字化和信息化的三年建设中，索尼公司应用了ERP系统（又称作SAP系统）处理日常的销售、财务管理和库存管理。

在索尼公司信息化的五年中，IBM的产品起到了关键的作用。IBM作为一家处于国际领导地位的IT公司，与索尼公司一直在中国有着长期深入的合作。索尼公司在网络建设、网络安全及内部网与互联网的连接等方面，都采用了IBM的产品。在电子商务方面，索尼公司自1999年以来陆续在中国推出了定位于公司信息和融合电子营销与时尚生活的网站——"索尼在中国"（www.sony.com.cn）与在线购物网站（www.sonystyle.com.cn）。为了保持网络与客户资料管理的安全性，索尼公司应用了防火墙及IBM的NQ等信息安全解决方案。NQ服务器能保证数据时时交换、传输100%的准确，同时能够保证数据加密、保护内网系统。

目前索尼公司很多的站点都是由IBM来进行7×24小时的监测服务。索尼公司现有的14个仓库，位置比较分散，也一同交给IBM的蓝色快车计算机工程技术有限公司来负责。这样，索尼公司的客户端机器、网络与应用的维护，都由IBM的蓝色快车做现场的支持。将IT外包，索尼公司可以更专注于自己核心业务的发展，为自己的用户提供优质的产品和服务。索尼公司在中国的售后服务，以"创造21世纪的服务新标准"为主题，通过建立更加完善、科学的售后服务网络，强化顾客咨询和互动的职能、创建新型顾客关系而不断提高服务水平。目前，索尼公司在中国建立了3家技术服务中心、30多家特约维修站和400多家指定维修站及技术认定店，为遍布在全国的广大索尼用户提供高水平的维修服务。

外包效果及评价：

IBM在华的打包服务为索尼公司提供了信息化建设所需的软硬件产品、咨询及IT服务，并帮助其建立起一套针对自身应用的信息系统。该系统整合了索尼公司内部及上下游的信息流、资金流和物流，极大地提高了索尼公司的企业竞争力。

资料来源：曾松、郑雄伟：《国际外包全球案例与商业机会》，91页，北京，经济管理出版社，2008。

本章小结

信息技术外包（IPO），是指企业专注于自己的核心业务，而将其IT系统的全部或部分业务外包给专业的信息技术服务公司。按照业务类型，信息技术外包主要可以分为软件研发及外包、信息技术研发服务外包和信息系统运营服务外包。从其特点来看，ITO使企业将有限的IT资源有效用于核心业务，快速获得专业支持能力，从而实现对系统的完善管理，降低IT运营成本，提高企业的竞争力。ITO是社会分工和IT发展结合的产物，是目前服务外包领域最为重要的组成部分。在目前实务运作中，海尔集团对东软IT外包是信息技术外包中最典型的案例。

业务流程外包（BPO），是指以长期合同的形式，将公司的某项业务流程交由外部业务提供者去完成，以达到使公司增值的目的的服务外包形式。按照外包业务的业务性质，可以将业务流程外包分为人力资源外包、物流外包、呼叫中心外包、财务管理外包、资产管理外包、行政管理外包、金融业务外包及业务咨询服务外包等。BPO具备科技含量高、附加值大、资源消耗低、环境污染少、对信息基础设施要求高、奉行以人为本的理念等特点。

知识流程外包（KPO），是业务流程外包的高智能延续，是BPO最高端的一个类别。它是指将公司内部具体的业务承包给外部专门的服务提供商。其业务种类主要有研究类、分析类、市场进入类、咨询服务类及其他。KPO的核心是通过提供业务专业知识而不是流程专业知识来为客户创造价值。中国的KPO市场发展虽然较晚，但速度极其迅猛，在发展过程中也充满了各种挑战，如服务质量的保证、人才的培训、绩效标准的确认等。

数字内容外包（DCO），是指将图像、文字、影像、语音等内容，运用数字化高新技术进行整合，形成新的产品或服务的外包业务类型。DCO是从KPO中分离出来的一个类别，具体主要包括动漫影视、游戏、数字出版等外包业务。DCO是指将以创意为核心、以互联网等信息技术为载体的精神产品进行外包，其核心是结合当地的文化，通过提供创意产品的研发、制作，而不是流程专业知识来为客户创造价值。宁波天一阁博物馆实现的古籍数字化是DCO的典型案例。

思考题

一、简答题

1. 简述信息技术外包（ITO）的业务类型。
2. 简述物流外包的动因。
3. 简述业务流程外包（BPO）的业务特点。
4. 什么是数字出版？它与电子书有什么关系？请举例说明。

二、论述题

1. 试论述知识流程外包的业务类型，及其与业务流程外包和数字内容外包的联系。
2. 试论述数字内容外包（DCO）的具体业务内容。

第四章

服务外包的国际市场

服务外包国际市场发展状况
服务外包离岸业务发包市场的模式与特点
服务外包离岸业务接包市场的模式与特点
综述：国际服务外包的区域性竞争趋势

学习目标

1. 了解服务外包国际市场的发展状况。
2. 理解在岸外包市场和离岸外包市场的相关概念。
3. 掌握服务外包离岸业务发包市场的模式与特点。
4. 掌握服务外包离岸业务接包市场的模式与特点。
5. 通过分析相关案例来加深对服务外包国际市场的认识。

重点难点

重点：

1. 在岸外包与离岸外包的概念。
2. 以美国市场为代表的服务外包离岸业务发包市场的模式与特点。
3. 以印度市场为代表的服务外包离岸业务接包市场的模式与特点。

难点：

1. 美国服务外包市场与日本服务外包市场的特点。
2. 印度发展服务外包业所具有的优势。

第一节　服务外包国际市场发展状况

根据联合国贸易和发展会议发布的《2004年世界投资报告》显示，外包已经转向了服务业，即国际服务外包。国际服务外包，是指企业将本来自身执行的非核心服务生产职能，通过建立可控制的离岸中心或国外分公司，通过合同方式发包、分包或转包给本企业之外的服务提供者，以提高自身的资源配置效率。

对于国际服务外包，有的学者又称之为服务加工贸易，国际上也称离岸服务外包。

仅就一种服务商品的生产而言，既可由某个企业单独完成，亦可将该产品的某些非关键部分转让给其他公司完成。

有的学者将外包界定为一国的企业将一种服务商品或它的非关键部分转移给国外公司承担的一种经营组织方式和商业运作模式，也有学者称之为一种国际贸易方式。后者是将服务外包理解为服务加工贸易，以往的加工贸易专指货物商品的加工贸易，进入新世纪后，服务商品的加工贸易迅速发展。因此，近几年来，它成为国际贸易领域中的新课题。但只是将服务外包视为国际贸易的一种形式不足以反映服务外包带给整个世界的冲击，服务外包的发展更应视为由于信息技术的发展，经济全球化条件下企业生产方式和组织方式的一种根本性的转变，这一转变与服务外包国际市场是密不可分的。

20 世纪 80 年代以来的国际产业转移中，离岸服务外包呈现显著增长趋势，并迅速从发达国家向新兴经济体延伸。期间经历了三个发展阶段：

第一阶段——美国与英国最先实施服务外包。美国率先、英国紧随其后实施离岸服务外包。其初衷是为了降低成本，并获得通信工具与网络的支持。

第二阶段——服务外包波及西欧，促使呼叫、客户服务中心大量兴起。主要是 WTO 的有关规定促进了制造业和商业服务领域中的外包快速发展。

第三阶段——服务外包在整个欧洲市场广泛延伸，波及波兰、捷克、匈牙利等国家。欧洲的统一税制推动了爱尔兰、斯洛文尼亚、保加利亚、罗马尼亚等国企业承接离岸服务外包。随着知识经济和信息化加速发展，通信及 IT 基础设施等软硬件环境不断健全完善，印度、中国及其他发展中国家开始调整政策，逐步加入离岸服务外包的承接行列之中。

一、服务外包国际市场概述

当前经济全球化正在进入新的发展阶段，全球产业转移从制造业向服务业延伸，服务外包成为服务业全球化发展的重要趋势。从 20 世纪 80 年代末开始，一些发达国家的跨国公司为了节约成本、提高运营效率和核心竞争力，便开始将其非核心的 IT 服务业务外包给更低成本的专业服务提供商。经过 20 多年的快速发展，如今的服务外包行业已经极具规模，且业务范围由最初的 IT 服务外包扩大到更高层次的业务流程外包、知识流程外包和数字内容外包。

金融危机后，由于一些发展中国家的低劳动力成本的优势，国外大型企业逐步将非核心业务外包给亚洲的外包供应商。虽然当前及今后一段时间，全球发包市场仍将主要集中在美、欧、日等发达国家，但出于政治、经济和法律上的因素，中国、印度、菲律宾等亚太地区国家将成为全球外包市场的主要承接国。

目前，全球服务外包转移方主要有两种选择倾向：一是以美国的离岸服务外包方式为特征，主要选择印度、中国、菲律宾等距离较远、成本低廉、人力资源丰富的区域；二是以欧洲和日本的近岸外包方式为特征，主要选择与本国距离较近和文化接近的区域进行服务外包，其中日本50%以上的外包业务是在中国进行的。

2008年金融危机期间，有能力和有实力的外包企业加速了低成本扩张。例如2008年10月，印度塔塔咨询服务公司（TCS）以约5.05亿美元的现金对价收购花旗集团旗下的总部位于印度的离岸业务流程外包分支机构CGSL的所有股份。这意味着在服务外包领域出现了新一轮的产业整合，而且是由发展中国家的服务外包公司对发达国家服务外包公司进行并购。2009年，尽管服务外包行业以收缩防御为主基调，但依然存在国内的领先外包企业，利用行业调整的有利时机，进行低成本扩张。从历史角度来看，这种扩张往往会为企业在增长期带来更大的发展机遇。

二、在岸外包市场

在岸外包（onshore outsourcing）是指外包商与其外包供应商来自同一个国家，因而外包工作在国内完成。美国、日本、欧洲企业的外包业务有很大一部分是发给在岸高端接包方，在境内完成服务外包业务，例如欧美企业多发给如IBM、EDS、埃森哲等公司，日本企业多发给NTT Data、NRI和NEC等公司，这样能更好地保证外包的质量。

在岸服务外包的国际发展趋势，一是表现在服务业，尤其是生产性服务业占GDP的比重不断上升。1980年以来，大部分经济合作与发展组织国家服务业占GDP的比重不断上升，例如美国由20世纪80年代的68.1%上升到2005年的76%，英国则由60%上升到75.9%。其中，金融、保险、房地产和商务服务等生产性服务行业的比重显著提高，例如美国的生产性服务行业占GDP的比重由1995年的28.7%提高至2005年的32.2%，日本则由24.4%提高到27.5%。但传统的批发和零售、旅馆和餐饮业的增长幅度不大。

二是表现在制造业对服务业，特别是生产性服务业的依赖程度不断增加。生产性服务业的核心是商务服务业。其中的战略性商务服务业，如计算机软件和数据处理服务、研究开发和技术服务、营销服务、人力资源发展服务以及商务组织服务等在发达国家的增长速度非常快。制造业对服务业的依赖度在逐渐提高，而对生产性服务业的依赖度提高得更快。

三、离岸外包市场

离岸外包（offshore outsourcing）是指外包商与其外包供应商来自不同国家，由于劳动力成本的差异，外包商通常来自劳动力成本较高的国家，外包供应商则来自劳动力成本较低的国家。离岸外包分为近岸外包和远岸外包。

目前发达国家在离岸外包中，有两种明显的选择倾向。一种是以欧洲和日本的近岸外包选择为特征，即在与本国距离较近和文化接近的区域进行服务外包，这样能够有很好的地理接近性和文化适应性。从欧盟国家企业对外包地的选择来看，除了印度占70%以外，它们更偏好于东欧国家、俄罗斯。日本也具有这种特点，日本的外包业务50%以上是在中国进行的。另一种是以美国的远岸服务外包选择为特征，虽然美国近年来也加大了对墨西哥等周边发展中国家的外包业务，这与墨西哥等国离美国本土较近，而且这些国家劳动力成本较为低廉有关。但从美国离岸外包的主要服务商来看，主要以印度、中国、菲律宾等距离较远，但成本低廉、人力资源丰富的区域为主。这为发展中国家实现相关产业的发展和产业结构的升级提供了较大的契机。

离岸服务外包可利用海外廉价的劳动力来大大降低成本，并且可以借助多个时区的外包提供商延长服务时间来满足全球各地客户的要求，因此正日益受到全球企业的关注，市场潜力巨大。全球离岸服务外包的发包国主要是欧美和日本等发达国家，美国约占了2/3，欧盟和日本占了近1/3，而现在以中国、印度、巴西等为代表的新兴市场国家正日益成为重要的外包承接国，其中亚洲的承接国最多，约占45%，印度是亚洲的主要承接国，其次是中国和东盟国家；欧洲输出外包的承接地主要为爱尔兰和东欧国家；拉丁美洲的主要承接国是巴西。近年来，随着一些发达国家如加拿大、澳大利亚等也加入了承接国际服务外包的竞争行列，全球服务外包的承接国逐渐形成三个不同层次，具体如表4—1所示。

表4—1　　服务外包承接国层次划分

层次	国家
优先承接国	加拿大、印度、爱尔兰、俄罗斯、菲律宾
第二承接国	澳大利亚、新西兰、中国、马来西亚、墨西哥、西班牙
第三承接国	中东欧、印度尼西亚、以色列、泰国、巴西、埃及、巴基斯坦、南非

资料来源：整理自《2010年中国服务外包行业研究报告》。

目前，全球IT服务离岸外包市场规模较大，但其增速却正在逐渐下降；相比之下，业务流程服务离岸外包相对较小，但其发展速度却在稳步增长（见表4—2）。

表4—2　　全球离岸外包规模及增速　　单位：亿美元

类型	2007年		2008年	
	离岸规模	增速	离岸规模	增速
ITO	25 476	31%	30 963	21.5%
BPO	256	24.2%	244	25.3%

资料来源：整理自《2010年中国服务外包行业研究报告》。

此外，离岸服务外包侧重于非消费者面临的环节。20世纪90年代末，离岸外包主要以劳动密集型和低增值型生产服务为主，如呼叫中心。21世纪开始，不仅原有劳动密集型外包不断扩展，而且知识密集型服务外包不断增加。伴随着这种变化，企业侧重于直接管理消费者关系，而将非消费者面临的环节进行服务外包，这些环节主要涉及知识性工作，如软件程序、工程师、设计、会计、法律咨询等。

第二节 服务外包离岸业务发包市场的模式与特点

一、美国服务外包市场

美国是全球最主要的服务外包发包国，其服务外包的总量占全球的40%以上，市场较为成熟。美国服务外包业务主要集中在纽约曼哈顿、旧金山硅谷和亚特兰大、洛杉矶等地区。

（一）美国服务外包市场的模式

据美国国际数据公司（IDC）统计，美国业务流程外包业务量占全球业务流程外包业务量的63%左右。美国企业的业务流程可分为三种：其一是具有后台管理性质的业务，如IT、人力资源、金融和财务、设施管理等，这一部分业务最适合外包；其二是运营业务，如制造、物流、客户服务和开发等，这一部分可以根据企业的商业策略，决定是否进行外包；其三是企业具有核心竞争力的关键业务流程，主要包括核心技术研究、主要产品设计与开发、市场与营销等，通常情况下，这一部分不实施外包。

（二）美国服务外包市场的特点

1. IT 外包需求旺盛

根据美国专注于制药产业、金融服务业、创新及实用调查信息的调查公司前沿资讯（Cutting Edge Information）公司最近发表的分析报告显示：约90%的美国公司至少有一项IT服务业务被外包，2007年，美国整个IT行业23%的职位都设在海外。美国各行各业都有较强的IT外包需求，根据IDC的研究报告，美国IT外包需求量最大的前10位行业分别为：制造业、银行业、政府、金融业、通信媒体、零售批发、服务业、公用事业、医疗健康、保险业。

2. 印度为最大接包方

据统计，美国本土90%企业的60%的软件开发外包到了印度。这是因为美国跨国公司为了降低服务成本，为顾客提供及时、优质的服务，常常实行整体性外包，即把某些服务的整个流程而不是某一项功能外包出去，这就要求接包方不仅具有廉价、能干的雇员，而且要具有良好的项目管理能力和组织协调能力。

3. 离岸外包发展迅速

美国离岸服务外包的发展异常迅速，根据美国杜克大学最新发布的离岸网络研究第五次年报中关于离岸外包的研究趋势显示：2005—2008年，建立离岸外包战略的美国企业数量已增长一倍，并且其中极少有企业会考虑将业务重新放回到美国。美国企业中拥有离岸外包战略的数量已经从2005年的22%上升到2008年的50%，这些企业中60%有离岸外包业务，并且从2007年开始的所有离岸外包项目中，大多数与产品和软件发展高度相关。而美国国内科学和工程领域人才紧缺则是当前离岸外包发展迅速的两大关键驱动因素。

但近年来，有业界批评人士认为，离岸服务外包不利于美国工人的就业，敏感技术工作岗位外包可能给美国的技术霸主地位带来潜在的威胁，而事实并非如此。前沿资讯公司的统计报告表明离岸外包将使2010年的美国计时工资增加0.12美元，使同期的美国投资增长382亿美元，而且因离岸外包而节省的费用到2010年将增长到204亿美元。另外，根据美国信息技术协会的调查显示，2008年，美国因离岸外包而节约的工资成本使美国国内增加31.7万个工作岗位，这些岗位涉及建筑、教育、医疗保健和金融服务等行业。另外，美国人口老龄化和低增长率使美国在2010年缺少450万劳动力，除去移民可以补充320万空缺外，其余的130万劳动力则需靠离岸外包来解决。而且，一旦接包国的经济出现增长，美国企业就拥有了新市场。分析认为，每个价值100美元的工作外包到海外，就会使美国企业获得130美元～145美元的投资。美国信息技术协会调查的还显示：服务外包能使美国GDP增加、出口扩大、劳动生产率提高。可见，外包其实可给美国带来巨大的商业利益，符合美国的国家利益。

二、欧洲服务外包市场

（一）欧洲服务外包市场的模式

欧洲的服务外包支出额居全球第二位。欧洲企业要在全球经济中展开竞争就不得不应对强势的欧元，需要更强的扩展能力和可盈利能力，这便产生了一种打破传统垂直整合经营模式的一般趋势，整体的外包业务呈现积极态势，近几年来欧洲服务外包市场更是飞速发展。

（二）欧洲服务外包市场的特点

1. 外包渗透率高

2008年，全球著名的安永会计师事务所进行了欧洲外包调查，对包括来自法国、英国、德国、意大利、西班牙和比利时等国的欧洲较大的、年收入超过1亿欧元的100多个企业的高层进行了服务外包调查询问，结果显示：在欧洲，70%的欧洲公司已经将其业务中的至少一项职能外包了出去，其中有20%的公司在未来两年要提升它们的外包规模和层次，因为这些公司越来越将外包看成一种取得竞争优势的手段。其中比利时的外包率最高，有81%的公司采用外包手段，法国的外包率最低，为63%。但是，法国外包出去的企业职能的范围最为宽泛，平均每个公司有5项职能被外包。尽管外包在英国很普遍（71%），但平均也只有三项职能被外包。欧洲企业选择外包的最大两个原因是节约成本（49%）和通过雇用专家而得到更好的质量（33%）。欧洲企业最常外包的职能是：维护（76%）、物流（73%）和计算/电信（68%）。在行业层面，金融业在采用外包方面是最成熟的，而银行业最集中于IT及通讯外包，接受率在75%。

2. 起步晚但发展迅速

欧盟的离岸服务外包业务开展得较晚，总量也不是太大，但是其发展却很迅速。全球BPO的发包市场中欧洲占26%，中型公司和跨国公司是离岸外包的主要客户，许多西欧国家选择将其业务流程外包到东欧，旨在节省成本和增强竞争力。

三、日本服务外包市场

（一）日本服务外包市场的模式

日本是亚太地区的服务外包主要发包方，它的支出接近全球服务外包的10%。自20世纪90年代初以来，日本经济一直处于低迷状态，增长乏力，这给日本企业的生存形成了巨大压力。随着世界范围内服务外包热潮的推进，日本企业也紧随美国企业之后，加入了离岸服务外包活动的行列。其外包模式受到日本文化和公司治理结构的深刻影响。在日本，由于单一民族文化的影响，企业间的关系是金字塔形的，这在日本制造业尤其是大型汽车制造企业，如本田、丰田等企业中表现得尤为明显。位于金字塔顶端的企业处于支配地位，与它形成直接供给关系的企业被称为一级接包商，与一级接包商形成直接供给关系的企业被称为二级接包商，依此类推。上下游企业因长期业务形成了固定的业务路径及彼此信赖的企业间和人际间的稳固关系，这造就了日本企业间特有的金字塔形结构关系。

（二）日本服务外包市场的特点

1. 金字塔形外包模式

在日本离岸服务外包尤其是离岸软件服务外包领域，企业之间的金字塔形紧密关系同样存在。在金字塔形外包模式中，作为总接包商（一级接包商）的企业从最终客户那里承接项目，进行总体设计和任务切割后，将各模块工作再分包给若干个二级接包企业，二级接包企业还会再寻找三级或四级接包企业帮助它一起完成模块的设计、代码转换或测试工作，当任务细分到这一层次后才有可能实行离岸外包。因此，日本的软件离岸外包业务多数属于三级接包或四级接包。

2. 信任关系的维持

日本的最终客户在发包的时候，不仅希望总接包商具有深厚的行业知识与较强的业务咨询能力，并与本企业有良好的信任关系，而且希望它有足够的抗风险能力和在日本本土承担法律责任的能力。因此，总接包商一般都是日本本土规模较大的企业。

在日本，客户不会清楚地将自己的需求用严格的文档方式表达出来，总接包商需要根据客户的业务特点，边与客户沟通，边进行系统的咨询、策划、设计。这就要求总接包商对客户的业务细节非常了解，因此国外厂商一般不容易进入日本的总接包商行列。在日本，能够作为总接包商承接大型客户系统开发的企业只有30多家，如NEC、索尼和富士通等。这些企业往往控制着软件设计等高端业务，在对整个项目过程进行认真切割后，再将那些技术含量较小的低端业务外包给中国等临近国家，因此日本软件外包单量规模普遍较小。

3. IT离岸外包增长

日本IT服务离岸外包的总规模仅为其IT服务市场的1%左右，但近年来，由于世界IT业竞争的日趋激烈，迫使日本IT企业不得不选择成本较低的海外IT服务外包，以缓解竞争压力。同时，日本IT业的技术开发人才严重短缺也迫使其不断增加离岸业务量。目前，日本仅IT软件编码业的技术开发人才的缺口就在10万人左右。由于人手不够，日本存储软件领域的国际外包比率高达81%，远超美国47%和欧洲35%的比率。日本离岸服务业务的一半以上发包到了中国，相近的文化与共同的方块文字，是中国在日本的软件服务市场占有如此大份额的根本原因。所以在未来的10年内，日本的软件服务市场仍将是中国离岸外包市场的快速增长空间。

第三节 服务外包离岸业务接包市场的模式与特点

一、印度服务外包市场

（一）印度服务外包市场的模式

印度是承接国际服务外包业务最早的国家之一。20世纪80年代以来，一些欧美跨国公司为了强化核心业务，提高工作效率，将一些IT非核心业务外包。由于印度传统上重视数理逻辑、英语教育，软件工程师数量居世界前列，且劳动力成本低廉，欧美跨国公司便纷纷把这些非核心业务交给印度公司承包，服务外包业在印度孕育而生。随后20多年来，西方企业在印度逐步建立了呼叫中心、数字运算和软件开发等多种机构，印度服务外包业迅速发展起来，尤其在软件外包方面每年增速高达30%以上，最高时超过50%。由于成本和质量上的综合优势，印度成了迄今为止最受离岸外包发包方青睐的地区，成为世界的后台办公室，是全球最大的服务外包承接国，尤其以软件外包著称。

目前，印度已占据全球离岸服务外包市场总额的46%及全球离岸软件外包市场总额的65%，其中90%以上的接包业务来自欧美国家，对美国离岸外包业务更是处于垄断地位。《财富》世界500强企业中有1/5在印度设立了研发中心，有220家从印度获得软件支持。如今，印度软件产业占GDP的比重达到5%以上，占出口的比重达到16%以上。可以说，印度软件外包行业的蓬勃发展推动了印度经济的腾飞。

印度服务外包产业模式可大致概括为：借助低成本、高技能的人力资源优势，在政府全方位优惠政策和行业协会的支持下，以出口为导向，积极开拓国际软件外包服务市场，形成了以承包软件服务出口为代表的产业模式。从宏观层面来看，印度在20世纪90年代的市场化改革推动了经济的高速发展，加快了国际化脚步，并抓住了全球服务业产业转移的契机，比较成功地融入经济全球化进程之中。具体来看，准确的市场定位、大量相对廉价的高技能“软件蓝领”、数量众多的高等教育研发机构、严格的知识产权保护法律法规、软件技术园的兴建、行业协会的积极推动、外包企业几乎“零税负”的政策优惠、严谨的软件开发程序与质量控制等，都是印度今天外包产业成功的重要影响因素。

（二）印度服务外包市场的特点

1. IT外包业务的蓬勃发展

印度的服务外包行业协会NASSCOM成立于1988年，它是一个以公司形式注册的非营利组织，现有980多个成员，分别来自美国、英国、欧盟、日本和中国，涉及软件发展、软件服务、软件开发、软件产品和BPO服务各行业，其总收入占印度软件产业的95%。该协会在帮助印度成为全球外包行业基地中发挥了重要作用，主要体现在：与政府沟通，帮助其进行产业规划，协调建设软件科技园，争取有利于软件发展的政策优惠；与WTO沟通，争取在世界贸易组织中的有利地位和条件；帮助企业与电讯行业谈判，争取低价格的优良服务，维护企业知识产权；与大学等机构沟通，开展人才培训，通过设立基金的方式进行电脑知识的普及，特别是向贫穷落后地区推广；推动服务外包由后端办公服务等业务向金融、保险、软件开发与研究等领域发展。

印度有自己著名的软件之都班加罗尔，被公认为软件外包产业的发源地，同时也是软件外包产业发展最成功的地方。印度于1992年在该市建立了本国第一个计算机软件科技园区，核心区面积仅为1.5平方千米的班加罗尔软件科技园区现在是全球第五大信息科技中心和世界十大“硅谷”之一，软件出口份额占印度的70%以上。其后印度又在各地建立了18个具有国际先进水平的软件技术园区，这些园区具有宽松的贸易和投资环境，通过园区税收、土地的优惠政策，印度的软件企业得到快速的发展，培育了一批知名的服务外包企业，如塔塔集团、印孚瑟斯、威普罗（Wipro），这些软件企业的人员规模都在万人以上，盈利在20%以上，服务外包合同完成率高达96%以上。目前印度服务外包业的从业人员达到300万人，其中软件公司的雇员总数仅次于美国。

2. 金融危机后面临挑战

2008年全球陷入金融危机，美国经济遭受沉重打击，印度由于过于依赖美国服务外包市场，过去几年一直保持两位数增长的印度服务外包出口增速放缓。NASSCOM在一份声明中表示，2008财年，印度服务外包出口仅增长4%～7%，这一趋势将延续至2009年和2010年。而且，金融危机使得欧美国家倾向于将服务外包业转移到劳动力成本更低的中国、菲律宾等国家和地区，这也给印度带来了前所未有的挑战。

2009年1月爆发的印度萨蒂扬软件技术有限公司的丑闻使印度的服务外包业雪上加霜。很多全球性大公司对印度软件公司的管理产生质疑，已经开始回避与印度的离岸外包供应商合作。有调查显示，受萨蒂扬丑闻的影响，63%的企业对印度提供的外包服务产生了新的顾虑，其中很大一部分企业表示不会再与印度的外包公司合作。客户认为印度外包供应商存在的最大问题是通信不畅、不合格的从业人员以及极高的核心人员更替率。58%的参与者认为印度的服务供应商并不能快速地完成自己托付的任务。

3. 竞争加剧

印度服务外包供应商正面临着外来的竞争，而且随着其他国家在服务外包领域的逐渐深入，竞争将越来越激烈。因此，印度离岸外包企业想要保持自己的领先地位就必须认真地重新评估自己的优势和缺陷，并重新调整自己的业务计划。它们除了面对现实没有其他选择，唯有通过把握新的市场动态、创造赢得业务的新方法和提供具有附加值的服务让要求越来越高的客户满意。

印度软件外包行业收入与全球GDP增速的比较如图4—1所示。

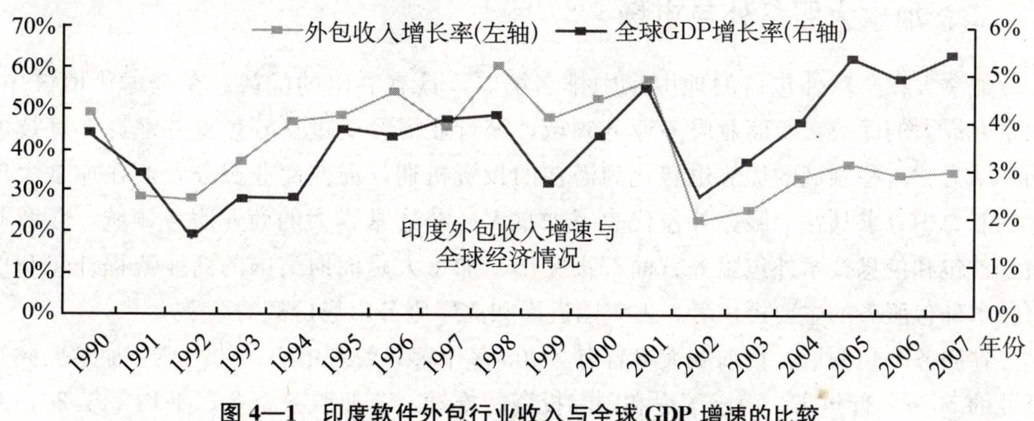

图4—1 印度软件外包行业收入与全球GDP增速的比较

资料来源：整理自《2010年中国服务外包行业研究报告》。

(三) 印度服务外包的成功因素

1. 合理的业务选择和市场定位

合理的业务选择和市场定位是印度模式成功的原因之一。首先，印度的软件市场供大于求，且当时美国部分企业为了降低成本、提高核心竞争力，将非核心的软件研发业务外包出去，形成了一个庞大的需求市场，促使印度软件外包产业的出口导向型发展战略的确立。其次，印度深受西方国家的影响，在文化上与美国有认同感，且印度许多软件开发人员都有在美国研发的经历，他们了解美国 IT 技术发展状况及外包的技术方式，因此印度选择美国作为承接对象。

2. 全方位的政府支持

印度政府为促进服务外包产业的发展，在基础设施、政府政策、知识产权保护等方面不断完善本国的环境。例如，印度政府推进光纤网络、卫星通讯网络和无线网络升级，促进全国范围内互联网、企业网和外部网的快速发展；制定《计算机软件出口、软件发展和软件培训政策》，明确印度软件产业发展战略目标，并对从事 IT 外销的企业给予特别的优惠政策。另外，印度还制定了版权法保障软件产品的知识产权。

3. 培养高素质的软件人才

印度软件外包产业的发展，依赖于大量的高素质软件人才。自 20 世纪 80 年代中期提出“要用教育和电子革命把印度带入 21 世纪”的口号以后，印度逐渐形成了“全民学软件”的氛围，培养了一大批被世界誉为“一高一低”型的“软件蓝领”。“一高”是专业素质高，“一低”是工资诉求低。其软件教育的突出特点就是重视应用培训，软件课程的设置围绕企业软件的需求，学生与新技术的发展不脱节，加上印度英语教育方面的优势，使得印度的软件毕业生一出学校就已具备较全面的实际工作能力。目前，印度软件人才的培养主要有三个途径：一是依靠高等院校培养；二是私营的商业性软件人才培训机构；三是软件企业自身的培训机构。

二、加拿大服务外包市场

加拿大在全球外包目的地国家中排名第二，具有突出的优势。在全球价值链中，加拿大最大的优势在于商业服务业务领域，该行业需要受过良好教育并掌握熟练技术的劳动力。这些领域的优势也转化为潜在的投资机遇，促使商业服务企业在加拿大现存的能力中寻求利益。服务外包代表了加拿大一个非常强大的商业服务领域，在商业流程外包和信息技术外包服务方面都很突出。加拿大是面向美国的商业流程外包和信息技术外包服务的主要提供者，占美国近岸和离岸服务市场份额的 30%。

在服务外包领域，目前安大略省有 7 000 多个客户管理中心，约占整个加拿大此类企业的 50%。近年来，由于国内和国际投资的推动，商业服务企业以平均每年 20%左右的速度增长。位于安大略的主要国际商业流程外包企业包括埃森哲咨询公司、凯捷咨询公司（Capgemini）、CGI、ClientLogic、Convergys 和 EDS。印度六大商业流程外包企业中的三家：印孚瑟斯信息技术有限公司、塔塔咨询服务有限公司和威普罗都已经在安大略建立了商业流程外包公司。

加拿大服务外包成功的因素主要以下几点：

（一）与美国的地缘优势及语言优势

尽管美国关于软件和呼叫中心外包的争论主要集中在印度、菲律宾、新加坡和其他遥远的区域，但是外包在加拿大的大规模增长已经引起了不少的关注。在外包业务工作人员的数量上，加拿大落后于印度，但是加拿大的稳定性、亲近感、语言的一致性和与美国文化的相似都更易于吸引较高价值和更精致的工作。

作为商业服务的近岸提供者，加拿大的劳动力非常熟悉美国商业运作方式和习惯，可提供与美国市场需求和期望相一致的服务。对于欧洲本土那些寻求建立公司以服务北美市场的企业来说，加拿大的劳动力既与欧洲有更亲密的文化关系，也仍然具有能够很好地服务于美国客户的基础。

（二）优秀的商业环境

加拿大基础设施完备，劳动力素质和技术水平较高，政府财政连年有盈余，财政政策稳健，加之受到国际恐怖主义威胁比较小，国内政局比较稳定，经济政策具有连续性，贸易法规也比较完备，因此，商业运作成本相对低廉，同时加拿大实行的是联邦税率扣除120%的优惠政策。此外，加拿大国内外财政和商业组织在政府促进私有企业竞争的政策中起到了积极的作用。通过私有化、税收体制改革，减少政府在财政、交通和通讯业中的限制，降低政府对中小型企业的控制，以及实施《美国加拿大自由贸易协议》和《北美自由贸易协议》等政策，使得加拿大的外商投资环境更具吸引力。

（三）优秀的供应商能力

加拿大的服务提供商在行业管理领导者和高级项目经理方面，有着丰富的专业人才和技能训练。加拿大是世界上劳动力受教育程度最高的国家之一，在经济合作与发展组织成员国中高等教育水平最高。半数以上的加拿大年轻工人接受了中学以上的教育，比美国、荷兰或印度的比例高得多。除了当地培训的人才，加拿大从其他国家吸收的技术工人也占很大的比重。

三、爱尔兰服务外包市场

爱尔兰现在是全球最重要的服务外包承接地之一，是欧洲市场上最主要的接包国。目前在欧洲市场上，43%的计算机、60%的配套软件都是在爱尔兰生产的。由此，爱尔兰赢得了“凯尔特之虎”、“欧洲软件之都”、“新的硅谷”、“软件王国”等美誉。爱尔兰的服务外包企业以高端服务为主，很多服务外包企业都具有核心竞争优势，在爱尔兰知名度很高的公司都拥有自己的主导产品或服务。

爱尔兰香农开发区是全球最重要的服务外包基地之一。开发区内现有本土公司610多家，国外公司120多家，英特尔、GE、汉莎技术、赛门铁克、戴比尔斯等10余家全球500强企业或知名公司均在区内投资设立了大规模的研发、服务企业，涉及行业包括航空业、信息通讯技术、计算机软件和电子产品、国际服务、工程配送、化学及制药等。

爱尔兰服务外包成功的主要因素有：

（一）政府的大力支持

爱尔兰政府大力支持本国服务外包产业的发展，制定了一系列的支持措施和政策，包括建立完善的法律环境、制定税收优惠政策和明确的企业政策。例如，制定了《电子商务法》，承认电子合同及电子签名的法律效力，实行税率优惠和政府补贴政策，在自由贸易区内注册的公司进口物品免征增值税等。同时，政府大力投资建设服务外包产业的基础设施，现在爱尔兰拥有世界一流的电信通讯设施，为全球第四大宽带网络通讯国家。

（二）丰富的人力资源

爱尔兰人力资源充沛，高素质人才储备充足，其良好的教育和培训体系为软件产业的发展奠定了坚实的基础。爱尔兰全国 37% 的人口年龄在 25 岁以下，60% 的年轻人受过高等教育，其中多数主修商业、工程和计算机科学专业。该国的软件专业学生前两年学习基础知识，第三年在生产一线实习，第四年进行独立设计。这样，学生在毕业之后就具有实际工作经验和项目领导能力。另外，爱尔兰的高校具备较强的 IT 开发能力。跨国公司投资爱尔兰的原因之一，就是其具有大量具备较强的研发能力和能够适应信息技术高速发展的人才。

（三）地缘优势和文化优势

爱尔兰以英语为官方语言，语言障碍较少，这也是转移服务外包业务尤其是软件外包业务的欧美跨国公司较为看重的条件。同时，作为欧盟成员国，欧盟公民在爱尔兰享有务工自由，劳动力流动便捷。欧盟市场有 20 多种语言的实际需求，爱尔兰可以吸引欧盟区其他国家的双语和多语技术人才，将美国软件公司的产品欧版化，即翻译成为不同语言的软件产品。这样，爱尔兰就成为美国公司进入欧盟市场的门户。

（四）较低的工业成本

爱尔兰虽是欧盟成员国，但长期以发展农牧业为主，工业用地取得成本相对较低，相当于欧盟其他国家平均成本的 60%，拥有较大的成本优势。

四、菲律宾服务外包市场

菲律宾自 2001 年开始发展服务外包产业以来，依靠高素质的英语人才和先进的信息技术通讯设施，服务外包产业成为其近年来发展最快的行业之一。截至 2009 年，菲律宾已占有全球离岸外包市场份额的 20%，仅次于印度。2010 年，菲律宾的服务外包业收入年增长率达 26%，总额达 89 亿美元。其中份额最大的呼叫中心业务年增长率达 21%，收入总额达 61 亿美元，菲律宾已超过印度成为呼叫中心行业的领头羊。截至 2010 年，菲律宾共有 52.5 万人从事服务外包工作，该行业提供的就业人数年增长率达 24%。

在菲律宾投资服务外包领域的国家主要是美国、日本、韩国和欧洲国家，美国在菲律宾服务外包市场占据 60%～70%的份额，目前在菲律宾的主要美国客户有宝洁、戴尔、美国国际集团、花旗集团等著名跨国企业。

菲律宾服务外包成功的主要因素有：

(一) 财政优惠

菲律宾为发展服务外包提供的财政优惠有：(1) 为在经济特区注册的某些企业提供长达 4 年的所得税免税期（可延长至 8 年)，其次是可选择缴纳 5%的特殊毛收入税，以代替其他国家和地方所征税种。(2) 为资本设备提供进口税和关税减免。(3) 可额外扣除某些劳动费用。(4) 免征码头使用费、进口关税和费用。

(二) 非财政优惠

菲律宾也为大力发展服务外包业务提供了非财政优惠的手段，包括：无限制使用托运设备、进口开展业务所需设备或物资时，享受通关便利，在人才引进方面，外国公民可在服务外包企业从事管理、技术和咨询岗位 5 年时间，经投资署批准，可延长期限。总裁、总经理、财务主管或与之相当的职位人员可居留更长时间。

(三) 大力培养服务外包人才

为增强本地人才的竞争力，菲律宾政府拨专款设立面向服务外包业的应用型人才培训基金，为达不到公司录用标准的求职者发放培训券，免费提供各种技能培训，还承诺将经过培训就业的人员所新增的个人所得税再用于补充培训基金。菲律宾政府已多次向上述基金拨款，每次 1 000 万美元。2007 年，政府还特别为 70 000 个呼叫中心职位及其他 BPO 行业工人拨款 800 万美元。

(四) 重视品牌建设

菲律宾政府十分重视服务外包产业的发展，除对外国投资在菲律宾设立服务外包企业给予税收优惠政策外，还采取积极进取的宣传策略，向全球宣传菲律宾服务外包产业的优势。去年，菲律宾贸易投资中心与菲律宾服务外包行业理事会在美国联合组织了多场活动，向美国企业宣传菲律宾服务外包产业的发展成就。2010 年 9 月，阿基诺总统在首次访美期间，与已经在菲律宾或即将在菲律宾开展服务外包业务的美国公司的总裁们召开座谈会，向其保证本届政府将全力支持美国公司在菲律宾开展服务外包业务。

第四节　综述：国际服务外包的区域性竞争趋势

2004 年 5 月，在北京机场路上一处最昂贵的户外广告立柱上悄然打出了“大连，中国 IT 外包中心”的巨幅广告，这是中国的城市或者说产业界第一次向世界发出了发展服务外包的声音。什么是 IT 外包？在国人还懵懵懂懂的时候，所有来到北京的跨国公司高管们却眼前一亮，兴奋不已，纷纷跑到大连这座原本鲜有国际知名度的滨海城市寻求巨大的商机。

时隔不到 3 年，2007 年 3 月 19 日，全球最权威的服务外包行业盛会——Gartner 外包峰会暨展会在美国得克萨斯州达拉斯市举行，来自中国北京、天津、大连、上海、南京、西安 6 个服务外包基地城市和中软、东软、博彦、软通、文思等 28 家国内知名的服务外包企业的代表组成的 139 人的庞大代表团参加了此次盛会，这是中国服务外包行业第一次以国家形象出现在世界的面前。与此同时，中国服务外包代表团打出了一个代表中国服务外包的统一品牌“China Sourcing”（中国资源），引起了全球的高度关注。

“China Sourcing”这个原本由北京软件与信息服务业促进中心委托加特纳咨询公司为其进行服务外包行业咨询而创造出来的特殊词汇，一经推出，马上得到了国家各部委和产业界的一致认同，“China Sourcing”已经成为被全世界广为接受的代表中国服务外包的国家公共品牌。中国就此开始在国际服务外包的舞台上扮演起越来越重要的角色。

从 20 世纪 90 年代服务外包开始快速发展至今，全球服务外包发包市场仍主要集中在美国、西欧、日本与韩国，从这三个地区转移的服务外包数量约占全球总量的 90%。金融危机之后，随着全球经济回暖和市场环境的改善、消费者信心的增强以及信贷规模的增加，各种信息技术和业务流程外包服务需求也将逐渐复苏，许多因金融危机放弃或推迟的外包计划将重新启动，传统发包市场将加速复苏。

当然，全球服务外包的发展还受到多方面因素的影响。推动全球服务外包的发展，既有积极的因素，也存在一些不利的因素。其中，积极方面的因素包括：各国政府纷纷积极制定鼓励服务外包的政策，服务贸易障碍的逐渐消除与技术进步有利于外包的发展，发展中国家基础设施条件与科技配套能力在稳步提高，外包范围的拓宽扩大了全球服务外包的市场规模。不利的因素包括：反对“服务全球化”的浪潮时有出现，贸易保护主义的抬头和巨大的就业压力会增加发达国家内部的反离岸呼声，美元的贬值等因素造成客户对外包成本将更加敏感，这会考验接包企业的能力，知识产权保护问题也将是影响全球服务外包的重要因素，业务外包风险的存在将影响服务外包规模的扩大。但是展望未来，各界普遍认为，服务外包的发展将是不可阻挡的趋势，服务外包已成为当今世界新一轮产业革命和转移中不可逆转的必然趋势。

因此，随着服务外包的迅速发展和市场规模的快速扩大，服务外包已吸引了全球众多国家的广泛关注，承接服务外包的国家和地区在不断增加和变化。为了抓住本轮世界经济结构调整的机遇，在国际竞争中获得领先发展的优势，越来越多的发展中国家正致力于发展服务外包。国际知名的咨询机构科尔尼咨询公司（A. T. Kearney）从 2004 年开始发布全球服务外包目的地吸引力指数报告，最新资料显示，除印度、中国、菲律宾、爱尔兰、加拿大等传统的离岸服务接包地之外，据统计有近 80 个新兴国家正将其发展定位在服务外包领域，纷纷出台了促进服务外包产业发展的政策。印度、菲律宾、爱尔兰、中国和巴西等国由于具有成熟度高、交付能力强等优势，继续成为世界最关注的离岸外包承接市场。中东和北非地区，如埃及、约旦、突尼斯等国，由于人口受教育水平较高，劳动力成本相对低廉，并拥有接近欧洲市场的地理优势，正在成为重要的服务外包承接地。各个国家都在发挥各自优势，共同参与市场竞争，成为服务产品的提供方。同时，一些发达国家的欠发达地区为促进就业和本地经济发展，也出台了相关政策以促进产业发展。如美国爱达荷州首府博伊西市、印第安纳州首府印第安纳波利斯市也开始通过接包，来促进本地就业与经济发展。世界不同国家和地区的服务外包竞争优势比较如图 4—2 所示。

图 4—2　全球服务外包竞争优势比较

资料来源：中国服务外包研究中心：《中国服务外包发展报告 2009》，9 页，上海，上海交通大学出版社，2010。

从全球范围来看，随着新一轮地区经济结构调整和国际产业转移的加速，今后一段时期，世界各国对服务外包这一新兴发包市场的争夺将愈发激烈。新兴离岸服务外包接包地的比较如表4—3所示。

表4—3　新兴离岸服务外包接包地比较

优势	代表地区
BPO	埃及、突尼斯、摩洛哥、毛里求斯
客服中心行业	加纳、南非
与西欧市场紧密联系	斯洛伐克、罗马尼亚、俄罗斯、乌克兰
西班牙语相关的技能服务	墨西哥
ERP支持和维护	巴西
分享服务	哥斯达黎加

资料来源：中国服务外包研究中心：《中国服务外包发展报告2009》，120页，上海，上海交通大学出版社，2010。

经过几年的努力，中国服务外包企业在保持对日本市场的优势竞争力的同时，在开拓美国市场方面也取得了一定成效。2009年，在日本市场仍保持一倍以上的增速情况下，美国市场在合同签约金额和增长速度方面都超过了日本市场，成为中国服务外包产业的第一大发包国。2009年中国离岸服务外包业务10大来源地如表4—4所示。

表4—4　2009年中国离岸服务外包业务10大来源地

序号	国别/地区	合同签约金额（万美元）	比重（%）	合同执行金额（万美元）	比重（%）
1	美国	412 941.3	27.95	281 137.8	27.85
2	日本	253 337.9	17.15	206 263.2	20.43
3	中国香港	124 974.4	8.46	89 893.4	8.91
4	新加坡	77 856.1	5.27	45 356.7	4.49
5	中国台湾	38 805.4	2.63	34 371.1	3.41
6	荷兰	58 049.2	3.93	25 887.1	2.56
7	英国	35 905.4	2.43	23 588.2	2.34
8	德国	32 395.0	2.19	22 846.5	2.26
9	印度	25 728.1	1.74	19 910.8	1.97
10	韩国	31 999.7	2.17	19 547.9	1.94

资料来源：中国服务外包研究中心：《中国服务外包发展报告2009》，12页，上海，上海交通大学出版社，2010。

随着我国服务外包产业政策日趋完善，服务外包企业竞争力不断提升，服务外包专业人才培养和输送能力的不断加强，中国服务外包企业必将在国际服务外包领域发挥举足轻重的作用，"China Sourcing"也必将成为全球化舞台上的靓丽风景。

案例与分析

宝洁公司将人力资源管理外包给IBM

发包方：

美国宝洁公司是世界最大的日用消费品公司之一，全球雇员近10万人，在全球

80 多个国家设有工厂及分公司，所经营的 300 多个品牌的产品畅销 160 多个国家和地区。其产品包括洗发水、护肤用品、化妆品、婴儿护理产品、妇女卫生用品、医药、食品、饮料、织物、家具护理及个人清洁用品。

接包方：

美国国际商用机器公司（IBM）已有 80 多年的历史，它是世界上最大的信息产业跨国公司，有遍布世界的 100 多家分公司，拥有 40 万名员工，年营业额超过 1 000 亿美元。多年来，它向市场上推出的各种型号计算机称霸世界。超级计算机“深蓝”在与国际象棋世界冠军的世纪大战中最终获胜，使 IBM 更是妇孺皆知。

外包内容及实施过程：

宝洁公司和 IBM 于 2003 年 9 月 9 日签署了一项为期 10 年、价值 4 亿美元的全球协议，IBM 全球业务咨询服务事业部将为宝洁公司提供人力资源业务转型外包服务。根据协议，IBM 从 2004 年 1 月 1 日起为宝洁公司 80 个国家的近 9.8 万名宝洁员工提供服务，包括：工资管理、津贴管理、补偿计划、移居国外和相关的安置服务、差旅和相关费用的管理以及人力资源数据管理。IBM 还将利用宝洁公司现有的处于领先地位的全球 SAP 系统和员工门户网站，为宝洁公司的人力资源系统提供应用开发和管理服务。

这份名为“BPO”（业务流程外包）的协议中明确规定，宝洁公司人力资源部门约 800 名职员将被抽调到 IBM 的人力资源业务转型外包团队（HRBTO），他们将与 IBM 全球业务咨询服务事业部的人力资源小组一起，构成世界领先的人力资源专业服务组织。

外包效果及评价：

这份协议为宝洁公司带来了很多益处：(1) 它将使宝洁公司能够通过流程改造、技术集成和最佳实践来改进服务和减少人力资源成本；(2) 通过为高层管理人员提供统一、精确和标准化的实时员工报告，进一步改善决策质量；(3) 能够以更加实时、灵活和随机应变的方式提供各种员工服务。通过此次外包，IBM 为宝洁公司的员工服务带来了丰富的业务流程知识、深入的技术专家知识和一个灵活、快速响应的业务模型。IBM 领导了业务转型外包市场，这给宝洁公司和 IBM 以及客户带来多赢的效果，很多员工也将从更大的未来事业潜力中受益。

资料来源：曾松、郑雄伟：《国际外包全球案例与商业机会》，375 页，北京，经济管理出版社，2008。

本章小结

20 世纪 80 年代以来的国际产业转移中，离岸服务外包呈现显著增长趋势，并迅速从发达国家向新兴经济体延伸。虽然当前及今后一段时间，全球发包市场仍将主要集中在美、欧、日等发达国家，中国、印度、爱尔兰、菲律宾和俄罗斯等国家将是全球外包市场的主要承接国。如今的服务外包行业已经极具规模，且业务范围由最初的IT服务外包逐渐扩展到更高层次的业务流程外包，两者共同成为目前服务外包业的主要业务领域。从服务外包离岸业务发包市场的模式与特点来看，美国是全球最主要的服务外包发包国，其服务外包的总量占全球的45%，市场较为成熟；欧洲的服务外包支出额居全球第二位，占全球支出的34%；日本是亚太地区的服务外包主要发包方，其支出占全球服务外包的8%。

从服务外包离岸业务接包市场的模式与特点来看，印度是承接国际服务外包业务最早的国家之一，由于成本和质量上的综合优势，印度成为迄今为止最受离岸外包发包方青睐的地区，成为世界的后台办公室，是全球最大的服务外包承接国，尤其以软件外包著称。加拿大在全球外包目的地国家中排名第二，在全球价值链中，加拿大最大的优势在于商业服务业务领域，是业务流程外包和信息技术外包服务的主要提供者。爱尔兰现在是全球最重要的服务外包承接地之一，是欧洲市场上最主要的接包国，拥有“凯尔特之虎”、“欧洲软件之都”、“新的硅谷”、“软件王国”等美誉。另外，菲律宾尽管看上去是充满政治斗争和腐败的国家，但其政府却在尽一切可能地通过各种税收优惠政策吸引更多的外国公司将业务外包给本国的企业。

思考题

一、简答题

1. 20世纪80年代以来，离岸服务外包经历了哪三个发展阶段？
2. 在岸外包市场与离岸外包市场有哪些不同？
3. 印度在承接国际服务外包业务时有哪些优势？

二、论述题

1. 比较美国、欧洲和日本在离岸业务发包市场上的角色定位。
2. 结合本章所学知识，分析安永会计师事务所《2008年欧洲外包调查》的结果。
3. 从服务外包承接国划分层次来看，中国属于第二承接国，对此你有何看法？

第五章

服务外包的中国市场

中国产业结构的转型

中国服务外包接包市场发展概况

中国服务外包发包市场发展概况

综述：中国能否成为全球第三大服务外包市场

学习目标

1. 了解中国产业结构的转型。

2. 理解从“中国制造”到“中国服务”的升级、从“生产外包”到“服务外包”转型的内涵。

3. 掌握中国服务外包接包市场的发展状况、发展特点和发展趋势。

4. 掌握中国服务外包发包市场的发展状况、发展特点和发展趋势。

5. 能够运用所学知识分析相关案例。

重点难点

重点：

1. 对从“中国制造”到“中国服务”升级内涵的把握。

2. 对从“生产外包”到“服务外包”转型内涵的把握。

难点：

1. 中国服务外包接包市场相关状况的认识。

2. 中国服务外包发包市场相关状况的认识。

第一节　中国产业结构的转型

服务外包是现代高端服务业的重要组成部分，具有信息技术承载度高、附加值大、资源消耗低、环境污染少、吸纳就业能力强、国际化水平高等特点。面对这些优势，争抢国际服务外包产业转移这一巨大市场成为发展中国家的选择。中国要牢牢把握这一机遇，大力承接国际（离岸）服务外包业务，不仅有利于转变外贸增长方式，扩大知识密集型产品出口，而且有利于调整外商投资结构，提高外资利用质量和水平，由此实现从“中国制造”向“中国服务”、从“世界工厂”向“世界办公室”的产业转型。

一、当前形势呼唤产业结构升级

当前，发达国家已经进入后工业化社会，它们在致力于发展高科技含量的信息产业、第三产业的同时，逐渐将劳动密集型、资本密集型和技术相对滞后的技术密集型产业向海外转移。新兴工业化国家和地区在完成工业化之后，也开始了产业结构的转型和升级，它们在承接发达国家转移过来的技术密集型产业的同时，将一部分劳动密集型产业和资本密集型产业向其他发展中国家转移。当前由发达国家主导的全球产业结构的大规模调整，势必有力地促进中国的产业结构升级。一方面，中国日益完善的基础设施、大量廉价且素质较高的劳动力和广阔的市场，使得中国日益成为外国投资和产业转移的理想场所；另一方面，入世后中国政府要履行对世界贸易组织的承诺，依据世界贸易组织的规则和章程，进一步深化市场经济体制改革，完善法律和制度环境，逐步取消对外资企业在融资、销售市场和经营领域等方面的各种限制，使外资企业享受到国民待遇。外资企业经营环境和经营条件的改善，将有力推动外商投资规模的扩大，加速外国产业向中国的转移，从而促进中国产业结构的大规模调整。

在经济全球化背景下，国际分工模式已经由单纯的国家间的产业分工转化为产业间分工和产业内分工并存。中国加入 WTO，标志着中国主动融入全球化经济，这就使得中国不仅能够根据本国的资源优势，参与国际产业分工，而且能够深入到国际（主要是跨国公司）产业内部组织生产，参与在整体上处于劣势而在产业链条上仍具有比较优势的某一产业的生产和竞争。因此，国际产业分工的这种变化必然导致中国在产业结构布局上具有明显的层次性，不同技术水平的产业将在一个较长时期内并存。同时，参与国际较高层次产业内部的分工，也为中国产业结构的高度化演进奠定了技术和管理基础，加快了中国产业结构的转型。

二、从“中国制造”到“中国服务”的升级

如今的中国，以“中国制造”为基础的社会经济发展正面临着一个拐点。也就是说，中国正在从以“生存”为主导的“温饱型”社会经济模式逐渐转向以“消费”为主导的“发展型”社会经济模式。这个转变基于两个基本估计：

其一，以“中国制造”为基础的中国经济已经基本完成原始积累。其标志是：中国拥有世界第一的外汇储备，2009 年，中国外汇储备为 23 992 亿美元，中国的居民储蓄存款余额已达 260 772 亿元人民币；中国工商银行、中国银行、中国建设银行位居全球大银行市值排名前三位；等等。

其二，以“中国制造”为基础的经济增长对解决绝对贫困问题作出了巨大贡献。按 2009 年农村贫困标准 1 196 元测算，到 2009 年年末，中国农村贫困人口还有 4 007 万

人，但与此同时，得到政府提供的最低生活保障的农村居民有 4 759 万人。从这个意义上说，个人温饱问题在中国已基本解决，“吃饭问题最大”已然成为历史。

既然如此，摆在中国面前的一个问题是：中国制造，为谁制造。中国幅员辽阔，土地及自然资源丰富，劳动力成本低，经济发展潜力巨大，因此，改革开放后，中国政府抓住经济全球化的第一波转移浪潮，把发展制造业作为首选，特别是承接了大量制造业的外包，从制造业外包中，中国获得了巨大的利益，推动了外向型经济的发展。事实上，从 20 世纪 80 年代以来，中国 GDP 的增长一直是依赖外向型经济的。据媒体透露：中国外贸依存度为 70%～80%，而官方的数字则是 60%以上。所以，至少迄今为止，中国的市场仍然是不健全的，因为经济系统中“消费”这一环节主要在国外，而中国的可持续发展必然来自中国本国消费的持续增长。

2006 年世界银行发布的一份报告表明，20 世纪 90 年代末以来，消费在中国经济中所占的比重一直在下降，目前的消费率不仅远远落后于美国，甚至与印度等发展中国家相比也有相当大的差距。中国的居民消费受到压抑，是因为在第一次分配和第二次分配中都存在问题，加之中国的公共服务和社会保障体系不健全，使得中国老百姓因为顾忌老年、疾病、失业、伤残等风险，加上住房、教育等方面的压力，始终不敢大胆消费，导致中国的居民储蓄猛增，2009 年，已经接近于当年的 GDP 总额，是政府财政收入的 4 倍多。

国际经验告诉我们，真正的转型是人的转型。一个国家在从“脱贫”转向“消费”的拐点上，都必须格外重视国民收入的分配问题。在中国，就是要使“中国制造”的制造者们的收入能够支持其正当的、合理的消费需求。从更深层的意义上看，是要进一步转变中国的社会结构，发展和壮大中产阶层，改变社会结构落后于经济发展的现状，使中国人的价值理念、行为方式和生活方式紧跟时代潮流。因此，一个国家在从“脱贫”转向“消费”的拐点上，经济转型是必然的。

三、从“生产外包”到“服务外包”的转型

改革开放以来，我国制造业的发展取得了长足的进步。目前，我国制造业正处于从传统制造业向先进制造业转变的关键阶段。而服务外包是制造企业将非核心生产环节外置化，使分工更加深化和细化。实践证明，制造企业实行服务外包，将信息服务、物流服务、人事培训和商务流程等外包给专业性更强的企业外第三方，可以极大地提高本企业的运作效率，使企业全力以赴培育自己的核心竞争力，实现生产效率和能力的成倍提升。可见，发展服务外包对于我国突破传统制造业发展的瓶颈，跻身世界先进制造业显得尤为关键和紧迫。

大连软件园服务外包产业研究中心 2007 年发布的研究报告提出两个“20”的观点被业内普遍接受。根据数据分析显示，制造业来料加工出口的国内增值部分大约是总规模的 2%～3%，最高不超过 5%，而服务外包出口的国内增值几乎是 100%。也就是

说，同样金额的出口业务，服务外包对中国经济的贡献是来料加工的 20 倍以上，换言之，服务外包业对经济增长的贡献是来料加工制造业的 20 倍。2008 年 10 月，英国《金融时报》报道，30G 的 iPod 在中国苏州完成加工生产，成品出口为 150 美元，但是中国企业只能获得不到 4 美元，国内增加值仅为 2.8%。2011 年初，亚洲开发银行研究所研究发现，在中国国内生产加工一部 iPhone 手机所需的 179 美元成本中，只有 6.5 美元是支付给中国进行组装所雇用的劳动力的，由此可见其附加值之低。

此外，从单位 GDP 能耗方面分析发现，与制造外包相比，服务外包运营过程中不用进行实物生产，除了一定的电、水等消耗，几乎没有大的原材料消耗和能源消耗，也没有废弃物的排放，不仅非常环保，而且其单位 GDP 能耗也只有制造业的 20%，符合国家实现可持续发展的战略要求。

我国丰富的劳动力资源及低廉的劳动力价格是服务外包产业发展的巨大优势，大力发展服务外包有利于改善我国贸易结构、转变经济发展方式、促进区域协调发展、拓宽就业渠道，实现“保增长、扩内需、调结构、促就业”的目标。当前，国外大企业注重提高劳动生产率、改善经营效率和节约运营成本，纷纷将组织内的非核心业务外包出去，同时，许多企业大幅度削减研发经费，期望通过和我国联合从事产品研发，共同开拓国际市场和我国市场，这些都为我国的服务外包企业提供了发展契机。此外，国家先后制定了一系列的税收、资金等优惠政策，降低了企业运营成本，有力推动了服务外包企业的发展。

如果把“中国制造”所带来的“生产外包”看作靠密集型劳动力赢得世界市场，那么，随着信息技术的发展和全球新一轮服务产业转移的机遇，向世界提供知识密集型的“中国服务”所带来的“服务外包”正成为趋势。

从 1980 年到 2005 年的 25 年间，世界服务贸易出口额由 3 650 亿美元扩大到 24 147亿美元，增长了 5.6 倍，占世界贸易出口总额的比重从 1/7 增至近 1/5。特别是 80 年代以后，新兴服务贸易部门开始引领时代潮流，服务贸易越来越受到世界的瞩目，成为各国关注焦点。服务业将代替制造业，成为推动经济发展的主要力量。

如今，服务外包给国人勾勒出一幅“世界办公室”的美妙画面：一批具有较高素质与技能的中国人脱掉了厚厚的蓝色工作服，换上白色衬衫，坐在办公室内轻松地敲打着计算机键盘，从事服务外包的工作。中国的“世界工厂”头衔不可能丢弃，但不容忽视由服务外包带来的“世界办公室”这一历史机遇，它必定对中国下一个 10 年的发展起到关键作用。

在以制造业为重心的 20 世纪，中国凭借人力资源成本优势在全球化浪潮中找到了自己的位置。新世纪以服务外包业打头阵的全球化浪潮中，我国能不能实现“中国制造”向“中国服务”的顺利飞跃？虽然已经把“世界工厂”的头衔牢牢握在手中，但“世界办公室”的竞争之路才刚刚启程。这需要中国的努力，也需要全球市场提供的机遇。当前，我国生产性服务外包的发展尚处于初级阶段，较强的制造业实力是我国发展内需型生产性服务外包的有力支撑。而随着我国经济的发展，投资空间早已跳出了制造业领域，生产性服务外包必将吸引越来越多的投资。因为制造业（特别是先进制造业）的繁荣本身就会扩大服务业的投资空间。这些制造企业将研发、设计外置，取别人所长，补自己所短，取得了巨大成果，极大地促进了我国生产性服务外包的发展，与之相配套的生产性服务外包需求也必将日趋旺盛，顺利实现从“中国制造”走向“中国服务”。

第二节 中国服务外包接包市场发展概况

一、中国服务外包接包市场的发展现状

随着中国国内离岸服务外包需求的增加以及政府鼓励政策的推动，未来几年，中国服务外包产业将进入高速发展阶段。根据加特纳咨询公司的预测，包括 IT 服务在内的全球信息技术外包接包总收入将在 2012 年达到 8 290 亿美元，2007 年是 5 920 亿美元；其中信息技术外包部分将从 2007 年的 2 610 亿美元增长到 2012 年的3 780亿美元。在业务流程外包方面，加特纳咨询公司的报告指出：全球总支出在 2007 年高达 1 560 亿美元，预计到 2012 年将增加至 2 390 亿美元——年复合增长率达 9.0%。

尽管中国的服务外包起步较晚，在全球业务流程外包开支中所占份额较小，但是这一领域正在整体经济增长的支持下飞速发展。据中国商务部发布的统计数据显示，即使遭遇全球金融危机的冲击和影响，中国服务外包在 2009 年仍然保持了快速增长，全年实现服务外包出口 101 亿美元；全年新增从业人员 71.1 万人，其中新增大学毕业生就业 49 万人；新增服务外包企业 4 175 家，使得服务外包企业总数超过了 8 000 家，服务外包企业在数量、规模、资质认证、地域布局、市场开拓等方面全面进步，整体竞争实力显著提升。

二、中国服务外包接包市场的发展特点

总体而言，中国服务外包接包市场尚处于萌芽阶段，还没有发展成为一个健全的外包供应市场。中国仍然是业务流程外包服务的主要出口国，而不是一个消费国；国内大部分外包消费往往涉及信息技术外包和处理服务。在信息技术外包类别中，应用软件外包处于最核心的地位；在业务流程外包中，重点是客户关系服务。

经过多年的发展，我国服务外包接包市场逐渐形成了“三大集群，东西映射，以及特色区域发展”的良好格局。

在东部沿海发达地区，围绕“环渤海”、“长三角”、“珠三角”三大经济圈，形成了服务外包产业三大集群。每个集群内各个城市整合资源、协作发展，带动了周边地

区产业整体发展，产业集聚和规模效应正逐步体现。

在中西部地区，例如成渝经济区、西安、长沙等地，结合自身产业特点，与东部三大集群发挥各自优势，开展合作，形成“东西映射”，实现了区域产业的特色化发展。

此外，伴随着我国服务外包产业整体的发展，逐步涌现出一批具备自身特色的新兴服务外包产业城市，如以石油石化行业外包为主要发展方向的大庆。

迄今为止，我国先后批准确定了 21 个国家级服务外包示范城市，以及多个省级、市级的服务外包产业基地。围绕着上述产业载体，国家和各级政府投入大量人力、物力和财力进行交通、通讯等基础设施建设，并制定了一系列积极促进服务外包产业发展的相关政策，上述基地和示范区日益成为促进服务外包发展的重要力量。

三、中国服务外包接包市场的发展趋势

2009 年，我国政府准确地把握了全球范围内产业转移的趋势，采取了前所未有的政策支持力度，为 2009 年服务外包产业的逆势发展奠定了良好的基础。工业和信息化部、商务部、财政部、教育部、国家税务总局等相关政府部门陆续发布了针对服务外包产业的专项支持政策，综合运用财政、税收、金融、教育、政府采购等政策手段，全力支持服务外包产业的发展。专项支持政策的发布贯穿 2009 年始终，其密度之高、力度之强前所未有。在《电子信息产业调整和振兴规划》方案中，更是首次将服务外包产业提升到国家战略层面的高度，明确了服务外包产业在转变经济发展模式、促进产业结构调整升级中的重要作用。这些政策的相继出台和落实，为“十二五”期间，我国服务外包产业的进一步发展奠定了良好的政策环境。

伴随着国家将软件与服务外包产业提升到一个新的战略高度，各地也陆续出台了相应的支持外包产业的相关政策。然而这些政策并不是千篇一律，各地根据本地区经济发展的特点，充分体现出政策的定位准确、针对性强、差异化明显的特点。

中国人力资源丰富，人才储备雄厚，这为服务外包产业的发展提供了强大的人力资源支撑。近年来，国家以及地方有关部门大力推进服务外包产业的人才建设工程，不断优化人才结构。一批服务外包学院的兴起，以及专业化培训机构的涌现使我国服务外包产业人才体系建设逐步完善。具体就接包市场来看，预计会出现以下趋势：

（一）离岸外包与在岸外包的构成

目前我国接包市场的离岸服务外包业务主要以日韩为主，但欧美特别是美国对中国发包的增长速度明显加快。预计未来一段时间，日韩所占比重将逐渐减小，欧美所占比重增加将非常明显，欧美业务将成为服务外包产业的下一个增长点。

我国未来几年在岸服务外包市场仍将主要集中在金融、制造等目前对外包接受程度较高的行业。然而，伴随着经济结构调整和产业结构升级，以及“两化融合”（信息

化和工业化高层次的深度结合）的加快实施，电信、电力、消费、医药、政府公用事业等领域的市场需求将逐渐释放出来，成为服务外包产业接包市场新的发展方向。

（二）ITO与BPO的构成

从市场份额来看，未来一段时间，我国服务外包产业接包业务仍将以ITO为主，其中，离岸ITO在ITO业务总量中所占比重将逐渐上升，BPO将呈现加速发展态势。

从业务种类来看，ITO仍将以软件服务外包为主，但业务层级将不断提升，同时，应用托管、软硬件服务外包也具备较大的发展潜力。在岸BPO业务将得到快速发展，随着各地呼叫中心的不断涌现，业务操作外包增速将加快。业务职能外包潜力巨大，是未来BPO的主要发展方向。

（三）外包产业向二线城市转移

随着一批新兴服务外包城市的兴起，我国接包市场将呈现出梯次转移的趋势。一方面，北京、上海等一线城市生活成本越来越高，带动了其平均人力成本的提升，在这些城市的低端服务外包将不可避免地向其他人力成本更低，且拥有较好产业环境的城市转移。另一方面，二线城市为了促进当地软件外包产业的发展，出台了很多极具优惠的扶持政策，这也是软件外包产业向二线城市转移的动力源泉。一线城市服务外包产业经过多年的发展，形成了良好的产业基础，其产业结构将逐渐向高端发展。

（四）国际知名企业涌现

随着服务外包产业链的日益成熟，将涌现一批兼备ITO与BPO接包业务能力的综合服务外包企业。随着产业规模的迅速扩大，服务外包产业将不断整合，一批综合实力强的大企业将脱颖而出，它们通过收购、兼并、重组等手段，迅速扩大规模，并利用全球资源进行战略布局，将形成一批在国际上有竞争力及品牌影响力的领军企业。

第三节　中国服务外包发包市场发展概况

一、中国服务外包发包市场的发展现状

中国服务外包发包市场主要集中在境内进行，即发包方与接包方都在国内。发包市场的发展可以参考境内服务外包的发展情况。受国际金融危机的影响，我国服务外包接包市场发展出现一定程度的下滑，但发包市场的发展仍然相对迅猛。根据《国际服务外包与境内服务外包协调发展专题研究报告》（2010年第一季度），中国共签订服务外包合同13 513份，同比增长42.75%，合同金额为36.9亿元，同比增长46.55%；执行金

额为11亿美元，同比增长65.35%；在岸外包合同金额为14亿美元，执行金额为11亿美元。从在岸外包的发展情况可以了解我国发包市场的发展情况，如表5—1所示。

表5—1　　我国在岸外包发展情况

年份	在岸外包市场规模（亿美元）	占全国外包市场规模比重（%）	在岸合同执行金额（亿美元）	占全国合同执行金额比重（%）
2009	314.0	86.0	37.5	27.1
2008	239.1	85.1	25.8	18.4
2007	129.2	85.0	7.0	—
2006	104.0	87.8	—	—

资料来源：整理自商务部《中国服务外包发展报告》。

目前，已经有21个城市被指定为中国服务外包示范城市，几乎所有的主要服务提供商都位于这些示范城市。2008年，这些城市的离岸业务收入占总收入的90%左右，现在发包企业呈现从一线城市向二线城市迁移的趋势。

综合而言，中国发包企业约47%的收入来自国内买家，仅21%的收入来自日本和韩国，29%的收入来自美国和欧盟（包括上述国家跨国公司的中国分公司）。其中，最大数量的买家来自制造业以及金融服务业。在美国和欧洲，制造业、金融业和服务业企业是中国外包服务的主要买家。在日本和韩国，电信业和服务业企业是中国发包企业的重要买家。在中国，政府机构和电信业是最大的客户群，而政府机构被列为今后3年发包企业最重要的业务来源。

在中国，对信息技术外包的需求大于对业务流程外包的需求，所有国家和行业的客户普遍偏重的外包服务依次是定制软件开发、信息系统维护服务、软件研究与开发。本土中资公司仍不愿完全使用本国所提供的信息技术外包服务，这其中涉及的问题包括可靠度和机密性、中国服务提供商的专长及其认为可以从外包中获得的价值。虽然分包能提高效率和减少成本，但是它也可能损害质量控制，从而导致交付出现问题。

另外，从市场地域分布来看，在岸外包市场形成了以北京为中心的华北地区、以上海为中心的华东地区和以广东为中心的华南地区为主要需求源头的市场格局，如表5—2所示。

表5—2　　2008年国内服务外包市场发包方地域分布

地域分布	华北	华东	华南	华中	西南	东北	西北
发包量占全国比重	28.1%	26.2%	16.6%	8.4%	8.0%	7.0%	5.7%

资料来源：整理自《2008中国软件与信息服务外包产业发展白皮书》。

此外，发包商正开始提供更多类型的外包服务。越来越多的中国信息技术外包服务提供商已扩张进入业务流程外包服务领域。在信息技术外包类别中，中国外包提供商将重点放在应用软件服务外包上，而在业务流程外包方面，主要精力则放到了客户关系服务上。因此，中国外包提供商在这两方面所提供服务的侧重面仍然较窄。尽管对这些提供商目前所提供服务的需求激增，可是由于缺乏管理层的足够重视，因此发包商很难转移到价值链上游，扩大它们的服务范围，并与提供高利润率服务（如研发和一站式流程服务）的那些公司竞争。大多数服务提供商都是从传统的软件公司或系统集成商转型而来的，转型后它们才进入信息技术外包市场，目前有一些已开始提供业务流程外包服务。例如，华道数据（CDG）和中软国际（ICSS）等一批初期的系统集成商，如今作为新的参与者，它们积累下的丰富行业经验在为专门行业提供服务的过程中非常有用。然而，对专门业务流程的深刻理解程度，才是区分长期生存者与能力较弱的竞争对手之间的关键点。

二、中国服务外包发包市场的发展特点

尽管我国的服务外包产业在近年来实现了较大的发展，但在当前面临新的发展挑战时，仍然暴露出诸多问题，尤其是发包市场的相对弱势，制约着整个产业竞争力的提升。中国服务外包发包市场呈现出以下特点：

（一）规模偏小，发展阶段较低

虽然我国服务外包产业连续多年保持快速增长，但相对于我国经济总量来讲，发包市场规模仍然偏小，还不能适应国民经济和社会发展的需要。从发展阶段来看，我国发包市场的产业发展水平仍然比较低，业务以中低端为主。ITO 上游设计能力不足，BPO 产业链还不完善，尚处于发展的初级阶段。

（二）服务内置观念尚未转变，企业发包意识不强

对于大多数企业而言，由于对服务外包的运作规律还不是十分了解，企业对外包这种服务形式心存顾虑，担心业务外包给外部企业后的信息安全问题，担心服务外包合作过程中会产生纠纷，也担心服务外包会导致企业运营失控。因此，很少有企业主动将一些非核心的生产性服务外包出去，或者通过转型或设立附属公司的形式进入服务外包领域，它们宁愿维持现状。同时，企业对服务剥离政策也认识不足、不愿意投入，仍存在较强的服务内置观念，导致大量本应通过外包方式完成的服务活动都在企业内部消化完成，制约了生产性服务企业的发展壮大。

（三）产业环境不够成熟，市场环境不够完善

我国外包行业缺乏统一的资格审查制度和能力评价体系，无法有效地对服务外包发包企业的技术能力、服务水平、企业信誉、经营状况等因素进行综合评定，行业管理体系和业务流程体系不完善，缺乏统一标准。同时，法律法规、知识产权保护等相关配套机制也落后于实际的产业发展情况，这些都制约着服务外包产业的规模化发展。

从外包市场来看，市场仍处于各自为营的相对分散状态，整个市场充斥着数千家服务外包商，企业同质化、无序竞争情况严重。尽管各地政府出台了多项措施促进本

地服务外包产业的发展，但缺乏国家层面的统一协调，缺乏一个有影响力，能够代表整个服务外包行业的行业组织。

(四) 人才结构不合理，缺乏高层次人才

服务外包行业人才需求呈现多元化、多层次的特点。由于我国服务外包产业发展时间还比较短，发包业务能力较弱，并没有形成专门针对服务外包产业的人才培养体系。伴随着产业规模的迅速扩大，我国服务外包人才无论是从数量上还是从人员素质上都不能满足产业快速发展的需求。尤其是具备国际视野和市场开拓能力，又熟悉企业经营管理的高层次人才严重匮乏。这已经成为制约我国服务外包产业进一步发展的瓶颈。另外，行业人才流动大，也不利于高素质人才的持续成长。

三、中国服务外包发包市场的发展趋势

中国的外包行业正在迅速整合，并购是中国外包行业快速增长的一个可预见结果。由于风险资本的注入，在过去两年里这种增长有所加速。风险资本来自君联资本(Legend Capital) 等本国风险投资公司以及花旗银行等国外资本。许多服务提供商，如华道数据和文思创新软件技术有限公司（Vanceinfo），已经历了两轮以上的融资。

不过，尽管并购活动的确是迅速实现中国外包业务下一阶段发展所需规模经济的一个可靠捷径，但它绝不是最短的捷径，因为并购活动通常需要经历一两年才能完成。相比之下，最理想的途径是培养具有高度凝聚力的团队。中国服务提供商的未来增长应主要定位于中国、日本、韩国和美国。特别是中国本土的发包市场增长潜力巨大。

以国内金融行业的服务外包为例，中国金融业 BPO 服务外包市场发展迅速。金融行业已经为我国 BPO 产业发展的主要动力。由于金融后台服务中心的科技含量高、高级人才密集、吸纳就业量大等特点，全国至少已经有 14 个城市提出了建设金融后台服务基地的构想与规划，推动了我国金融后台产业的快速发展。随着相关政策和法律法规环境的完善，以及信息安全环境的优化，我国将抓住后金融危机时代所释放出来的金融后台市场需求，以金融外包为主要动力推动 BPO 产业的升级与发展。我国金融服务外包接包市场主要存在四种类型的接包商：全球性外包公司，如埃森哲、惠普、IBM、FDC、凯捷、Unisys 等；进入中国市场的印度 BPO 公司，如印孚瑟斯、塔塔、萨蒂扬等；本土金融服务外包公司，如万国数据、华道数据、银联数据、文思、浙大网新等；国内外金融机构的自建中心。随着我国经济实力的增强，我国几大银行都进入世界 500 强的前列，它们必将成为国内服务外包重要的发包主体。

再以制造业的发展为例，利用现有制造业跨国公司的资源，发掘制造业服务外包潜力，在制造业吸引外资基础上承接与发展服务外包将成为中国服务外包发展的另一大特色。由于大量的服务外包产生于制造业企业的生产性服务环节，制造业企业为了提高自身核心竞争力，需要将部分非核心业务外包。全球最大的 500 家跨国公司中，

有近 450 家已在华投资，部分公司在华设立了地区总部。因此，实力雄厚且数目庞大的制造业跨国公司形成了巨大的潜在服务外包买方市场。国内主要垂直发包市场与外包业务的对应关系如图 5—1 所示。

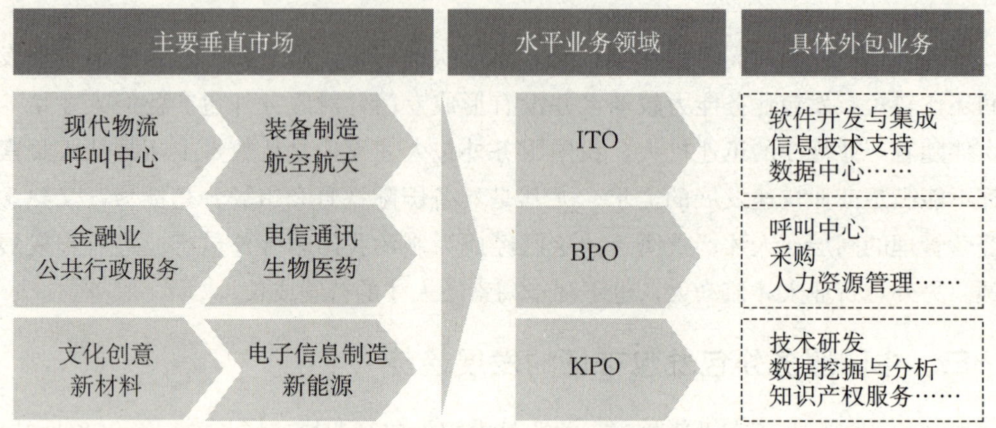

图 5—1　国内主要垂直发包市场与外包业务的对应关系

资料来源：中国服务外包研究中心：《中国服务外包发展报告 2009》，13 页，上海，上海交通大学出版社，2010。

印度服务提供商是中国最大的竞争对手。近年来，许多印度顶级外包服务提供商均在中国设立办事处并建立合资企业，增强了本土提供商的竞争意识。不过，中国提供商还有许多机会与印度对手竞争。许多印度外包服务提供商尽管在其他市场获得了成功，但它们在中国仍面临文化上的挑战，这给中国外包服务提供商留下了一个可供利用的优势。此外，中国和印度的外包服务提供商都必须密切关注来自墨西哥、俄罗斯和东欧的外包服务提供商的激烈竞争。

从我国当前经济发展所处阶段来看，工业化和信息化融合、制造业的升级换代、服务业的兴起，都会产生大量的服务外包需求，这为我国服务外包产业的腾飞提供了难得的机遇。在鼓励发包和鼓励接包双重政策的引导下，我国本土内需市场的潜力将会逐渐释放出来，在整个产业中的比重将进一步加大。庞大的内需市场，不仅仅是中国本土企业发展的坚实目标，而且是国际外包企业巨头的争夺对象。虽然目前我国企业的发包业务还处于相对弱势的位置，但今后势必会迎头赶上。

四、国内著名的外包企业①

（一）中软国际

中软国际长期为中国政府提供信息技术服务，它以为公共部门提供外包业务而著

---

① 本部分内容整理自《2010 年中国服务外包行业研究报告》。

称。中软国际先后承担了多项国家重点科技攻关项目，申请并获得了10余项软件著作权和专利技术，形成了一系列应用广泛的软件产品和全套系统解决方案。它所承建的著名项目包括为上海2010年世博会建设票务系统，以及帮助国家食品药品监督管理局（简称药监局）设计和开发软件系统等。

自2000年成立起，中软国际就步入高速发展的轨道，过去七八年中，年营业额平均增长率为60%。目前中软国际在全国18个城市拥有5 600名员工，并在中国、美国和日本拥有三个全球服务外包中心。中软国际的三大核心业务包括：国内咨询业务、全球外包业务和培训业务。中软国际在全国拥有5个卓越培训中心，从全国150所大学中招聘人才，从而使其能顺利招揽到顶尖的工程和电脑技术人才。

2003年至2007年间，中软国际完成了6宗主要并购案，增强了其在特定领域的实力。自2003年6月在香港证券交易所创业板上市后，中软国际赢得了微软、IFC、摩根大通、荷兰银行等大公司的战略投资，获得长足发展，并于2008年年底成功转板香港证券交易所主板。

(二) 软通动力

北京软通动力信息技术有限公司是中国领先的IT外包服务提供商，总部设在北京，在美国、日本、韩国及中国本土的上海、大连、深圳、天津等地均设有分支机构。至2007年8月，员工总数已逾4 000人。软通动力相继通过了ISO9001:2008（质量管理体系）认证，以及ISO27001:2005（信息安全管理体系）认证，并于2006年通过了CMMI5级认证。

在中国本土市场，软通动力专注于为金融服务、电信行业、电力行业、石油/能源、物流/交通、高科技制造等行业以及在中国的跨国企业提供端到端的全面IT服务，并已成为国内同行中的翘楚。在海外市场，软通动力在日韩、欧美等全球主要外包市场具有强大的业务拓展和服务实施能力。其在国内主要一级和二级城市建立的软件开发中心和IT培训中心为软通动力的海外业务提供了强大的资源支持和人才储备。在强化其现有ITO领域业务能力的同时，软通动力正进一步将其业务扩展至BPO（业务流程外包）领域。

软通动力自成立以来，通过为IBM、NCR等跨国公司提供外包服务，公司的营业额几乎每年都呈100%的增长，即便在全球经济陷入低迷的2008年，也增长了115%。

软通动力是IAOP全球外包百强企业，曾获得“杰出IT外包服务贡献奖”、“杰出软件外包服务贡献奖”、“2008中国软件外包研发竞争力十强企业”等各项荣誉。

(三) 文思创新

文思创新软件技术有限公司成立于1995年，致力于为IT、高科技行业、金融服务业、制造业、零售与分销业、电信业等领域的全球客户提供企业解决方案、质量保证和测试、应用软件开发与维护、本地化与全球化和业务流程外包等服务，帮助客户实现投资收益最大化，并使之更专注于自身核心业务。

在国内大型外包企业中，文思创新以其与美国市场强大的联系而著称。它是唯一一家在美国上市的中国外包企业，于 2007 年 12 月成功登陆纽约证券交易所。公司 2008 年营业额的 54.7%来自美国客户。文思创新的许多高层管理者都是在美国受过教育且在顶尖的跨国高科技公司中工作过多年的华人。该公司的主要风险投资机构——DOLL 资金管理公司和红杉资本也都来自美国硅谷。

自 1995 年成立以来，文思创新发展迅速，2008 年公司营业额攀升 63.7%到 1.027 亿美元，而净收入达到 1 620 万美元，上升了 69%。即使在 2008 年第四季度，公司营业额环比仍增长了 8.7%，同比更激增 56.3%。

文思创新获得了 CMMI 认证，具备一系列技术领域的专业技能，能够有效识别客户的业务需求，并能提供高质量的客户解决方案。目前，文思创新已成为欧美地区 2 000 强企业的重要合作伙伴，其中包括 IBM、微软、甲骨文、TIBCO、Reynolds&Reynolds、Fastmobile、松下、惠普等著名公司。IDC 公司将文思创新评为中国在北美和欧洲最大的服务外包商，拥有 6.2%的市场份额。

近年来，虽然文思创新的主要业务增长都来自总部位于美国的公司。不过，就新业务而言，中国市场已经开始占据主导地位，相关数据显示未来将有更多的业务来自国内。2008 年第四季度来自国内的业务同比增长 200%，2008 年全年国内业务营业额占公司总营业额的比例由 2007 年的 11.7%上升至 21.5%。文思创新的战略是提供全方位的服务，与客户共同成长，在高端业务与低端业务取得平衡的同时提供种类繁多的各种服务。2008 年第四季度，软件研发约占其营业额的 60%，测试占 6.9%，应用软件发展占 16.7%，软件本地化和国际化占 3.7%，企业解决方案占 12.8%。

（四）博彦科技

博彦科技股份有限公司于 1999 年年初成立，最初以先锋的姿态出现，此后一直保持着前瞻的态势。在最初 10 年中，公司仅依靠运营现金流就坚持了下来，在 2005 年和 2007 年分别得到风险投资机构 TOA Capital 300 万美元和 500 万美元的注资。2008 年，公司实现营业收入 5 000 万美元，净利润增长 12%。

博彦科技以为全球著名的科技公司以及特定行业内的领先企业提供服务而著称。其主要客户包括微软和惠普。这两家企业的业务占了公司营业收入的 40%。同时，博彦科技也将一些特定行业，如金融服务业和生化行业列为自己的优势领域。博彦科技一直在不断调整公司战略，在最初的几年里，公司主要是帮助跨国公司对软件进行简体中文、日本和韩文的本土化。到了 2001 年，公司决定转变策略，逐渐从软件文字本土化转向为产品开发提供更多工程服务，如今软件本土化业务仅占公司业务的 2%。2008 年，博彦科技在对客户进行了一番分析后，毅然采取措施削减客户数量，将关注点放在更注重技术先进度而非服务人力多寡的高品质客户身上。

博彦科技大约 60%的营业收入来自美国和欧洲的跨国公司，而日本企业则占了公司营业额的 10%，中国企业占了 25%～30%。公司 3 000 名员工中大多数在中国。公司除了侧重于客户运营离岸开发中心外，也着力为在华跨国公司的分支机构提供服务。除了在北京中关村软件园的总部之外，博彦科技还顺理成章地在印度、美国、日本和新加坡设立了分支机构，以便于服务国际客户。

(五) 东蓝数码

东蓝数码股份有限公司专业从事包括 IT 咨询、项目实施、服务外包在内的 IT 服务外包，提供与软件、硬件、网络、系统和技术相关的，从设计、开发、实施、管理到维护与培训的整体企业资源规划解决方案，同时提供咨询服务、应用解决方案、项目实施、软件开发、IT 管理、运行维护以及仪器仪表维护外包等 BPO 服务，服务对象包括石油化工、公用事业等领域。

在石油化工行业，东蓝数码为镇海炼化、杭州炼油、和邦化学、大港油田、大榭石化、华联三鑫、阳鸿石化、宁波 BP 等公司提供了整体或部分的 IT 服务外包，内容涵盖 ERP 系统咨询与建设、大型生产企业管控系统的集成与开发、生产监控和管理、安全监控和管理、业务管理、IT 运维等方面。其中，为镇海炼化提供的 ERP 系统曾经获得“中国十佳 ERP 应用奖”的殊荣。

在公共事业领域，东蓝数码承接并成功完成了公安部、国家药监局、北京市政府、山西省政府、山东省滨州市政府、山西省晋中市政府等 10 多家国家与地方政府机关的 IT 服务外包，内容涵盖协同办公、应用集成、门户网站、数据仓库、搜索引擎、政府办公业务系统、IT 服务运维等方面。

在具体模式上，东蓝数码采取了成立合资公司、技术人员长驻客户现场、建立异地数据中心等多种方式，以提高服务水平。例如，与中国石化成立了宁波东海蓝帆科技有限公司，以提高对中国石化、镇海炼化等企业的 IT 服务外包水平；在法国施耐德电气公司，东蓝数码派驻了 20 多人的技术队伍；在国家药监局，也派驻了一个 15 人左右的研发与支持团队以实现快速响应；在山西晋中和山东滨州等地，也分别在当地组建了 10 余人的办事处为当地政府提供全面的 IT 服务外包。

第四节 综述：中国能否成为全球第三大服务外包市场

与印度企业相比，中国服务外包企业将具有更大的发展空间。一方面，金融危机让越来越多的国际软件企业把外包业务转移到中国。以微软公司为例，它准备今后把大量的外包业务交给中国企业，这对中国的软件外包企业来说绝对是一个市场机会。另一方面，对于中国服务外包企业来说，做大做强还具有得天独厚的客观条件，那就是巨大的国内市场。

2008年之前，我国的服务外包业务大都来自海外，主要原因是离岸外包在过去的几年中增长非常迅速，相比之下中国本土市场还不够成熟。而随着中国经济的不断发展，越来越多的中国企业开始选择外包来提高竞争力。对于服务外包企业来讲，如何抓住这次机会进行战略调整，集中优势力量进军国内市场，将是在未来取胜的关键。

据美国科尔尼咨询公司和印度印孚瑟斯公司预测，2012年前后，中国的服务外包市场需求有可能超过日本，成为全球第三大需求市场。纵观世界级的服务外包公司，如埃森哲、EDS、惠普、富士通、东芝等公司，它们来自本土的业务量都占了很大的份额。所以说，如果把来自本土的业务量排除在外，中国就不可能出现世界级的公司。在我们费尽心力去争取国际市场的时候，国际服务外包企业巨头不仅在中国开展离岸业务，也把开拓中国市场作为重要目标，而印度的前四大服务供应商都已经进入中国市场。中国的服务外包市场会是一个重要的新的经济增长点。

金融危机对离岸外包市场的冲击和产业发展的内在要求，使政府开始更多地关注服务外包在岸市场。2009年9月，在九部委共同出台的《关于鼓励政府和企业发包促进我国服务外包产业发展的指导意见》（财企〔2009〕200号）中，鼓励政府和企业通过购买服务等方式将数据处理等业务外包给专业公司的政策，标志着服务外包政策引导的重心开始由“扶持离岸出口”向“释放内部市场”倾斜，也预示了未来一段时间中国服务外包在岸市场的启动，培育国内需求将成为进一步推动中国服务外包产业发展的重要途径。

不仅如此，中小企业的技术需求、企业信息化意识的提高和海外竞争的加剧，也将使越来越多的中国企业增强资源有效配置和非核心业务流程外包的意识，构成国内服务外包市场发展的基础。同时，出于成本以及地域覆盖能力的考虑，进入中国的跨国企业也将把越来越多的外包需求交给国内服务提供商，从而成为带动国内服务外包市场扩展的重要推动力。2010年，在国内经济复苏速度快于国际的情况下，出于刺激内需的要求和各项政策的推动，中国服务外包内需市场的增长速度预计将达到两位数。在国际市场和国内市场同步发展过程中，“中国服务”将获得更丰富的内涵。2006年国家“千百十工程”启动，商务部为首批服务外包基地示范城市授牌之际，时任商务部副部长、主管服务外包工作的马秀红要求为基地城市设计一套品牌标识。她希望标识能够凝练“中国服务”的形象，将中国的古代文明和信息时代融合为一体，体现从“世界工厂”到“世界办公室”的转变。在大连软件园设计的“中国服务”篆体方形印章的基础上，她亲自组织修改设计，要求印章不要边缘，因为“中国服务外包”是无止境的，不应该是封闭的；印章的形

图5—2 “中国服务”圆形印章

状最好呈现圆形或八边形，象征着中国服务四通八达；并且印章的色彩应该是金色，象征着中国服务外包的前景一片光明。

至此，“中国服务”圆形印章形象确立完成（见图5—2），寓意着要将“中国服务”的印记深深地印在世界版图上。

案例与分析

案例一　前程无忧的人事外包服务内容

表5—3　　**前程无忧的人事外包服务内容**

服务项目	服务相关内容明细	质量承诺
员工入职/离职	员工个人材料催收、收集情况的记录签收、办理员工录用、离职的相关手续	收到客户录用或离职通知后，三个工作日内及时通知员工准备相应的资料
社会保险	社会保险开户/转入	督促员工提交材料，材料交齐后赶上的第一个缴纳期开始缴纳
	社会保险基数的审核/计算/申报/缴纳/收取保险凭证	按月落实，保证每月准确对账
	养老/工伤/失业/医疗/生育保险政策咨询和领取或享受	保证及时提供员工所在城市最新的保险领取和享受政策，保证员工利益
	社会保险转出	实际截止日提前2天通知客户，及时转出保险手续
住房公积金	开户/转入	督促原公积金转入到账
	基数审核/计算/申报/缴纳/收取缴费凭证	按月准确对账
	公积金贷款及支取指导和办理	提供各地及最新贷款及支取指导和政策
	公积金转出	准确对账转出，保证及时到达新账户
工资发放	计算工资项和个人所得税	通过HRO系统运行，保证数据计算准确无误
	发工资	
	办理工资卡建卡、挂失和补办	保证发放准确，并及时纳税
社会保险理赔	帮助员工进行工伤定级及工伤理赔等事宜	协助员工办理2份鉴定手续及相关索赔事宜
	为员工做社会医疗保险的报销手续，开分割单、进行医保咨询等	全力协助员工进行理赔，并及时告之所需要准备的相关材料
服务方式	全国范围内“一对一”服务模式	各地指定的员工服务“一对一”各地外包员工 客户服务主任“一对一”企业HR总部

续前表

服务项目	服务相关内容明细	质量承诺
系统自助查询	完全代为录入、建立数据库、及时更新内容	为外包协议中有此项服务需求的客户提供自助系统查询以下信息：公司下属员工及本人的履历信息、历史及社保信息、历史及当前工资信息、变动历史及办理证件进度等
	随时随地都可查询全国所有员工的各种信息	
	员工更方便地了解自己的社保情况	
	网上代发工资条，保密性更强	
免费电话查询	800-820-5100 电话查询	通过 800 免费电话，外包员工可在工作时间随时了解和咨询有关个人的社保、档案、薪资信息，让员工得到最直接的信息咨询帮助，同时提出您的宝贵意见和建议
短信服务	通过短信方式通知社保和员工的信息	社保启动和正常缴纳、薪资发放和及时到账、员工生日祝贺等重要信息的短信通知

资料来源：http：//hro. 51job. com/osnews/HomePage.

案例二　上海家化公司整体物流外包案例

发包方：

从 1898 年清末的香港广生行到今天的现代化化妆品公司，上海家化历经数代人的努力，走过了百余年的历史。上海家化以自行开发、生产、销售化妆品、个人护理用品、家庭防护用品以及洗涤类清洁用品为主营业务，拥有“六神”、“美加净”、“清妃”、“佰草集”、“家安”、“舒欣”、“梦巴黎”等诸多中国驰名品牌，占有很高的市场份额，2011 年营业总收入达 35.77 亿元人民币，营销网络遍及全国，是中国最早、最大的民族化妆品企业。

接包方：

上海惠尔物流有限公司作为专业的第三方物流供应商，为企业客户提供个性化物流解决方案。它利用遍布全国的区域分发中心（RDC）在 24 小时之内把客户产品送到其销售终端或客户手中（新疆、西藏除外），受到客户的好评。公司业务范围涉及运输、仓储、拆零、分拣、包装、配送和整体物流方案设计。2005 年度被中国物流与采购联合会评为 AAA 级物流企业，2004 年度“中国物流百强企业”第 33 位，2004 年度“中国民营物流企业十强”。

外包内容及实施过程：

惠尔物流同上海家化合作五年，双方成为战略合作伙伴，开创了整体物流外包的先河。惠尔物流在对上海家化物流运作系统的各个环节进行全面考察的基础上，其物流咨询和运作专家对家化的总体物流成本进行深入分析，确定家化物流系统可以分成三个部分：继续维持的部分、可以改善的部分和必须放弃的部分，然后对整体的物流系统从人员、管理、设施和流程方面进行全面整合。

惠尔物流承担的业务包括：负责每年数万吨、价值20亿元货物的运输与中转；在数万平方米的仓库里面管理着四五千种产品和数万个批次的家化产品；准确地根据家化的订单将产品及时发往全国各个不同目的地。

外包效果及评价：

上海家化通过物流外包获得明显效益，包括：

(1) 库存大幅度下降，资金周转速度更快，两年降低成本25%；

(2) 物流人员大幅度精简；

(3) 加强了对销售和市场的规范；

(4) 市场反应更加迅速，生产和销售力量更加集中，市场竞争力增强。

此外，在与惠尔物流的成功合作中，上海家化得到如下经验和启示：

(1) 公司内部高层的认可与支持。企业物流的外包由于涉及企业诸多方面的运作模式以及利益的调整和分配，一般很难由中层和基层来推动，物流外包必须由公司高层来认可并推动，并且物流是否外包、外包的进度控制应以提升公司核心竞争力为原则。

(2) 匹配的供应商才是最好的。具体来说，双方整体战略匹配、双方资源互补、供应商的运作能力匹配。在上述基础上对物流供应商严格筛选。

(3) 明确识别自身的需求。例如：什么业务可以作为整体外包的切入点？什么时间可以外包？外包程度如何把握？相关业务如何调整？如何量化服务要求以考核供应商？这都需要严谨而细致的准备与策划。

(4) 采取分阶段措施规避风险。这包括：试运作阶段；分区域外包；先易后难地进行外包。

资料来源：http：//chinasourcing. mofcom. gov. cn.

案例三　华泰证券的灾备外包

发包方：

总部设在南京的华泰证券有限责任公司是中国证监会首批批准的综合类证券商之一。公司在全国大中城市设有近50家营业网点，在南京、上海、北京、深圳设立了投资银行业务机构，2005年又完成了对原亚洲证券的托管工作，业务不断拓展。

接包方：

中国电信股份有限公司江苏分公司（江苏电信），隶属中国电信股份有限公司，是中国电信股份有限公司在江苏行政区域范围内设立的分支机构，统一使用“中国电信”服务商标。

2000年7月12日，根据国务院关于电信体制改革的总体部署，原江苏省邮电管理局经营固定电话业务和网络的企业职能分离出来，正式成立江苏电信。2002 年 11 月 14 日、15 日，公司部分资产在美国纽约和香港两地上市。12 月 5 日，江苏电信正式揭牌成立。公司共下辖 13 个地市级电信分公司，56 个县（市）电信局，其中南京、苏州、无锡分公司为战略运营单位。

外包内容及实施过程：

江苏电信为华泰证券公司提供的是应用级灾备服务，采用的是托管式服务方式，即主机及存储介质由华泰证券提供，由电信公司托管并提供灾备服务，包含基础设施保障服务、网络及通信服务、灾备演练与恢复服务和增值服务等。

基础设施保障服务共提供了四块功能区域：一块为灾备主机房，其他三块分别为独享工作区、卫星天线架设区和共享会议室（兼作指挥调度中心)。灾备主机房为华泰证券预留了一定的机房扩容空间。

网络及通信服务方面，江苏电信提供主数据中心和灾备中心间的主备电路、灾备中心和全国各分支机构（营业网点）间的电路。主数据中心和灾备中心间的主电路为裸光纤千兆互联，备电路为 SDH 数字电路。主备电路主干全程采用双光路由；用户端的最后 1 000 米接入也分别采用光纤和无线两种异种接入介质，最大程度地避免单点故障发生。

此外，江苏电信还为华泰证券提供了 KVM 系统和视频监控等增值服务。

外包效果及评价：

现在，越来越多的金融企业开始采用外包方式提升灾难恢复能力和应急管理水平。相对于自建灾备中心，灾备外包可以给金融企业带来以下好处：

(1) 减少初期投入。灾难恢复和业务连续性体系的建设要求金融企业必须具备在灾难发生时能够使用的备用资源，包括备用的人力资源、场地设施资源、数据处理能力和设备、通信网络线路等。通过租用的方式获得这些资源，可以大大减轻企业一次性投入的资金压力，并且能够在税收、财务报表核算指标方面获得有利的地位。

(2) 缩短建设时间。与自建方式相比，利用社会化资源可以通过一次商务谈判来解决，节省了土建、装修、采购、安装、测试等一系列过程，大大缩短了设施建设和准备的时间。

(3) 获得高标准服务。社会化资源在长期对外服务过程中形成了标准、规范的服务流程和服务质量管理体系。相对而言，自建设施从建设完成到形成稳定服务能力，不论是在时间开销上还是规范性上都有较大差距。

(4) 更低的总体拥有成本和更高的使用效率，通过共享不仅可以提高资源使用效率，而且能分摊使用成本，使金融企业以更低的总体拥有成本获得更专业的服务。

资料来源：http：//chinasourcing. mofcom. gov. cn.

本章小结

如今的中国正在从以“生存”为主导的“温饱型”社会经济模式逐渐转向以“消费”为主导的“发展型”社会经济模式。低廉的劳动力价格是我国服务外包产业发展的巨大优势，大力发展服务外包有利于改善我国贸易结构、转变经济发展方式、促进区域协调发展、拓宽就业渠道，实现“保增长、扩内需、调结构、促就业”的目标。中国需要从“中国制造”向“中国服务”、“生产外包”向“服务外包”的开拓和飞跃，中国在继续保持“世界工厂”地位的同时，应争取尽快成为“世界办公室”。

从接包市场来看，中国服务外包接包市场尚处于萌芽阶段，还没有发展成为一个健全的外包供应市场。从发包市场来看，尽管我国的服务外包产业在近年来实现了较大的发展，但在当前，在面临新的发展阶段时，仍然暴露出诸多问题，如发包市场规模偏小、发展阶段较低、企业整体实力不强、缺乏具备国际影响力的知名品牌、产业环境不够成熟、市场环境不够完善、人才结构不合理、高层次人才缺乏等，尤其是发包市场的相对弱势，制约着我们整个产业竞争力的提升。

随着我国经济实力的不断提升，我国出口的主要产品已经由传统的农产品和初级产品转向工业品。而发展服务外包是为了进一步优化出口产品的结构，将出口转向服务贸易。实质上，发展服务外包不仅是因为服务外包背后巨大的经济利益，更在于这一新型出口方式将会引起我国贸易增长方式和经济增长方式的变革，因为离岸外包是服务贸易的新方式，是一种全新的出口方式。服务外包产业不同于传统的制造业，它对环境没有污染，有助于扩大我国企业在国际服务市场的份额，提升我国企业参与国际竞争的能力。同时，承接全球离岸服务外包也是劳务输出的新方式，相当于在境内实现了劳务出口。离岸服务外包主要集中在知识、技术密集型行业，如 IT、金融等行业，这将极大提高知识、技术密集型劳动力的比例，必将进一步拉动我国经济的增长。

思考题

一、简答题

1. 中国服务外包接包市场的发展特点有哪些?

2. 中国服务外包发包市场的发展特点有哪些?

二、论述题

1. 怎样理解从“中国制造”到“中国服务”的升级?

2. 从中国服务外包接包、发包市场的发展趋势来看，中国应如何把握潜在的机遇，大力发展服务外包产业?

第六章

服务外包的保障体系

服务外包的质量控制
服务外包的风险管理
发展服务外包的政策环境与法律保障
综述：服务外包的个人信息安全保护

学习目标

1. 掌握服务外包的质量管理的基本原理。
2. 了解服务外包的质量标准。
3. 掌握识别外包风险的方法。
4. 学会利用合同条款降低外包风险。
5. 了解服务外包的法律政策。

重点难点

重点：
1. 掌握服务外包质量管理的概念、基本原理、质量标准。
2. 明确质量管理的目标。
3. 学会利用合同条款进行风险控制。
4. 掌握印度软件外包制度对我国的启示。

难点：
1. 掌握几种重要的国际通行的质量标准。
2. 掌握外包的风险及控制方法。

第一节　服务外包的质量控制

一、服务外包的质量管理

(一) 质量管理的概念

ISO9000：2000 标准中对质量的定义是“一组固有特性满足要求的程度”。

ISO9000:2000 标准中对服务的定义是“在供方和顾客接触面上需要完成的至少一项活动的结果，并且通常是无形的”。

服务外包质量即服务供应商提供的服务满足发包商要求的程度，也是客户感知到的外包服务的集合。

由于服务具有无形性、异质化、易逝性以及不可分割性等特点，因此很难定义、具体衡量以及控制服务质量。但却有一个共同点，即顾客是服务质量的唯一评价者。

（二）质量管理的基本原理

1. 体系管理原理

任何一个组织，只有依据其实际环境条件和情况，策划、建立和实施质量管理体系，运用体系管理原理时，才能实现其质量方针和质量目标，这就是质量管理的体系管理原理。

建立质量体系是开展质量管理工作的一种卓有成效的方法和手段。质量管理是企业管理的中心环节，其职能是质量方针、质量目标和质量职责的制定和实施，是对所有质量职能和活动的管理。质量体系是组织为实施质量方针、质量目标，在开展质量活动时的一种特定系统。全面质量管理的一切活动，都是以体系化的方式来进行的。质量体系使质量管理的组织、程序、资源等实现了系统化、标准化和规范化，它为质量管理活动提供了一种方法，是质量管理活动的核心和载体。质量体系既要保证组织内部管理的需要，又要充分考虑提供外部质量保证的要求。

2. 过程监控原理

所有质量工作都是通过过程完成的，质量管理要通过对过程的监控来实现。任何一个组织都应该识别、组织、建立和管理质量活动过程，只有这样才能创造、改进和提供持续稳定的质量。

全面质量管理强调过程概念，并要求对产品全寿命周期全过程进行控制。ISO9000 标准指出：“所有工作都是通过过程来完成的。”每一个过程都有输入、输出，输出是过程的结果，过程本身应当是一种增值转换。产品质量是产品实现一系列过程的结果。

按照全面质量管理的要求，对产品质量的控制要通过对组织中各个过程的控制来实现，对企业的各个组成部分进行过程监控，可以有效识别企业的冗余环节，保证企业产品的质量，还可以预防质量问题的产生。对过程的监控，通常应从以下三个基本方面提出问题：

（1）过程是否被确定？控制过程的程序是否形成了文件？

（2）过程是否充分展开并按要求贯彻实施？

（3）过程是否受控？在提供预期的结果方面，过程是否有效？

3. 人本原理

产品质量、组织质量、体系质量及其组合的实体质量，归根结底，需要人来管理，因此，人员的质量决定了产品的质量，组织管理人员管理水平高，工人技能好，全体人员质量意识强，则工作质量高，组织的产品质量也高。质量人才的培训与教育是贯穿质量管理的重要基础工作。提高人员质量，才能提高产品质量。高质量人才的形成绝不是天生的，也不是自然形成的，而要靠坚持不懈的质量培训与教育。从最高管理者到基层员工，都要进行质量观念与质量技术的教育，这才是提高企业质量水平的根本。

（三）质量管理目标

外包公司作为一个专业的为提升客户满意度而存在的组织，其自身的质量管理体系离不开清晰的目标管理。在ISO9001:2000国际质量管理体系中，这样的目标管理思想体现为ISO9001所要求的质量目标管理必须围绕着客户满意和企业质量方针来设计和分解，以保证最终客户满意的实现。

外包组织质量管理的最终目的是实现客户的满意，而这个满意是通过一系列质量目标的实现来达成的。通常来说，这样的质量目标管理过程包括三个阶段：目标的设置、实现目标过程的管理、总结与评估。

1. 目标的设置

外包企业的质量目标通常根据需求主体的不同分为两类。一类是外包企业自己制定的基础目标，即企业目标；另一类是针对每个客户具体的服务项目而提出的项目质量目标，一般体现在客户服务标准协议中。这两种不同的目标相互补充。在一些没有明确质量目标的项目中，服务质量需达到企业目标。而客户在服务标准中明确提出的质量目标则作为服务的质量标准及品质部门监控的标准。这两者之间，可能是企业要求的目标更高，也可能是客户针对不同的服务类别要求，提出了高于企业要求的质量目标，这就要求外包企业需根据客户的明确要求，制定专门的质量计划或质量方案，以保证客户质量目标的实现。目标的设置为外包企业质量管理的实施设定了最基础的监控标准。

2. 实现目标过程的管理

质量目标的实现是通过一系列的相互衔接、相互作用的过程来实现的。没有过程的严格控制，就不可能实现质量目标。过程管理所涉及的范围是非常广泛的。就外包企业的质量管理体系而言，从客户需求识别到与客户签订服务合同，从项目运营方案设计到业务人员招聘培训，从现场管理到服务质量监控等，这一系列的过程无不关系到最终质量目标的实现。不少外包企业在这些过程中都建立了或多或少的管理规范，但把这些过程都纳入质量管理体系的范围内，并进行系统监控的并不多。多数外包企业所谓的质量管理，仅仅是对客户代表交易过程的监控。外包企业要想提升最终的客户满意度，全面的目标过程管理或许是一个很好的改进方向。

3. 总结与评估

质量目标是一个不断提高与改进的过程，只有如此才能持续满足客户日益提升的服务需求。目标的提升与改进有赖于对目标实现的过程与结果进行不断的总结和评估。总结和评估的方式有很多，定期的书面质检报告、与运营部门完成质量总结与校准会议、内部审核活动、与客户之间的满意度评估都是质量目标总结与评估的方式。通过质量目标实现过程的总结与评估，外包企业才能不断地提高服务质量，提升客户满意度。

（四）国际通行的质量标准简介

1. ISO9000 认证

ISO9000 认证是指质量管理体系标准，它不是指一个标准，而是一组标准的统称。ISO9000 是国际标准化组织（ISO）发布的 12 000 多个标准中最畅销、最普遍的产品。ISO9000 认证标准是 ISO 在 1987 年提出的概念，主要参照了英国 BS5750 质量标准，是指由 ISO/TC176（国际标准化组织质量管理和质量保证技术委员会）制定的国际标准。

国际标准化组织是世界上最主要的非政府间国际标准化机构，成立于第二次世界大战以后，总部位于瑞士日内瓦。该组织的目的是在世界范围内促进标准化及有关工作的开展，以利于国际贸易的交流和服务，并拓展在知识、科学、技术和经济活动方面的合作，以促进产品和服务贸易的全球化。ISO 组织制定的各项国际标准在全球范围内得到了该组织的 100 多个成员国家和地区的认可。

质量保证标准诞生于美国军方使用的军标。第二次世界大战后，美国国防部吸取第二次世界大战中军需品质量优劣的经验和教训，决定在军火和军需品订货中实施质量保证体系，即供方在生产所订购的货品中，不仅要按需方提出的技术要求保证实物质量，而且要按订货时提出的且已签订入合同中的质量保证条款要求去控制质量，并在提交货品时提交控制质量的证实文件。这种办法促使承包商进行全面的质量管理，取得了极大的成功。1978 年以后，质量保证标准被引用到民品订货中来，英国制定了一套质量保证标准，即 BS5750。随后欧美很多国家，为了适应供需双方实行质量保证标准并对质量管理提出的新要求，在总结多年质量管理实践的基础上，相继制定了各自的质量管理标准和实施细则。

ISO/TC176 技术委员会是 ISO 为了适应国际贸易往来中民品订货采用质量保证做法的需要而成立的，该技术委员会在总结和参照世界有关国家标准和实践经验的基础上，通过广泛协商，于 1987 年发布了世界上第一个质量管理和质量保证系列国际标准——ISO9000 系列标准。该标准的诞生是世界范围为质量管理和质量保证工作的一个新纪元，对推动世界各国工业企业的质量管理和供需双方的质量保证，促进国际贸易交往起到了很好的作用。

随着国际贸易的发展，特别是服务业在世界经济中所占的比重越来越大，ISO/TC176 分别于 1994 年、2000 年对 ISO9000 质量管理标准进行了两次全面的修订。由于该标准吸收了国际上先进的质量管理理念，采用 PDCA 循环的科学程序，对于产品和服务的供需双方具有很强的实践性和指导性。所以，该标准一经问世，立即得到世界各国的普遍欢迎，到目前为止，已有 70 多个国家和地区直接采用或等同转变为相应国家标准，有 50 多个国家和地区建立了质量体系认证、注册机构，形成了世界范围内的惯标和认证热。目前全球已有几十万家工厂企业、政府机构、服务组织及其他各类组织导入 ISO9000 并获得第三方认证，截至 2004 年年底，中国已有超过 13 万家单位通过 ISO9000 认证。ISO 组织最新颁布的 ISO9000:2000 系列标准，现在最新标准为 2008 年执行标准，有四个核心标准：

（1）ISO9000:2008 质量管理体系基础和术语；

（2）ISO9001:2008 质量管理体系要求；

（3）ISO9004:2008 质量管理体系业绩改进指南；

（4）ISO19011:2002 质量和（或）环境管理体系审核指南。

其中 ISO9001:2008 质量管理体系要求是认证机构审核的依据标准，也是想进行认证的企业需要满足的标准。

通过 ISO9001 认证，企业能获得如下益处：

（1）强调以顾客为中心的理念，明确公司通过各种手段去获取和理解顾客的要求，确定顾客要求，通过体系中各个过程的运作满足顾客要求甚至超越顾客的要求，并通过顾客满意度的测量来获得顾客满意度数值，以不断提高公司在顾客心中的地位，增强顾客的信心。

（2）明确要求公司最高管理层直接参与质量管理体系活动，从公司层面制定质量方针和各层次质量目标，最高管理层通过及时获取质量目标的达成情况以判断质量管理体系运行的绩效，直接参与定期的管理评审，掌握整个质量体系的整体状况，并及时对体系的不足之处采取措施，从公司层面保证资源的充分性。

（3）明确各职能和层次人员的职责权限以及相互关系，并从教育、培训、技能和经验等方面明确各类人员的能力要求，以确保他们有足够的胜任能力，通过全员参与到整个质量体系的建立、运行和维持活动中，以保证公司各环节的顺利运作。

（4）明确控制可能产生不合格产品的各个环节，对于产生的不合格产品进行隔离、处置，并通过制度化的数据分析，寻找产生不合格产品的根本原因，通过纠正或预防措施防止不合格产品再次出现，从而不断降低公司发生的不良质量成本，并通过其他持续改进的活动来不断提高质量管理体系的有效性和效率，从而实现公司成本的不断降低和利润的不断增长。

（5）通过单一的第三方注册审核代替第二方工厂审查，第三方专业的审核可以更深层次地发现企业存在的问题，通过定期的监督审核来督促工作人员按照企业确定的质量管理体系规范来开展工作。

(6) 获得质量体系认证是取得客户配套资格和进入国际市场的敲门砖，也是目前企业开展供应链管理很重要的依据。

2. SAS70 审计标准

SAS70 是由美国注册会计师协会（AICPA）制定，针对金融服务机构向客户提供服务的内部控制、安全保障、稽核监督措施的审计标准。

美国独立审计准则体系包括公认审计准则（GAAS，相当于我国的基本准则），审计准则说明书（SAS，相当于我国的具体审计准则）及审计准则解释（对准则有关问题的解答）。从内容来看，虽然 GAAS 和 SAS 是指导注册会计师执业的权威性标准，虽然公认审计准则和审计准则说明书是审计人员权威性的指导文献，但是它们所提供的指导却比人们所希望的要少。审计标准说明书中几乎没有要求执行的具体审计手续，也没有对审计人员的各种决策，例如对确定样本量、选取抽查项目和评价抽样结果等提出具体要求。很多审计人员认为，审计标准应当对如何决定应收集的审计证据数量，作出更明确、更具体的规定，以减少审计决策的困难，并保护审计人员免受“审计不当”的指责。然而，要求过于具体将使审计工作由一项专业判断性工作变成一项机械的证据收集工作。所以，美国审计准则委员会从审计职业和审计服务对象两个方面综合考虑，认为过于具体的权威性指南比过于抽象的权威性指南恐怕危害更大。

因此，审计人员应该明确，公认审计准则和审计准则说明书是执行业务的最低标准，而不是最高标准或理想标准。如果审计人员不考虑具体情况，仅仅根据标准就缩小审计的范围，那他就根本没有把握标准的精神。同时，建立审计标准也并不意味着审计人员任何时候都要盲目照搬照抄。如果审计人员认为某一标准的要求不切实际或不能执行，他完全可以采用一个变通的行动方案。同理，如果某个有问题的事项金额不大，也无需死守有关标准。需着重强调的是，是否违背审计标准，需要审计人员自己去判断。

从审计质量的角度考察，虽然审计准则是最佳的审计实务，但它并不意味遵守审计准则就达到了保证审计质量的最起码要求，更不是达到了最高的审计质量。“职业谨慎”的法律概念和职业概念有时也会不一致，原因主要有两方面：一是环境变化，但审计准则没有作出相应的调整和修改；二是审计准则还有不完整或不完善的地方，即对某些审计实务（如某些特殊行业的财务报表的审计）未提出明确的要求和判定准则。审计准则的这些缺陷影响了其作为衡量审计责任的最高标准的地位，正如新南威尔士高级法庭的判决所说的：“在审查账户时保持合理的关注和技能作为一种法律责任一直没变，但是审计中的合理性和技能必须考虑变化的环境，并应随环境的变化而变化。合理的关注和技能要求不断修订审计准则以满足和适应变化了的环境。”

3. CMM/CMMI 认证

CMM 认证是由美国软件工程学会（SEI）制定的一套专门针对软件产品的质量管

理和质量保证标准。CMM 全称为 Capability Maturity Model，中文名称为能力成熟度模型。

CMM 认证最早始于 1987 年，为了满足美国联邦政府评估软件供应商能力的要求，美国卡内基梅隆大学的软件工程研究学院牵头，发布了一份能力成熟框架（Capability Maturity Framework）以及一个成熟度问卷（Maturity Questionnaire）。1991 年，SEI 将成熟度框架进化为软件能力成熟度模型（Capability Maturity Model For Software，简称 SW-CMM，即 CMM1.0）。

在过去的十几年中，CMM 认证对全球的软件产业产生了非常深远的影响。CMM 认证共有五个等级，分别标志着软件企业能力成熟度的五个层次。从低到高，软件开发生产计划精度逐级升高，单位工程生产周期逐级缩短，单位工程成本逐级降低。据 SEI 统计，通过评估，软件公司对项目的估计与控制能力约提升 40%～50%，生产率提高 10%～20%，软件产品出错率下降超过 1/3。

对一个软件企业来说，达到 CMM2 就意味着进入了规模开发阶段，基本具备了一个现代化软件企业的基本架构和方法，具备了承接外包项目的能力。CMM3 评估则需要对大软件集成的把握，包括整体架构的整合。一般来说，通过 CMM 认证的级别越高，就越容易获得用户的信任，在国内、国际市场上的竞争力也就越强。因此，是否能够通过 CMM 认证也成为国际上衡量软件企业工程开发能力的一个重要标志。

CMM 认证是目前世界公认的软件产品进入国际市场的通行证，它不仅仅是对产品质量的认证，更是一种软件过程改善的途径。参与 CMM 评估的博科公司负责人表示，通过 CMM 的评估认证不是目标，它只是推动软件企业在产品的研发、生产、服务和管理上不断成熟和进步的手段，是一种持续提升和完善企业自身能力的过程。如果一家公司最终通过 CMMI 的评估认证，标志着该公司在质量管理的能力已经上升到一个新的高度。

CMM 认证的评估方法是 CBA-IPI 方法（即 CMM-Based Appraisal for Internal Process Improvement）。CBA-IPI 方法是一种诊断工具，它借助识别其现行过程的优劣使一个组织能了解其软件开发能力，把这些优缺点与 CMM 对照起来，企业可安排软件改进计划的优先顺序，并把注意力集中关注到最有利的软件改进上，以及给出其现行过程的成熟度等级和业务目标。此方法是受过培训的专业组对组织的软件过程能力作出评估，该组全体人员作为一个团队一起对评估范围内的 CMM 关键过程域进行评估和评分，评估结果是依据所采集的数据得出的，这些数据来自问卷回答、文档审核、陈述以及与中层经理、项目负责人和软件专业人员的深层访谈。

CMMI 的全称为 Capability Maturity Model Integration，即软件开发能力成熟度模型集成。CMMI 家族包括 CMMI for Development，CMMI for Service 和 CMMI for Acquisition 三个套装产品。

自从 1994 年 SEI 正式发布 CMM 以来，相继又开发出了系统工程、软件采购、人力资源管理以及集成产品和过程开发方面的多个能力成熟度模型。虽然这些模型在许多组织都得到了良好的应用，但对于一些大型软件企业来说，可能会出现需要同时采用多种模型来改进自己多方面过程能力的情况。这时它们就会发现存在的一些问题，其中的主要问题体现在：不能集中其不同过程改进的能力以取得更大成绩；要进行一些重复的培训、评估和改进活动，因而增加了许多成本；不同模型中会遇到一些对相同事物说法不一致，或活动不协调，甚至相抵触的情况。

于是，希望整合不同 CMM 模型的需求产生了。1997 年，美国联邦航空管理局（FAA）开发了 FAA-iCMMSM（联邦航空管理局的集成 CMM），该模型集成了适用于系统工程的 SE-CMM、软件获取的 SA-CMM 和软件的 SW-CMM 三个模型中的所有原则、概念和实践。该模型被认为是第一个集成化的模型。

CMMI 认证的评估方法是：SCAMPI 方法（即 Standard CMMI Appraisal Method for Process Improvement），SCAMPI 评估方法是一种诊断工具，支持和推动组织对过程改进进行承诺。通过确认组织和一个或多个 CMMI 模型相关的现有过程的强、弱项，SCAMPI 能够帮助组织对它自身的过程能力或组织成熟度有一个全面的了解。

CMMI 模型的前身是 SW-CMM 和 SE-CMM，前者就是我们指的 CMM。CMMI 与 SW-CMM 的主要区别就是覆盖了许多领域，到目前为止包括下面四个领域：

（1）软件工程（SW-CMM）。软件工程的对象是软件系统的开发活动，要求实现软件开发、运行、维护活动系统化、制度化、量化。

（2）系统工程（SE-CMM）。系统工程的对象是全套系统的开发活动，可能包括也可能不包括软件。系统工程的核心是将客户的需求、期望和约束条件转化为产品解决方案，并对解决方案的实现提供全程的支持。

（3）集成的产品和过程开发（IPPD-CMM）。集成的产品和过程开发是指在产品生命周期中，通过所有相关人员的通力合作，采用系统化的进程来更好地满足客户的需求、期望和要求。如果项目或企业选择 IPPD 进程，则需要选用模型中所有与 IPPD 相关的实践。

（4）采购（SS-CMM）。采购的内容适用于那些供应商的行为对项目的成功与否起到关键作用的项目。主要内容包括：识别并评价产品的潜在来源、确定需要采购的产品的目标供应商、监控并分析供应商的实施过程、评价供应商提供的工作产品以及对供应协议与供应关系进行适当的调整。

在以上模块中，企业可以分别选择软件工程或系统工程，也可以两者都选择。集成的产品和过程开发和采购主要是配合软件工程和系统工程的内容使用。例如，纯软件企业可以选择 CMMI 中的软件工程的内容；设备制造企业可以选择系统工程和采购；集成的企业可以选择软件工程、系统工程和集成的产品和过程开发。CMMI 中的大部分内容适用于个各不同领域，但是实施中会有显著的差别，因此该模型中提供了不同领域应用详解。

另外，CMMI 模型比 CMM 更进一步强化了对需求的重视。在 CMM 中，关于需求只有需求管理这一个关键过程域，也就是说，强调对现有质量需求进行管理，而如何获取需求则没有提出明确的要求。在 CMMI 的阶段模型中，3 级有一个独立的关键过程域叫做需求开发，提出了对如何获取优秀的需求的要求和方法。CMMI 模型对工程活动进行了一定的强化。在 CMM 中，只有 3 级中的软件产品工程和同行评审两个关键过程域是与工程过程密切相关的，而在 CMMI 中，则将需求开发、验证、确认、技术解决方案、产品集成这些工程过程活动都作为单独的关键过程域进行了要求，从而在实践上提出了对工程的更高要求和更具体的指导。CMMI 中还强调了风险管理。不像在 CMM 中把风险管理分散在项目计划和项目跟踪与监控中进行要求，CMMI 3 级里单独提出了一个独立的关键过程域叫做风险管理。

4. ISO27001 标准

（1）标准的起源和发展。

随着在世界范围内信息化水平的不断发展，信息安全逐渐成为人们关注的焦点，世界范围内的各个机构、组织、个人都在探寻如何保障信息安全的问题。英国、美国、挪威、瑞典、芬兰、澳大利亚等国均制定了有关信息安全的本国标准，国际标准化组织也发布了 ISO17799、ISO13335、ISO15408 等与信息安全相关的国际标准及技术报告。目前，在信息安全管理方面，英国的 ISO27000:2005 标准已经成为世界上应用最广泛与典型的信息安全管理标准，它是在英国标准协会（BSI）的 BDD/2 信息安全管理委员会指导下制定完成的。

ISO27001 标准于 1993 年由英国工业贸易部立项，于 1995 年首次出版 BS7799—1:1995《信息安全管理实施细则》，它提供了一套综合的、由信息安全最佳惯例组成的实施规则，其目的是作为确定工商业信息系统在大多数情况所需控制范围的唯一参考基准，并且适用于大、中、小组织。1998 年英国公布标准的第二部分《信息安全管理体系规范》，它规定了信息安全管理体系要求与信息安全控制要求，它是一个组织的全面或部分信息安全管理体系评估的基础，它可以作为一个正式认证方案的根据。ISO27000—1 与 ISO27000—2 经过修订于 1999 年重新予以发布，1999 版考虑了信息处理技术，尤其是在网络和通信领域应用的近期发展，同时还特别强调了商务涉及的信息安全及信息安全的责任。2000 年 12 月，ISO27000—1:1999《信息安全管理实施细则》通过了国际标准化组织的认可，正式成为国际标准——ISO/IEC17799—1:2000《信息技术—信息安全管理实施细则》。2002 年 9 月 5 日，ISO27000—2:2002 草案经过广泛的讨论之后，终于发布成为正式标准，同时 ISO27000—2:1999 被废止。现在，ISO27000:2005 标准已得到了很多国家的认可，是国际上具有代表性的信息安全管理体系标准。目前，除英国之外，还有荷兰、丹麦、澳大利亚、巴西等国已同意使用该标准；日本、瑞士、卢森堡等国也表示对 ISO27000:2005 标准感兴趣，我国台湾、香港地区也在推广该标准。许多国家的政府机构、银行、证券、保险公司、电信运营商、网络公司及许多跨国公司已采用了此标准，对自己的信息安全进行系统的管理。截至2002年9月，全球共有142家各类组织通过了ISO27000:2005信息安全管理体系认证。

2000年，国际标准化组织在BS7799—1的基础上制定通过了ISO17799标准。BS7799—2在2002年也由英国标准协会进行了重新修订。国际标准化组织在2005年对ISO17799再次修订，BS7799—2也于2005年被采用为ISO27001:2005。

（2）ISO27001标准的内容及效益。

ISO/IEC17799—2000（BS7799—1）对信息安全管理给出了建议，供负责在组织启动、实施或维护安全的人员使用。该标准为开发组织的安全标准和有效的安全管理做法提供了公共基础。

该标准指出："像其他重要业务资产一样，信息也是一种资产。"它对一个组织而言具有一定的价值，因此需要加以适当的保护。信息安全防止信息受到各种威胁，以确保业务连续性，使业务受到损害的风险减至最小，使投资回报和业务机会最大。

信息安全是通过实现一组合适控制获得的。控制可以是策略、惯例、规程、组织结构和软件功能。需要建立这些控制，以确保满足该组织的特定安全目标。

ISO/IEC17799—2000包含了127个安全控制措施来帮助组织识别在运作过程中对信息安全有影响的元素，组织可以根据适用的法律法规和章程加以选择和使用，或者增加其他附加控制。ISO在2005年对ISO17799进行了修订后，ISO17799就作为ISO27000标准族的第一部分——ISO/IEC27001，新标准去掉了9点控制措施，新增了17点控制措施，并就重组部分控制措施而新增1章，重组部分控制措施、关联性逻辑性更好，更适合应用，并修改了部分控制措施措辞。修改后的标准包括11个章节：

- 安全策略；
- 信息安全的组织；
- 资产管理；
- 人力资源安全；
- 物理和环境安全；
- 通信和操作管理；
- 访问控制；
- 系统系统采集、开发和维护；
- 信息安全事故管理；
- 业务连续性管理；
- 符合性。

ISO27001标准的效益：

- 通过定义、评估和控制风险，确保经营的持续性和能力；
- 减少由于合同违规行为以及直接触犯法律法规要求所造成的责任；
- 通过遵守国际标准提高企业竞争能力，提升企业形象；

- 明确定义所有组织的内部和外部的信息接口目标——谨防数据的误用和丢失；
- 建立安全工具使用方针；
- 谨防技术诀窍的丢失；
- 在组织内部增强安全意识；
- 可作为公共会计审计的证据。

（3）ISO27001 认证要求与其他管理标准。

ISO27001 标准是为了与其他管理标准，比如 ISO9000 和 ISO14001 等相互兼容而设计的，这一标准中的编号系统和文件管理需求的设计初衷，就是为了提供良好的兼容性，使得组织可以建立起一套管理体系，能够在最大程度上融入这个组织正在使用的其他任何管理体系。一般来说，组织通常会使用为其 ISO9000 认证或者其他管理体系认证提供认证服务的机构，来提供 ISO27001 认证服务。正是因为这个缘故，在 ISMS 标准体系建立的过程中，质量管理的经验举足轻重。

但是有一点需要注意，一个组织如果没有事先拥有并使用任何形式的管理体系，并不意味着该组织就不能进行 ISO27001 认证。这种情况下，该组织就应当从经济利益考虑，选择一个合适的管理体系的认证机构来提供认证服务。认证机构必须得到国家鉴定机构的委托授权，才能为认证组织提供认证服务，并发放认证证书。大多数国家都有自己的国家鉴定机构（如英国皇家认可委员会 UKAS），任何获得该机构授权进行 ISMS 认证的机构均记录在案。

任何一个 ISMS 体系的建立和开发都应当满足组织独特的需求。每个组织不仅都有自己独特的业务模式、运营目标、形象特点和内部文化，它们对待风险的态度倾向也有可能大相径庭。换句话说，同一个东西，一个机构组织认为是必须提防的威胁，而在另一个组织看来可能是一个必须抓住的机遇。同样地，各个机构组织对于既有风险防护的投入也参差不齐。基于以上或者其他原因，每个运行 ISMS 的组织，其内部成员必须对风险评估有一个共识，这个风险评估的方法论、结果发现和推荐解决方式都必须得到董事会的首肯。

ISMS 项目很复杂，可能持续若干个月甚至若干年，涉及整个机构组织以及从管理层到收发部门的每个成员。ISO27001 标准诞生时间短，成功的案例比较少。从务实的角度考虑，这表明在项目计划过程中，必须尽早对这些仅有的指导性的书籍和案例进行分析和研究。ISO27001 标准旨在指导一个企业如何着手开展 ISMS 项目，并且关注整个项目进程中的若干重要元素。

1950 年，美国质量管理专家戴明提出了 PDCA 循环，即计划（Plan）——执行（Do）——检查（Check）——行动（Act）过程，意在说明业务流程应当是不断改进的，该方法使得职能部门经理可以识别出那些需要修正的环节并进行修正。这个流程以及流程的改进，都必须遵循这样一个过程：先计划，再执行，再对其运行结果进行评估，紧接着按照计划的具体要求对该评估进行复查，而后寻找到任何与计划不符的结果偏差（即潜在改进的可能性），最后向管理层提出如何运行的最终报告。

二、服务外包的合同管理

由于外包供应商是一个外部独立运作的法人实体，外包供应商和发包方的关系是合作关系，而不是行政隶属关系，因此发包方必须与外包供应商签订一系列的合同或协议。外包合同是双方合作的基础，也是维持这种合作关系的可靠凭证，它直接关系到外包的成败，故发包方必须用具有法律效力的合同来约束供应商的行为，有效地降低外包的风险。

（一）利用合同条款控制服务外包的风险

外包安排应以明确的书面合同确立。由于没有也不可能有具体的法律法规或行政规章直接进行规范，而且许多外包业务往往有较长的周期，因此在业务外包过程中要注意充分利用合同控制服务外包的风险。要通过谈判与外包商签订一个可操作性强、尽可能完备的合同，准确、清楚地表述涉及外包的所有实质性要素，包括权利、义务、各方预期和责任。

外包书面合同的特征及细节应与外包业务的重要程度相一致。书面合同是重要的管理手段。恰当的合同条款能降低违约风险或减少在业务范围、特性及服务质量方面的分歧。企业应对外包服务商的人员与技术准备等作出明确约定，并注意保持合同对未来变化环境的充分估计，留有必要的弹性空间以应对可能发生的环境变化。

合同的关键条款应包括：

(1) 明确界定需要外包的业务，包括适当的服务及执行水平，事先评估外包服务商在数量及质量方面的履约能力。

(2) 合同既不能阻碍发包方履行监管义务，也不能妨碍监管当局行使监管权力。

(3) 发包方必须确保能够从服务商处获得有关外包业务的账簿、记录及信息。

(4) 规定发包方要能对服务商进行持续的监控，以便能及时采取整改措施。

(5) 在必要情况下，合同应包括终止条款及执行终止规定的最短期限。后者应允许外包服务能转包给其他服务商或并入发包方。此类条款应包括破产、公司性质改变的情况，并明确规定合同终止后知识产权的处置和其他在合同终止后仍然有效的合同义务。

(6) 对外包安排的特殊重要问题也应作针对性说明，如对海外服务商。合同应包括适用法律的规定、协议约定及司法约定，这些可确保有关各方在特定司法管辖下仲裁纠纷。

(7) 合同应包括服务商将全部或部分外包业务转包的前提条件。在适当的情况下，如服务商要将全部或部分外包进行分包，则应事先取得发包方的同意。且合同条款应保证发包方的风险控制力不能因分包而受到影响。

此外，鉴于外包合同的重要性，应该注意结合运用外聘律师审查与内部法律顾问审查相结合的机制。

(二) 合同订立过程中的风险规避

发包方通过与供应商的谈判，最终确定的外包合同主要应包括如下项目：外包的业务项目内容、外包的价格、双方的职责、双方的权利与义务、合作的期限、项目完成进度及要求、违规条款、商业保密条款、双方沟通机制、问题处理机制和退出外包机制。

下面以物流外包合同为例，简要介绍合同签订的整个过程所要做的工作。

1. 合同签订前的前期准备阶段

由于第三方物流服务的不确定性和复杂性，为了保护各自的利益以及减少风险，与选定的第三方物流企业签署合同就极为必要，这样在规范经营的同时又可鼓励物流创新。当然，在供需合作关系之初，鉴于需求界定（包括对过程、活动、作用和责任、绩效目标、激励和惩罚的界定）方面可能存在问题，或者因找寻范围、找寻对象不合适而使选择的服务对象在实施物流服务中难以达到要求等原因，可以考虑签署非正式协议。但随着供需关系走向稳定，就应该签署正式合同。合同内容应尽可能全面，如包括一系列预计将来可能产生的问题，怎样处理和维系开发合作关系以及怎样提高绩效等内容也应包括在内。

在这一阶段，要做好以下准备工作：

（1）对第三方物流企业进行实地考察和确认，包括仓储设施、物流装备、交通状况、消防安全等。

（2）进行文件交换。发包企业要把对物流操作信息、客户的服务水平的承诺通报给供应商，同时发包企业要向供应商进一步强调、明确外包业务的内容、业务范围、业务流程、成本报价等。

（3）进一步明确合作双方的具体义务和权利。

（4）选派人员。为保证物流外包项目的顺利实施，物流供应商必须选派得力的实施小组来完成该项目。

（5）业务培训。通过必要的业务培训，物流供应商的员工对企业物流业务和操作流程、各项物流业务的要求、业绩考核要有充分了解，同时要求对岗位职责、注意事项、紧急情况处理、各种报表要求等明白清楚，为各项业务的交接铺平道路。

（6）完成前期准备后，进行试运行是必要的，也是关键的。物流供应商通过试运行可检验物流方案的可行性，并及时作出调整；同时要协调发包企业自身及其与其承包商的各种运作，及时发现问题，并加以解决。如果没有足够的业务培训和试运行，在正式运行后，由于第三方物流供应商对企业物流操作流程不清楚、要求不明确、考核标准不了解，则会造成物流业绩的迅速下降，直接影响接包企业的客户服务水平。

因此，面对来自企业领导层和最终客户的巨大压力，企业物流部门及第三方物流供应商都不得不投入巨大的人力、物力来提高物流水平，维持双方的合作关系。同时合作中也可能出现双方推卸责任、互相埋怨的情况，这对合作双方的合作是重大伤害，也是不必要的资源浪费，也会使发包企业对第三方物流供应商的选择产生质疑。

竞争是促使服务外包成功的关键。任何服务外包努力的首要目标是将竞争和市场力量引入到企业外部资源的利用过程中。众所周知，如果缺乏竞争和自由选择，企业利益就会受到损害。举例来说，政府机构的公共服务通常成本高而质量差，其原因并不是政府雇员的素质比私营部门雇员差，问题的实质也不在于公营还是私营，而在于垄断还是竞争。竞争是提高公共服务效率和质量的根本途径。

因此，在服务外包合同中，应该全面引入充分的市场竞争机制。在合同招标中，要有充分的相当资质的投标者参与真正的竞争性投标。通过几个合格的投标者势均力敌的相互博弈，不仅能使企业资源得到有效配置，而且可以提高外包服务商的压力和责任感。同时要有意识地采取一些战略措施，创造服务中的自由选择机会，完善竞争环境，在企业高层培育接受和支持多样化的选择态度。完全依赖单一的供应商，不管它是政府部门还是私人企业，都是很危险的。

2. 签署合同的谈判过程

签署合同是一个谈判的过程。当购买第三方物流服务时，由于不确定性和复杂性，合同需要尽可能详尽。在欧洲，一半以上的第三方物流合作有详细的合同约束，合同里明确了具体的规范和业绩目标，不少合同也规定了惩罚条款。随着第三方物流对物流系统负有更大的责任，惩罚条款在将来的合同谈判中会变得至关重要。因为如果一个服务提供者承担了发包方大量的或全部的物流工作，则发包方同样也要因此而承担相应的风险，例如产品的损坏、丢失以及因为货物被耽搁带来的顾客索赔等。因此，对于惩罚条款来说，并不仅仅是预防损失还要求确保最好的服务。也就是说，惩罚条款也是激励性条款。

另外，合同也应包括以下条款：如果规定的服务达不到协议的标准，则服务提供者应该进行基本原因分析，并制定计划来解决问题。为了规避风险，选择第三方物流供应商时应避免选择唯一一家物流供应商承担外包物流业务，而应选择两家或两家以上物流供应商从事物流外包业务，这样在一家供应商因某种原因不能继续提供服务时，另一家物流供应商能迅速接管，避免出现物流业务停止运行或短期内必须找到新的供应商的困难局面。为了让第三方物流供应商提供优质服务，发包方在制定绩效考评时，应制定第三方物流供应商之间的竞争机制和激励机制。绩效考评的原则、业务考评指标、奖惩措施等应对物流供应商透明，让它们充分了解，并在每月、每季的绩效考评时，将绩效考评结果及奖惩细节进行公示，使其能够起到激励和鞭策的作用，让供应商之间形成互相竞争的局面。

第二节 服务外包的风险管理

一、服务外包风险的概念

将风险定义为“损失发生的不确定性”是风险管理中普遍采用的定义。其含义有三：一是风险是指事件未来可能结果发生的不确定性；二是风险是指损失发生的不确定性；三是风险是指可能发生损失的损害程度大小。服务外包过程中存在很多因素可能导致外包失败，例如没有设置有关持续改善合同条款的机制，文化与目标差异导致的不相容，合同缺乏弹性，接包商的机会主义行为，忽视外包关系管理所导致的服务水平下降，指派不合适的人员管理外包合同，员工士气和信心下降，发包商失去对有关职能的控制以及外包所引起的信息安全问题与潜在竞争等。由于服务外包失败会给发包商带来损失，服务外包风险可以界定为负面事件造成的损失与负面事件发生概率的乘积。

二、服务外包风险的内容

在享受外包模式带来的种种利益的同时，各方都会面临一定的风险。对于发包方来说，其面临的风险主要有：

(1) 服务商提供的服务不尽如人意。

(2) 服务商未充分遵守谨慎管理的法律法规与发包方的规定。

(3) 服务商的合规与控制力不足。

(4) 操作风险与技术失误。

(5) 服务商按照自己利益行事，从而可能有悖于发包方的整体战略目标。

(6) 服务商未遵守隐私法和保密协议造成商业机密泄露风险。

(7) 服务商的活动不符合发包方（在道德或其他方面）的规定。

(8) 与发包方和第三方的互动不符合发包方的整体标准。

(9) 对手风险：不适当的承包或错误的信用评级。

(10) 信息集中与系统风险：行业整体的风险集中于某一服务商。

(11) 未能对外包服务商实施适当监督。

(12) 缺乏充分的专业能力对服务商进行检查。

(13) 实施检查的成本过高。

(14) 退出策略风险：由于不适当的市场退出引起的风险。

对于外包服务商来说，其面临的风险包括：

(1) 合同内容的实质性变更造成合同工作量剧烈增加，缺乏修正和退出机制。

（2）发包方缺乏足够财力以履行责任或提供补偿欺诈。

（3）应收账款质量恶化。

对于发包方和外包服务商来说，还面临一些共同风险：

（1）知识产权和商誉风险。在开发较大的核心项目过程中，一方将共同的开发项目或者衍生的治理成果抢先占为己有，而发生知识产权纠纷问题；由此还可能导致更为严重的信誉风险和法律风险，从而使对方蒙受巨大损失。

（2）合规风险。

（3）国家风险。可能由政治、社会或法律等因素引起，使得持续性商业计划更为复杂。

（4）合同风险。履行合同的能力，对于离岸业务，选择管辖法律至关重要。

（5）获得信息风险。外包协议影响受监管实体向监管当局及时提供数据。

三、服务外包的风险控制策略

（一）完善的监督机制

在合同执行期间，对接包商的有力监督可以进一步降低来自接包商的风险。发包商应成立包括 IT 专家、财务专家以及战略专家等各方面专家组成的监管组，或聘请第三方监理机构，对接包商进行监督，以便及时发现问题，采取措施减少风险。对接包商的监督主要包括服务质量监督、项目进度监督和项目成本监督三个方面。

1. 服务质量监督

服务外包项目的实施可以划分为多个阶段。在完成每个阶段的任务后，接包商应向发包商递交该阶段的项目进展报告，只有当发包商在对进展报告进行审核之后，接包商才可以开始下一阶段的工作。如果某一阶段的工作出现问题，接包商应当立即予以修改。

2. 项目进度监督

在保证质量的前提下按时完成服务外包项目，是对接包商一项基本的要求，因为一旦项目的进度不能得到保障，将会对以后的各项工作产生负面影响，因此发包商应当对外包项目的进度进行严格的监控，做到对每个阶段、每个细节的进程状态了如指掌，如果发现接包商的某段工期超出预期时间，则应尽快提醒接包商采取有效措施，督促其尽快完成任务。

3. 项目成本监督

发包商在项目执行之前，应当将每一阶段的费用按照比例进行划分，接包商应严格按照规定执行。不仅如此，发包商还要随时随地将预算费用和实际的费用进行比较，一旦出现成本超支的现象，要及时与接包商进行沟通，询问费用超支的具体原因和情况，并尽快找出合理有效的措施来控制成本的增加。

（二）灵活的激励措施

发包商对接包商的激励措施应当积极、主动、有效。从正面和反面两个方面影响接包商的业务开展和管理，使激励措施对外包业务的有力展开起到积极的促进作用。一般主要从以下几个方面着手：

1. 合理的奖励措施

发包商应根据服务外包的范围，按照接包商所提供的产品质量设定不同的级别，从而给予不同程度的奖励。同时，如果接包商在项目完成的过程中，在某些领域实现了技术的改进和突破，同时帮助发包商实现了业务上的盈利，发包商应当给予接包商额外的奖励。标准的制定应随着技术的发展而不断提高，以激励承包商使用新技术、持续改进服务质量。

2. 级别管理

发包商应制定相应的评级制度，根据接包商的素质和信誉、合作时间长短、合作过程中的满意程度，将接包商划分为准入级、合作级、伙伴级，对不同级别的接包商给予不同的报酬和奖励。级别评定应能上能下，如果接包商的服务水平下降、服务质量降低，就会被降级。

3. 收益共享

发包商将自身利润增长的一定比例分配给接包商，以此来激励接包商更好地为企业目标服务。它能够保证接包商的行为与发包商的目标高度一致，强调的是双方之间利益的共通性，而不单单是接包商完成的质量，它更要求接包商能不断地与发包商进行沟通，增进对目标的理解，等等。

4. 期权式激励

发包商在与接包商签订服务外包合同时，保留一个或几个具有吸引力的业务，以使接包商为得到这份潜在合同而努力提高服务水平，以获得用户的高满意度以及长期合作的愿望。与此相似，发包商避免和接包商一次性签订长期合同的办法也能收到相同的效果。由于这种激励方式与业务中的股票期权有相似之处，发包商可以根据接包商的服务水平决定是否继续签订合同以及是否扩大外包业务，故称之为“期权式激励”。

5. 竞争激励

即发包商引入竞争机制，把一项业务分给两个接包商，或事先拟定后备方案及后备接包商。这样可以给接包商带来一定的压力，促使接包商能够更好地完成外包项目。

6. 信誉激励

信誉作为一种承诺或保证，是解决逆向选择问题的有效工具，而且在提供减少市场经济道德风险的激励方面也起着“隐形眼”的重要作用。其实对于发包商和接包商来说，信誉激励是相互的：一方面，良好的信誉使得接包商对发包商在费用交付等方面的信任程度有所提升，更愿意积极地与其协作，对发包商在与接包商以后的合作或与其他企业的合作起着特别重要的作用；另一方面，接包商优良的信誉也会在很大程度上消除发包商对产品质量的担心，是接包商赢得顾客的重要保证。

随着服务业务外包范围的进一步扩展以及外包模式的不断发展与创新，将会衍生出更多形式的激励方案，促进发包商与接包商合力创造新的价值。

（三）通过有效的内部管理及关系管理策略的实施防范风险

1. 注重企业业务流程的重组，构建业务外包有效运作的机制

有效实行业务外包的一个重要前提是要对企业现有的业务流程进行重新组合，调整经营的关系结构、管理结构。企业实施业务外包战略的目的之一就是提高企业运作效率。因此，企业要根据哪些业务由自己完成、哪些由承包企业完成，重新确定业务流程，同时实现组织机构的重组，确保内部流程与外部流程的有机结合，最大限度地提高运作效率，从而提高企业的竞争力。

2. 正确识别、培育和提升企业的核心竞争力，确立业务外包有效运作的业务保障

核心竞争力决定企业的成败，实施业务外包的企业首先应该善于正确识别其核心竞争力。核心竞争能力首先取决于知识，而不是基于产品。在确定本企业在价值链中是否处于世界领先地位时，应考察机构内部最大的智能优势在何处。另外，核心竞争力可能被定位于价值链中的两个或三个环节上，许多公司都把自己的核心竞争优势定位于研发与开发能力上。再者，核心竞争力需要在企业最有价值，即企业可以赢得最大利润的领域以及在对客户而言最有价值的领域里进行选择。

3. 培育具备较高业务能力的人才，构筑业务有效运作的人才保障

人才是保证业务外包有效运作的关键因素。实现业务外包的企业必须在培养掌握业务外包技能的人才方面进行投资。不仅要培养管理人才，还要培养策划人才与操作人才，使企业实施业务外包的人才呈梯次结构。这种人才结构不仅能使企业正确地开展业务外包活动，而且能促使企业积极主动地创新。总之，企业的发展要以人才作后盾，应注重对围绕业务外包的各类人才的优化配置与培育，为企业实施外包活动提供强有力的人才支持。

4. 增强文化协同管理意识，构筑业务外包有效运作的文化保障

外包涉及不同国家、不同地区的企业，乃至不同国家企业之间的资源整合，因此，企业在这种经由外部而形成的竞争与合作关系中，不可避免地会面临由于文化差异而造成的冲突与摩擦，所以实施业务外包的企业必须增强文化协同管理意识，加强文化协同管理。企业为实现这一目的，需要通过充分的沟通与相互理解，建立信任关系，消除习惯性防卫的行为，建立诚实互信的关系，加强各方的合作与协调。

（四）通过良好的沟通及企业文化的融合防范风险

实施服务外包是发包商和外包合作伙伴之间互相配合、共同合作的过程，要保障

外包业务的顺利进行，必须建立有效的沟通渠道。例如，在签订外包协议时就应确定在什么情况下应该采用怎样的沟通工具，交流的时机和频率等。同专业的外包服务供应商一起合作，除了能够节省更多的成本，还能得到更优质的服务。

有效的沟通渠道并非自然形成，事先的安排及准备是非常必要的。定期的、不同层次的沟通渠道应事先安排，相关责任人应取得双方的认可，在此基础上还应保证项目负责人跟踪以保障顺利的交流。

企业文化是指导企业经营和员工行为的价值理念。成功的外包必须建立在对客户明确需求和潜在需求的充分理解的基础上，没有良好的沟通能力，承包商很难了解客户真正需要什么，最终可能导致客户对外包服务的不满。外包业务涉及不同国家企业的管理、品质和开发流程方面的差异。针对这方面的问题，首先企业内部应该定期进行企业文化的培训，员工除了了解本企业的自身文化外，也应该更多地了解其他国家以及发包企业，以促进与海外发包企业的沟通。企业与外包合作伙伴要建立建设性的关系并达到五个层面的融合：组织高层管理者在战略层次上的沟通与融合；中层管理人员和专业技术人员在外包项目上的良好合作；日常管理的基层人员在运营上的信息交流；企业和外包合作伙伴在人员上的融合；企业和外包合作伙伴在文化上的融合。

（五）实施以人为本的人性化管理，努力降低隐性成本的风险

企业的管理者常常把企业利润持续下滑的原因简单地归结于可见的显性成本上，认为利润下滑的直接原因是外部恶性竞争和市场诸多不确定因素。实际上，隐性成本造成的效益流失同样可怕，绝对不容忽视。隐性成本涉及面广，无法预见，而且处理难度大，对管理者的指导和考核监督也比较困难。为了解决这个问题，除了需要合作双方企业努力，还需要一些其他的部门、单位协助。在企业的内部管理上，企业要加强管理者和员工的教育和引导，特别是督促外包服务商的管理人员与任职员工的交流沟通。尤其要加强以人为本的人性化管理，推行和谐企业发展理念，强调员工的团队合作精神，建立有效的绩效考核指标和激励机制，努力把发包企业和接包企业都打造成为积极向上、团结合作的组织。

（六）建立服务商的诚信评价机制，降低外包企业的依赖程度

企业诚信是社会诚信的重要组成部分，对于企业而言，建立服务供应商企业的诚信评价机制是相当重要的。系统地评价服务外包市场的诚信水平，需要建立一套完整的、行之有效的、可以量化的诚信指标体系，通过指标体系直观地描述市场诚信的发展状况，客观分析问题，从而进行科学决策。其中，以评价服务供应商的服务质量指标最为重要，它包括客户（企业以及相关的客户）满意度、工作完成效率和准确率等；而服务供应商企业素质指标包括服务资质等级、企业市场地位、员工素质等；经营管理指标包括合同履约率、操作安全率等。通过对服务供应商企业的诚信评价，提高服

务供应商企业的服务水平，使发包商放心地把业务交给服务供应商去完成，降低外包企业的依赖程度。

（七）购买保险服务，降低自身外包风险

对于一些无法事前防范的风险，可以采取转嫁的方式进行规避，购买保险服务不失为一项好的选择。

1. 员工人身意外伤害带来的赔偿风险

在业务现场进行服务的人员，由于大部分人员从事户外劳动，并且周围遍布大型工具和机械，人身意外风险是一个不可忽视的问题。作为外包企业，已经将该项业务外包给服务商，原则上对于服务商员工不承担相关的赔偿责任，但实际运作中，基于现有的各种压力，以及服务商的赔偿能力等因素的影响，企业在某种程度上还是会受此影响。因此，在签订外包合同时必须要求服务商购买雇主责任险以规避员工人身意外所带来的一系列问题。

2. 雇主责任险

雇主责任险是指被保险人所雇用的员工在受雇过程中从事与保险单所载明的与被保险人业务有关的工作而遭受意外或罹患与业务有关的国家规定的职业性疾病，所致伤、残或死亡，被保险人根据《中华人民共和国劳动合同法》应承担的医药费用及经济赔偿责任，包括应支出的诉讼费用，由保险人在规定的赔偿限额内负责赔偿的一种保险。某些企业业务作业的性质决定了现场的大部分作业工种具有一定的危险度，会对人身造成潜在伤害，当事故发生时，保险人代替雇主履行了应尽的赔偿责任的一部分或全部，这样就减少了外包企业以及服务供应商的风险。

3. 企业财产险

企业财产险可以减少事故带来的损失。很多企业业务操作现场除了一般的办公设备外，还有许多价格昂贵的专业操作机械，例如岸吊、场桥等。由于现场作业的复杂性以及场地的空间限制性，服务商在作业的过程中，经常会发生一些机械的损坏等。因此，服务供应商以及外包企业都可以通过购买企业财产险等来规避部分的风险。

（八）通过控制机制调节降低合作风险

控制机制是用来控制和协调关系成员从事关系行为的方法或机制，合理的控制机制可以保护交易，使参与方利益最大化，同时协调企业内部以实现既定的组织目标。控制机制可以通过契约和关系规范来达成。其中，契约是指关系成员间达成的一种约定，确定了各自从事渠道活动的责任和回报，契约是通过谈判协商，经双方同意正式签署，以文本的形式确定各自的权利、义务和双方关心的事宜，明确、固定、具有法律效应。而关系则是指在正式、明文规定和详细操作过程和契约下的操作情况。关系规范是指双方共有的一系列隐性规划或者规范，通过它来协调双方的活动并管理关系，

是双方共同的一种价值意向，没有明确的条目约束，具有很大的灵活性和模糊性，涉及的主要关系包括相互团结、信息交换、参与。

（九）通过签订严密和有效的服务合同防范风险

通过签订严密和有效的服务合同防范风险有两方面的含义：一是合同签订的风险防范，二是对合同执行的监督控制。

一方面，签订合同可以从以下几个方面进行风险防范：

首先，要明确服务范围和绩效考核标准。必须具体、明确地说明服务的范围和各项绩效考核标准，以便双方明晰各自的责任、权利和义务。标准要可衡量、基于实际、便于实现，建议尽可能地数据化，不建议标准过高，使服务商无法达到。标准还必须具备可操作性，在建立时应充分考虑所涉及企业发展过程的各种重要因素。标准还要不断更新，以适合企业每一个阶段的发展需要，适应企业持续发展阶段性的不同战略需求。

其次，要规定违约责任、争议与纠纷的处理程序。

再次，合同应具有一定的空间延展性。合同的签订不能过于死板，无法变通。市场情况是随着政策、技术等的变化而不断变化的，为了防止上述变化带来异常情况的出现，在签订合同时还需要具有一定的灵活性。

最后，要明确合同终止的权利。合同应该明确在服务商在各种因素影响下不能有效地提供服务的情况下，企业有权提出终止合同的权利，服务商承担对企业的相关补偿责任。

另一方面，是关于对合同执行的监督控制。当企业选择服务进行外包后，并不意味着可以减少与之相关的管理人员、管理事务，将外包的服务“全权”让服务商进行运作，企业还需要在外包的管理和执行监督上建立专业的管理团队，对外包业务进行统一管理。

第三节　发展服务外包的政策环境与法律保障

一、发展服务外包的政策环境

（一）部分承接服务外包的国家的政策环境

1. 印度

印度的服务外包业能取得骄人成绩，是与印度政府对外包的鼓励政策息息相关的。印度软件业从20世纪80年代就被列为国家优先发展的产业，并成立了专门的信息产业部，在税收、信贷等方面给予优待，为吸引外资制定了一系列优惠政策，例如，对于软件出口企业，外资控股可高达75%，或由外商独资经营。印度政府投入巨资加强软件产业发展的基础设施建设，创造投资环境，先后建成18个软件园区，有1 300多个海内外公司在这些园区内注册；实行零税负政策，如生产软件产品，包括出售技术和提供技术咨询服务，不征收流转税；企业开始经营的前8年，可免除5年所得税；对软件出口获得的利润，免征企业所得税；对软件出口额占销售额80%以上的企业，免征全部企业所得税；2004年2月，印度政府发布了一项税收声明，为避免双重征税，跨国公司将其非核心业务外包至印度享受免税。

印度政府还积极为本国企业拓展容量极大的美国市场提供便利。早在1988年，在双方政府协作下，印度、美国就各自在本国设立了第一个卫星地面站，使印度软件企业加快实现了离岸开发作业。此后，印度企业又与美国企业在资金、市场和技术等方面开展合作，以扩大印度软件企业在美国的知名度，推动印度软件产品进入美国市场。

印度政府十分注重对人才的培养，逐渐形成了一批高素质、专门从事软件外包服务的“软件蓝领”队伍。在印度，初级软件从业人员的培养已经系统化、社会化，形成了规模化、产业化的IT职业教育培训。例如，印度著名的软件教育培训机构APTECH的AC-CP课程先用160个学时培养出一个初级程序员，再用184个学时把这个初级“产品”培养成程序设计员，然后用330个学时“生产”出一个系统分析员。至此，才为社会培养出一个合格的软件“蓝领”，也才使得印度软件企业可以在外包业务中形成“项目经理、系统分析员、程序员”这样合理的人才结构。

2. 菲律宾

为了大力开拓美国外包市场，菲律宾的教育体系采用了美国模式，在政治、经济、文化、法律、社会体制等方面都与美国相通，许多专业人员曾在美国接受过培训，他们精通英语，具备美国客户要求的专业知识，双方容易交流、达成合作。菲律宾目前拥有2 900万名技术人才，每年还新增3.8万名大学毕业生。与其他国家相比，菲律宾的技术人员和服务人员拥有国际先进水平的专业知识并且熟悉用户服务标准，具备良好的业务能力及职业道德，更容易与美国等发包国进行沟通交流并迅速达成合作意向。世界外包市场调查显示，菲律宾服务人员的英语表达和理解能力优于印度、爱尔兰等国家。

菲律宾政府近年来大力加强基础设施建设，并因地制宜，将美国遗留的军事基地改建为经济特区，如苏比克湾、克拉克自由港等，这些特区设施完善且通讯系统良好。菲律宾的办公区域充足，目前还有40万平方米的容纳能力，为了降低办公成本，菲律宾政府鼓励国际房地产公司来管理这些办公区域。这使得菲律宾办公区域的租赁协议规范合理，租赁价格低廉。菲律宾政府还大力宣传其位于亚洲中心的优越的地理位置，积极引导外包企业利用便利的交通优势开展物流运输业务。

菲律宾政府致力于信息产业的发展和商业外包服务，对外国投资采取鼓励政策。

外国公司在经济特区开展业务，前 4～8 年为免税期，免税期后可继续享受优惠待遇，只需缴纳 50%的营业税；公司还可免税进口特殊材料和设备、免缴码头使用费、自由使用托运设备、雇用外籍职员等。菲律宾经济特区在过去的 13 年中一直在为增加出口而努力，对特区内的企业免征出口税费。在行业管理方面，作为政府管理部门的贸工部投资局，监管整个外包服务市场。该部门负责市场研究、公司经营执照管理、审核外包公司的经营情况，并根据其业绩，向优秀企业颁发证书。此外，各行业有自己的联合会、协会，这些机构是非营利性的，一般设有培训中心和工作室，负责专业人员的培训、福利，组织研讨会、论坛、展览会等活动。菲律宾目前吸引到的外包服务业务的主要来源有：美国（约占 70%）、日本（约占 20%）、韩国和欧洲（约占 10%）。在外包服务领域中，菲律宾专长呼叫中心、电脑动画制作、医学数据编译等。

（二）当前中国发展服务外包的政策环境

1. 宏观政策环境

鉴于承接服务外包对于现阶段中国经济转变发展方式，提升服务产业比重和水平，推动“中国制造”向“中国创造”成功转型，提升在全球产业分工价值链中的地位的重要作用，各级政府高度重视服务外包产业的发展，积极倡导和大力扶持发展服务外包产业，并为此制定和实施了具体的指导方针和政策措施。

这些政策主要涉及如下几个方面：第一，发挥公共财政职能，支持承接国际服务外包基地建设；第二，中央及地方政府各级财政安排相应资金，鼓励和支持我国服务外包产业获取国际通行的资质认证；第三，充分运用财政政策，大力支持服务外包企业开拓国际市场，积极搭建发包商与接包商面对面的交流平台；第四，促进服务外包企业提高技术水平，承接高端国际外包业务；第五，研究制定适当的税收扶植政策；第六，完善服务外包产业的双向投资贸易政策，积极引入国外先进经验，在支持服务外包企业积极承接国际服务外包业务的同时，鼓励企业通过联合、并购、重组，组建大型国际服务外包企业；第七，为承接国际服务外包企业的人才培训提供财政支持；第八，建立外包基地和外包实验区，加强鼓励技术先进型服务企业的试点工作。

2. “千百十工程”

在中国政府目前所制定的众多政策中，“千百十工程”是其中非常重要的一项政策。为推动“千百十工程”目标的实现，政府制定了大量的配套政策来推动该工程的进展。

自 2006 年以来，商务部会同原信息产业部、科技部、教育部、财政部实施了推动服务外包产业发展的“千百十工程”，并取得了积极成效。下面就“千百十工程”作一个简单介绍。

(1)“千百十工程”的目标 。

“千百十工程”的主要目标是：在“十一五”期间，在全国建成 10 个具有一定国际竞争力的服务外包基地城市，推动 100 家世界著名跨国公司将其一定规模的服务外包业务转移到中国，培育 1 000 家取得国际资质的大中型服务外包企业，创造有利条件，全方位承接国际（离岸）服务外包业务，力争 5 年内吸纳 20 万～30 万大学生就业，培训 30 万～40 万承接服务外包所需的实用人才，实现 2010 年服务外包出口额在 2005 年基础上翻两番。

（2）推动“千百十工程”实施的政策措施。

1）建立部际合作协调机制。

经协商一致，商务部会同原信息产业部、科技部、教育部建立服务外包“千百十工程”部际合作协调机制，共同研究解决服务外包产业发展过程中出现的问题，制定支持政策，明确各部门工作目标和任务，推动“千百十工程”实施和服务外包发展。

2）开展“中国服务外包基地城市”和“中国服务外包示范区”的认定工作。

为加快我国承接国际（离岸）服务外包业务发展，提高我国服务外包企业竞争力，商务部、原信息产业部、科技部自 2006 年起选择一批中心城市和重点地区作为开展承接国际（离岸）服务外包的基地城市和示范园区，在宏观政策、规划设计、投资促进、综合协调等方面给予支持，对提升所在地区服务外包产业整体水平，起到了示范和带动作用。

截至 2007 年年底，商务部会同原信息产业部、科技部认定北京、天津、大连、上海、南京、杭州、合肥、济南、武汉、长沙、深圳、广州、成都、西安 14 个城市为“中国服务外包基地城市”，认定苏州工业园区、无锡太湖保护区、大庆服务外包产业园、南昌高新区共 4 个“中国服务外包示范区”；天津经济技术开发区为中国服务外包培训中心。商务部、原信息产业部、科技部与上述基地城市、示范区分别签署共建协议，支持其发展。

3）制定并实施财政支持政策。

2008 年 2 月，财政部、商务部出台《关于承接国际服务外包业务发展相关财税政策的意见》（财企〔2008〕32 号），在中央财政资金和税收政策方面重点支持我国承接国际服务外包基地建设、服务外包人才培训、服务外包企业国际资质认证、促进服务外包产业跨越式发展。在财政部等部门的大力支持下，商务部、科技部、原信息产业部安排专项资金支持服务外包产业发展。

4）实施税收、劳动工时等政策试点。

经国务院批准，财政部、科技部、商务部、税务总局、劳动和社会保障部等部门在苏州工业园区进行税收、工时政策试点，对符合条件的服务外包企业（技术先进型现代服务企业）试行所得税减免、营业税减免、职工教育经费税前扣除，并实行特殊工时制等。

5）加强产业政策指导。

经国务院批准，新修订颁布的《外商投资产业指导目录》中，将服务外包列为鼓励类项目。此外，2006年年底，科技部、商务部将服务外包列入《鼓励外商投资高新技术产品目录》，服务外包产业享有了相应的鼓励政策。

6）加大金融支持力度。

商务部与中国出口信用保险公司共同合作，中国出口信用保险公司为基地城市、示范区和符合条件的服务外包企业提供包括信用管理、融资便利、风险保障、海外投资保险等支持。

7）推动公共服务支撑平台建设，开通相关服务外包网站。

由商务部牵头，中国国际投资促进会、基地城市、示范区共同建设、开通了"中国服务外包网"。工业和信息化部指导软件与集成电路促进中心建立并开通了"国家软件与信息服务外包公共支撑平台"网站。上述网站作为重要的公共信息平台，大力宣传了我国服务外包政策和承接能力，全面介绍了服务外包承接地和服务外包企业等信息，并为发包商和承接商提供了项目对接平台。

8）加强知识产权保护。

商务部在基地城市和示范区建立了知识产权举报投诉服务中心，与商务部建立的50个中心城市"知识产权保护网"联网，为承接国际服务外包业务打造良好的环境，并组织基地城市的服务外包示范区与所在城市的知识产权保护部门签署合作协议。

9）地方出台配套政策。

已认定的基地城市结合当地产业发展情况，出台地方配套鼓励政策，重庆、哈尔滨、青岛等城市也制定了鼓励措施。湖南省、杭州市和成都市还出台了专项财税配套政策用于支持本地方服务外包业务的发展。

10）做好投资促进工作。

通过在中国国际投资贸易洽谈会、第十一届中国国际软件博览会等重大国际性会议活动期间，举办服务外包论坛和专题研讨会，发布《2007中国服务外包发展报告》、《2007中国软件与信息服务外包产业发展白皮书》，建立基地城市综合评价体系，筹备设立中国服务外包研究中心等，加强服务外包发展宣传，并与全球最具权威的IT研究与顾问咨询公司——加特纳咨询公司合作，自2008年起每年在中国举办一次中国国际服务外包博览会，由各基地城市轮流申办。中国国际投资促进会还与基地城市、示范区成立了服务外包基地城市工作委员会。

二、发展服务外包的法律保障

（一）印度软件外包的相关法律制度

近几年，印度加速立法进程，相继制定了《信息技术法》（2000年）、《半导体集成电路布图设计法》（2000年）、《信息权利法》（2005年）等。为促进与软件相关硬件制造的发展，2003年，印度通信与信息技术部制定了《国家电子、IT硬件制造政策》，在关税、进出口、支持研发、开发市场等方面规定了相关的政策措施。在《所得税法》中，对于软件外包的相关税收问题也作出了规定。

总的来说，印度促进软件产业发展的法律及政策具有两个重要特点：一是政策色彩比较浓厚，政策的数量多于法规，并且政策的内容比较具体；二是相关法律规定的综合性较强。

1. 知识产权保护力度较强

(1) 知识产权立法。

软件外包最重要的是对知识产权的保护。20世纪90年代以前，与其他发展中国家一样，印度软件产业也曾陷入知识产权保护不到位和盗版猖獗的困境。经过十几年的高速发展，印度软件业取得如此令人瞩目的成就，离不开印度政府在知识产权保护方面的努力。印度对著作权的保护意识比较先进，很早就签署了著作权保护的国际条约——《国际版权条约》和《伯尔尼公约》，并于1992年、1994年对其版权法进行了修订，把计算机软件列入保护范围。1994年印度议会对1957年的《著作权法案》的修订成为印度著作权保护的里程碑。该法可以说是世界上最严格的著作权法之一，它明确规定了著作权人权益、软件出租权以及使用者制作备份的权利。该法第16条规定，在没有合适或者特殊理由的情况下，严禁非法制造和散布正版软件的拷贝。在没有版权所有者允许的情况下，严禁出租或出售任何电脑程序的副本。最引人注目的是该法修订后对软件版权的违法者处以相当严厉的惩罚和罚款。例如，计算机版权的违法者将同时面临民事和刑事指控，可被处以7天以上、3年以下的监禁，并处以5万到20万卢比的罚款。经过立法与执法方面的不断努力，印度的知识产权保护水平获得了西方国家的认可，印度软件企业与美国企业的合作越来越多，西方跨国软件企业特别是美国企业到印度投资建厂的意愿也越来越强烈，印度的软件企业很少遭受美国的“301条款”的制裁。

1999年，印度进一步对版权法进行了修订，通过此次修订，实现了与TRIPS协议（《与贸易有关的知识产权协定》）的完全接轨。印度1957年的《著作权法案》第38条特别规定，著作权保护期限是从著作权生效的第2年起25年，而1999年修订的著作权法按TRIPS的要求把计算机程序的保护期限从25年提高到50年；同时还赋予印度版权局处理著作权侵权案件的权力，对外国作者的作品给予与国内作者同样的保护。

2000年10月18日，印度《信息技术法》正式生效。该项法律对非法进入计算机网络与数据库、干扰服务、传播计算机病毒、篡改原文件、复制软件、伪造电子签名等违法行为规定了具体惩罚措施，并认可电子合同、电子文书和数字签字，使印度成为世界上第12个有此类法律的国家。此外，印度还签署了很多知识产权保护的国际协议，严厉打击盗版。在各方努力下，印度软件用户的版权意识得到增强，国内软件产业拥有更规范的环境，印度软件外包企业在国际上也获得了良好的口碑。

（2）知识产权保护的执法。

欧美国家的软件外包发包商在选择接包商时，对于接包商所在国知识产权保护水平的要求相当高。在这种情况下，印度政府除了积极调整知识产权条例与政策外，还成立了专门的机构，监督知识产权法的执行情况。印度软件业和服务公司协会是软件业反盗版的执法机构。此外，印度软件业和服务公司协会也曾于2001年在全国范围内展开了一次规模巨大的打击软件盗版行动。该协会与美国商业软件版权联盟公司合作，在几个月内开展了一系列行动，向各家各户宣传使用正版软件既安全又合算的信息。为打击日益猖獗的盗版软件活动，其还在马德拉斯开通了反盗版软件热线。

在知识产权保护的实施方面，印度政府编写和分发了《知识产权法手册》，向政府执法官员提供知识产权法培训。将《知识产权法手册》免费分发到中央政府、各邦政府和各级警察局官员手中；定期检查知识产权保护的执法工作，把具体执法责任落实到官员个人；国家警察学院对警察和海关官员提供知识产权法方面的课程培训；加大对知识产权执法机关执法设施和装备的资金投入；制定《专利操作及程序手册》等具体的执法操作规程，供各地执法官员遵照执行；在地方警察局内设立独立的版权实施处，使用来源识别码打击盗版；在11个邦及3个中央直辖区的政府内专门指定一位官员协调政府和知识产权组织及产权人的关系，为加强知识产权组织及产权人与执法机关的联系，及时交流相关信息。

2. 实行较优惠的税收政策

印度国内从中央政府到地方政府，对支持服务外包及软件业发展达成了广泛的共识。政府在法律条文中规定对经济特区、电子产品科技园、软件科技园中的企业实施广泛、充分的税收优惠。在企业所得税方面，提供10年减免期限，5年免税，其后5年50%免税；经济特区内企业进口零配件、设备、货物享受零关税；经济特区内企业采购和销售货物，销售税为零；投资收益的自由汇出；经济特区内企业出口货物、软件取得利润免征所得税；服务出口免征服务税（相当于我国的营业税）。此外，还有一些比较特殊的税收优惠政策，例如，在软件园区注册的软件企业2010年前免征所得税；在软件园区内注册且5年内实现至少25万美元外汇净收入的企业享受进口设备零关税；对软件研发中必需的进口软件免征关税；为开发软件而进口的硬件设备也采取了不同程度的关税减免；在国内采购中间产品的软件企业免除国内地方税。印度在《国家电子、IT硬件制造政策》中专门规定了与软件相关的硬件产品的税收优惠，包括：降低IT硬件产品关税税率，部分产品关税为零；计算机消费税为12%，折旧率为60%；微处理器、硬盘驱动器、软盘驱动器、CD-ROM驱动器、DVD驱动器、USB闪存和COMBO驱动器免征消费税。

（二）印度离岸软件外包法律制度对我国的启示

2009年，我国软件出口额为185亿美元，其中软件外包服务出口额仅24亿美元，只占软件出口额的12.9%。人们往往习惯于把印度称为“世界办公室”，而把我国称为“世界工厂”，原因就在于由于贸易政策和法规受到限制，我国的软件及信息服务离岸外包业仍远远落后于印度。要想促进我国软件外包贸易的发展，需要在完善我国的软件外包的相关法律法规上下足工夫。

1. 设立国家层面的领导、监管机构

印度软件业最大的成功在于制定了适合本国特点的政策法规，同时成立了强有力的统一领导机构落实这些政策。印度的《2008年信息技术发展计划》就是由国家信息技术与软件发展委员会发布的。我国可以在工业和信息化部的带领下，成立一个类似于印度国家信息技术与软件发展委员会的机构，对软件外包行业的发展进行统一管理。此外，还可以效仿印度的软件业和服务公司协会，成立最高权力机构——执行委员会（董事会），对软件外包进行总体管理，并与政府部门建立密切协作关系。我国可以在商务部等主管部门的带领下，组建“全国软件和服务外包出口联盟”或类似中介机构，逐步建立多层次的工作体系，提高软件外包服务企业开展国际贸易的水平。虽然我国已于1984年成立中国软件行业协会，深圳、大连等拥有较为成熟的软件外包园区的城市也拥有自己的软件行业协会，但是从某种意义上说，中国的软件行业协会还没能赶超印度的行业协会，在很多方面都需要完善。

2. 完善知识产权方面的立法

印度国内立法与TRIPS高度结合，而我国现行的《中华人民共和国著作权法》中的“作者”与TRIPS所界定的“作者”有一定差异。我国现行著作权法第2条、第11条、第16条仍存在法人作品、职务作品由法人或其他组织作为作者并享有著作权的规定，出现单位是著作权人和作者的现象，而TRIPS中的作者仅指“国民”。由于我国的法律与TRIPS的规定存在冲突，这样在实施国民待遇时就会出现障碍：我国法人或其他组织的著作权在国外得不到承认，但外国法人或其他组织却可以根据我国著作权法的规定得到合法保护，这就造成了一定的不公平。如何有效地保护法人和其他组织的利益，又不与现行国际公约冲突，这是我们在以后的著作权法修订中需要逐步解决的问题。

3. 加大知识产权保护系统建设

成立知识产权工作领导小组，建立和完善知识产权管理机构、政策法规、条件支撑和考核评价体系。建立健全知识产权行政管理体制，强化知识产权行政执法力度。建立信息共享、联席会议、案件移交、多方联动的工作体系，建设知识产权保护长效机制。联合开展专项市场检查与执法行动，健全保护知识产权举报制度，成立知识产权举报投诉服务中心，开通知识产权举报投诉电话。广泛开展知识产权宣传与培训，通过“保护知识产权宣传周”街头普法、知识产权有奖竞赛、万人签名抵制侵权产品等灵活多样的形式开展普及知识产权知识活动。

4. 完善税法，为软件外包企业提供税收优惠

在税收方面，可以结合我国国情，效仿印度对进口计算机系统、硬件和软件的关税进行适当减免，若产品100%为出口产品的应免缴关税；为出口软件而进口软件或在当地购买计算机系统的允许有一定比例的折旧率。对于经过认定的软件外包公司实行较低的所得税，特别是对开展国际业务的软件外包企业征收低比例的所得税。离岸软件外包属于具有自主知识产权的高新技术服务，主要属营业税征收范围，并通过生产产品延伸到增值税征收范围。可以对离岸软件外包业务中属于营业税征收范围的给予免征；对于属于增值税征收范围的，可以给予退税。个人所得税方面，为了鼓励软件外包产业的发展，作为人才鼓励的一项重要手段，对于经过认证的软件外包企业的从业人员的个人所得税，实行相对于其他行业更低的税率。在外贸政策方面，对于软件外包，可以适当上调软件产品的出口退税率、提高企业预收货款结汇比例。

5. 力促服务外包信息安全保护与国际接轨

2009年12月，商务部政府网站公布了《关于境内企业承接服务外包业务信息保护的若干规定》（以下简称《规定》）。《规定》指出，服务外包接包方应成立信息保护机构或指定专职人员负责制定本企业的信息保护规章制度，对保密信息采取合理、具体、有效的保密措施。《规定》为服务外包企业保护自身在服务外包中的商业秘密作出了指向性规定，旨在吸引更多外资在我国开展服务外包业务。

这部由商务部、工业和信息化部发布的部门规章自2010年2月1日起实施，主要规定了保密信息的范围、接包方应当采取的保密措施等问题。《规定》同时鼓励接包方制定企业内部信息安全管理体系，并获取国内、国际信息安全认证。明确接包方应积极开展对内部信息安全管理体系的检查及维护，持续改进企业内部信息安全体系。

商务部、工业和信息化部的这一举措，最大的亮点就在于明确规定了服务外包企业对服务过程中获得的保密信息的保护措施。其首要作用是表明中国政府对知识产权保护的积极态度，也可提升中国企业在境外知识产权输出企业中的形象。同时，在中国的国内服务外包业务中，商务部的强制性保密行为规范也能够填补国内企业的知识空白，有利于保护中国国内的知识产权。此外，这一与国际接轨的保密行为规范也降低了境外企业与境内企业之间关于商业秘密保护的谈判难度和谈判成本，有利于增强中国服务外包企业的国际竞争力，确保服务外包信息安全将有法可依。在实际运作中可能会发现该规定仍有不足之处，对于法律漏洞及空白地带还有待进一步完善。在条件成熟时，建议由立法机构制定专门的规范服务外包产业活动的法律，通过提高法律效力层次来对服务外包产业的发展提供更为有效的法律保障。

6. 健全软件外包执法机制

完善的法律如果没有运作良好的执法机制的支撑，也只是纸上谈兵。离岸软件外包是一个流程相当复杂的活动，在整个过程中，需要税务部门、财政部门、地方政府以及软件园区管理机构等一系列部门的支撑。应制定高度严密的知识产权保护法规及

具体保护措施，并建立监督机关保证知识产权保护落到实处。对于软件外包过程中产生的知识产权侵权现象，有关部门要严厉惩处，对知识产权务必实行严格的保护，争取达到印度政府保护知识产权的水平，为吸引国外的软件发包商创造良好的执法环境。我国也可以学习印度，成立一个专门的保障服务外包知识产权的机构，对知识产权相关法规的实施进行监管，定期检查知识产权保护的执法工作，同时加强知识产权执法机关的资金投入，加大对知识产权违法活动的惩处力度。

第四节　综述：服务外包的个人信息安全保护

根据《商务部关于做好服务外包“千百十工程”企业认证和市场开拓有关工作的通知》的有关规定，对符合条件且取得行业国际认证的服务外包企业给予一定的奖励，并采取有效措施支持其国际认证的维护和升级，力争5年内促进700家企业取得CMM/CMMI3级认证，300家企业取得CMM/CMMI5级认证。这些国际认证包括：开发能力成熟度模型集成（CMMI）认证、开发能力成熟度模型（CMM）认证、人力资源成熟度模型（PCMM）认证、信息安全管理标准（ISO27001/BS7799）认证、IT服务管理认证（ISO20000）、服务提供商环境安全性（SAS70）认证等。以上这些认证都来自于服务外包行业对知识产权保护和信息安全保护的客观要求。

知识产权保护和信息安全管理工作受到中国政府的高度重视。2008年6月，国务院颁布了《国家知识产权战略纲要》。2009年是实施国家知识产权战略的开局之年，将知识产权提高到“战略高度”已在各个层面达成共识。全国相继完成了知识产权战略制定工作，出台了符合地区与产业特点的知识产权战略规划及相关配套政策。2009年，中国知识产权立法工作取得积极进展：第三次修改后的专利法正式实施；《中华人民共和国侵权责任法》正式公布；最高人民法院发布了《关于审理侵犯专利权纠纷案件应用法律若干问题的解释》。各地政府相继完成并颁布知识产权战略纲要，逐步探索服务外包知识产权保护的专项立法。同时国家对服务外包信息安全立法也取得重大进展，2009年12月，商务部公布了《关于境内企业承接服务外包业务信息保护的若干规定》，产业发展的法律环境不断优化。

中国政府一直致力于打造完善的信息安全法制环境，经过多年的努力，信息安全领域内的立法工作日趋完善，逐步形成了由法律、行政法规、部门规章和规范性文件、地方性法规、地方性政府规章和司法解释六部分组成的信息安全法规体系（见表6—1）。信息安全标准是我国信息安全保障体系的重要组成部分，是政府进行宏观管理的重要依据。秉承积极采用国际标准的原则，我国转化了一系列国际信息安全基础技术标准，制定了一系列符合中国国情的信息安全标准，同时一些重点行业还颁布了一系列信息安全行业标准，促进了我国信息安全技术的发展。根据工业与信息化部的统计，截至 2008 年年底，中国共颁布信息安全技术标准 83 项。

表 6—1　　信息安全法规体系

级别	代表性法律法规
法律	《全国人民代表大会常务委员会关于维护互联网安全的决定》 《中华人民共和国电子签名法》
行政法规	《中华人民共和国计算机信息系统安全保护条例》 《中华人民共和国计算机信息网络国际联网管理暂行规定》 《互联网信息服务管理办法》 《信息网络传播权保护条例》
部门规章和规范性文件	《计算机信息网络国际联网安全保护管理办法》 《电子认证服务管理办法》 《互联网新闻信息服务管理规定》 《计算机信息系统保密管理暂行规定》
地方性法规	《重庆市计算机信息系统安全保护条例》 《辽宁省计算机信息系统安全管理条例》
地方政府规章	《北京市公共服务网络与信息系统安全管理规定》 《杭州市计算机信息系统安全保护管理办法》
司法解释	《关于审理扰乱电信市场管理秩序案件具体应用法律若干问题的解释》 《关于审理涉及计算机网络域名民事纠纷案件适用法律若干问题的解释》

资料来源：中国服务外包研究中心：《中国服务外包发展报告 2009》，32 页，上海，上海交通大学出版社，2010。

在服务外包业务开展过程中，特别是业务流程外包环节，服务供应商都要接触大量发包企业的客户资料和信息，并且往往代表发包企业为这些客户提供服务，因此，除了知识产权保护和信息安全之外，如何保护发包企业的利益，保障客户的个人隐私不受到侵犯，也是发包企业极度关注的问题，并逐渐成为业内共识。2009 年，商务部、工业和信息化部适时公布了《关于境内企业承接服务外包业务信息保护的若干规定》。

其中，该《规定》所指出的接包方应采取的保密措施如图 6—1 所示。该《规定》弥补了国内企业在服务外包业务信息保护方面的短板，有利于其加强信息安全管理，同时能增强中国服务外包企业的国际竞争力。

国内一家员工超过万人的大型服务外包企业文思创新软件技术有限公司就通过采取严格措施保护信息安全获益颇多。具体包括以下几个方面：

1. 合同与执行环节

（1）采用符合美国和欧盟法律要求的保密协议和相关合同；

（2）要求所有员工和分包商都签订保密协议，作为其雇用合同的一部分；

（3）定期与中国商务部和各贸易商会接触，共同推动信息安全保护相关法律的执行力度。

2. 流程与程序控制

（1）采用门禁卡和生物及指纹识别技术来进行跟踪；

（2）受限访问、物理分组、控制可携带介质；

接包方应成立信息保护机构或指定专职人员负责制定本企业的信息保护规章制度，对保密信息采取合理的、具体的、有效的保密措施，包括：

（一）限定涉密人员的范围

（二）对保密信息载体及其存储场所采取技术物理控制，以避免信息被他人不当访问或获取

（三）对保密信息的记录载体进行分级管理

（四）对配方含量和程度步骤等重要信息加密保存或保存于受限区域

（五）对保密信息载体使用密码

（六）对存有保密信息的厂房、车间、办公室等场所限制来访者或者对他们提出保密要求

（七）对存有保密信息的计算机建立有效的网络管理和数据保护措施，建立严格的身份认证和访问授权体系，采用完善的系统备份和故障恢复手段，定期进行安全补丁和病毒库的升级

（八）接包方与发包方约定的其他措施

图 6—1　接包方应当采取的保密措施

资料来源：中国服务外包研究中心：《中国服务外包发展报告 2009》，32 页，上海，上海交通大学出版社，2010。

（3）建立防火墙管理过程文档并定期复查审计日志；

（4）建立全面的报告机制文档和问题升级机制文档。

3. 培训

（1）通过在雇用合同中加入严惩条款来加强知识产权保护；

（2）定期对员工进行信息安全方面的教育，明确员工行为规范；

（3）加快建立以信息安全保护为中心的环境，和企业愿景与企业文化保持一致。

4. 不同级别的保护措施

（1）闭路视频监视；

（2）生物访问控制和验证系统；

（3）干扰检测；

（4）周界保护；

（5）键盘记录器；

（6）不可移动介质；

（7）受限互联网访问；

（8）文档销毁；

（9）随机测谎器测试；

（10）零时差攻击保护。

通过一系列的努力，中国服务外包企业的信息安全管理水平取得了明显的进步，越来越多的企业的信息安全管理达到国际水平，得到国外权威机构的认证。据商务部统计截至2009年年底，全国共有2 734家服务外包企业累计获得各项认证4 608个，其中6项国际认证1 745个；共有104家企业通过CMM5/CMMI5认证。服务外包示范城市共获得各项认证3 678个，占全国的79.8%，其中6项国际认证1 353个，占全国总数的77.5%，示范效应明显。

案例与分析

D公司对日软件外包项目失败

这是一个针对日本的软件外包项目。客户是日本一家著名的大企业，世界500强之一。

客户要求的内容很多，也很严格，不仅要求使用指定的技术和工具，而且还自主开发了一个平台，要求在该平台上进行开发、测试，以及各种文档格式要求和技术要求。最重要的是要保证工期，一定要在2个半月内提供高质量、完整的产品。

中国数家企业参与了该外包项目。D公司是其中之一，主要负责该项目40本程序（“本”是实现一个完整功能的程序单位，1本程序也就是1个程序，这与我们国产软件的设定不一样）的详细设计、编码以及单体测试工作。

成立项目组

项目立项后，D公司成立了项目小组。项目经理是一名在对日软件项目方面有多年开发经验的开发人员，但是，他是第一次负责项目。项目经理下设3个小组：负责详细设计的DS小组（6名成员），负责编程的PG小组（5名成员），以及负责测试的PT小组（5名成员）。每一小组设置一名小组长，配备若干组员。

同时，D公司在日方派驻了一名SE（高级分析设计人员），主要负责分析、设计以及中日两方的协调工作。DS小组人员具有丰富编程经验，提前1周进入了项目组工作。之后，PG和PT小组成员开始进入项目。项目经理安排PG和PT小组1周内熟悉这个复杂的平台。

项目正式开始实施。经过分析，项目组决定将40本程序分为A、B、C三类，分别包括10本、12本、18本程序。其中，A类的难度看起来似乎不高，是一些数据库表的维护工作，和业务没有太大关系，工作量也很少。B类和C类难度预计差不多，但是分别属于不同的业务领域。

一个星期后，部分程序的详细设计出来了。为了保证工期，项目小组决定3个小组同时工作。详细设计人员继续做详细设计，编码人员投入编码，测试小组成员同时编制测试设计书，并设计测试数据。

初试成功

项目经理决定PG小组首先从难度最小的A类程序入手，这样不仅可以看到成功的曙光，而且可以鼓舞士气。于是，5名PG小组成员开始分别着手A类程序的设计工作。一切都很顺利。1本程序差不多在2天内就完成了。

一周后，A类程序全部编码完成，PT小组开始测试，完成了一半的测试工作。随后，测试修改完毕后的5本程序交给日方确认，顺利通过，客户评价也极高。

于是，项目经理信心百倍，项目组成员也信心十足。经过仔细分析，剩下的B类和C类程序，可以根据处理侧重点的不同划分为入力系、Batch系、账票系三类，比例大致相当。项目经理随时更新进度计划。新的进度计划中，每名PG成员分别负责2本入力系、2本Batch系、2本账票系程序。DS小组的工作也进展顺利。

遭遇难题

正当大家怀着胜利的喜悦继续前进的时候，PG小组遇到了很大的难题。日方提供的开发平台过于复杂。此时，项目小组才发现，已经开发完成的A类程序其实只是一种2层结构的程序，而B类、C类程序是复杂的3层结构，要搞清楚如何开发这些程序不只需要时间，更需要充足的经验和高超的技能。PG小组成员纷纷卡壳，不知道该在哪儿赋值，该在哪儿取值。以前接触的编程截然不同，似乎每本程序都有一个无穷的长链，只有头，没有尾，无法理清。

一周过去了，原定很顺利就编写完的程序的实际进度却是5%，或者10%，这并不是说，已经开发了5%或者10%，而是为了表明这些程序的开发工作已经开始，而向客户展现一种开发中的姿态（因为每天都要给客户发送进度报告）。于是，项目经理开始要求大家加班。

两周过去了，技术最好、经验最丰富的一名PG人员——小G的进度率达到了40%，而其他成员仍然在原地踏步。大家纷纷去请教小G，小G不耐烦地回答："去看日方发过来的资料吧。"

烦躁、焦虑、疲劳始终围绕着各个小组成员，一名PG成员病倒了，打了个电话要请假。过了几天，又一名PG成员也来电话请假，说是感冒。3周后，也就是1个月后，除了10本C类程序全部开发完成通过验证外，B类只有1本程序的进度率达到了80%。5名PG成员中的2名病倒了。大家都忙着从数百页的日文开发手册中寻找答案。

于是，项目经理开始要求PT小组有经验的成员加入PG小组以填补空白。小G设计的程序完成了，可是运行后什么也没有。又经过一周，小G设计的程序基本可以运行了，但是还有很多的技术问题，测试结果极不理想。

紧急救“火”

工期已经非常逼近，不能再等了，于是项目小组开始向公司反映情况。公司立即从其他项目组中抽调了 2 名经验丰富的“技术高手”来协助。鉴于绝大部分程序的详细设计已经完成，召回了在日本的窗口 SE——“业务高手”，同时安排大家都加班。

为了更好地调动小组中的人才资源，D 公司安排小 G 不再继续开发工作，而是做技术总把关，做专职的问题解决能手。后来，集中大家的智慧，解决了入力系的入力难题，解决了 Batch 系的没有界面而有极多复杂数据处理问题，以及账票系的账票出力问题。

经过大家的齐心协力，加班加点，在预定截止日期的当天，所有程序都开发完毕，测试完毕，只是还有很多问题和错误需要修正。为了保证工期，项目经理决定暂时将问题和错误隐蔽，将所有的测试报告中的“再确认”一栏填写上“OK”。项目经理提交所有预定提交的成果。同时，PG 和 PT 小组人员仍在继续奋战。一周后，日方发过来大量问题，绝大部分是单本程序的问题。项目小组继续修正。一个月后，项目终于结束了，项目小组才得以解散。

项目虽然在规定的日期内完成，但从管理的角度来讲，这是一个失败的项目管理，在管理过程中仍存在着许多隐患。

资料来源：http：//se. csai. cn/outsourcing/Noo35. htm.

本章小结

本章首先重点介绍了服务外包的质量管理控制，包括质量管理的原理、管理控制的目标，并主要介绍了国际通行的质量标准，包括 ISO9000、SAS70、CMMI、ISO27001，通过本章学习，要求学生掌握质量管理的基本方法。

接下来强调了服务外包风险管理的重要性。因为外包战略是一把双刃剑，如何识别和控制外包中存在的各种风险，对于企业持续经营有着重要的影响，因此控制服务外包中的风险尤为重要，要明确外包中出现的主要风险，并学会外包风险的控制策略。

业务流程外包的优势很明显，但要发挥外包的优势，必须注重对服务外包的管理，本章以契约管理、风险管理等几个方面作为外包管理研究的框架进行了分析。

服务外包的发展需要国家政策及法律的扶持，在第三节中主要介绍了服务外包发展较早的几个国家的经验，包括印度、菲律宾，并介绍了我国发展服务外包的政策和相关法律，通过比较可以看出，我国发展服务外包起步较晚，政策保障体系并不健全，要推进服务外包产业迅速发展，可谓任重而道远。我们可以借鉴别国经验，完善我国政策法规的建设，少走弯路，更快更好地推动我国服务外包产业的进一步发展。纵观国内外，依据自身比较优势发展国内外包服务可谓势在必行。

思考题

一、简答题

1. 服务外包的保障体系包括哪些方面？
2. 服务外包的风险有哪些？如何识别与防范外包风险？
3. 如何利用合同条款控制服务外包风险？
4. 如何加强服务外包的法律保障？

二、论述题

1. 印度发展服务外包的政策与法律对我国发展服务外包有哪些启示？
2. 如何利用合同进行外包风险防范？

第七章

服务外包的人力资源需求

服务外包企业人力资源总体状况

服务外包人才适用的职业资格认证

服务外包从业人员职业素养

综述：如何成为合格的服务外包专业人才

学习目标

1. 了解服务外包行业人才的供需现状。
2. 掌握服务外包人才的需求特点和能力要求。
3. 理解服务外包人才的职业素质和行为规范。
4. 掌握服务外包对从业人员职业道德的要求。

重点难点

重点：

1. 掌握服务外包人才的技能特点。
2. 理解服务外包从业人员同其他行业从业人员的职业素质差异。

难点：

1. 明确服务外包人才的需求特点。
2. 培养作为一名合格的服务外包人才应具有的职业心态。

第一节　服务外包企业人力资源总体状况

一、服务外包行业人才的供需现状

在全球金融危机背景下，中国的服务外包行业前景广阔。中国与印度不同，印度软件外包几乎全部是出口海外，而中国在保持出口迅猛增长的同时，还有相当大的本土市场，因而中国服务外包的发展潜力将超过印度。然而，面对旺盛的软件市场需求以及服务外包对人才的需求逐年增加，我国每年培养的服务外包专业人才数量却严重不足，远远不能满足服务外包产业快速发展的需要；同时从人才培养的质量来看，专业人才培养能力与企业实际需求之间错位现象严重。有关统计数据显示，“十一五”期间，我国服务外包人才缺口每年约 50 万人，而且每年以 20%的速度递增。除上海、北京、大连、深圳等软件外包较发达的城市外，一些新兴的软件服务外包城市的“人才荒”现象也比较突出。

服务外包企业有岗无人的背后，是否意味着目前的人才培养存在专业空档呢？麦可思研究院撰写的 2011 年就业蓝皮书——《2011 年中国大学生就业报告》中再次把计算机科学与技术、计算机应用技术、电子商务专业列为就业率低、失业量大、建议减少开设的十大红牌专业之列。这几个专业均为服务外包重点需求的人才培养方向，但是却连续几年被列为红牌警告专业，原因何在？这份报告明确指出：“部分红牌专业是供大于求造成的；部分红牌专业如计算机类是人才培养质量达不到产业的要求造成的，一方面应届毕业生找不到专业岗位，一方面企业招不到合适人才。”这就是服务外包人力资源需求表现出的典型的结构性矛盾。

尽管高职院校培养的相关专业毕业生充足，但与服务外包企业的期望依然存在较大差距。大多数毕业生虽然掌握了基本的软件开发技术，但缺乏软件开发工作经验和团队合作的历练，必须经过较长时间的培训才能独自胜任工作。目前，外包人才的缺口从结构层次来看，不是局部的人才短缺，而是全方位的供应不足。国内软件外包行业不仅缺少掌握外包基础知识的初级软件外包工程师，而且缺少具有外包项目实战经验，能带领外包团队的中级技术人员和管理人员，更缺少精通国际外包行业规则，具有国外市场开拓能力的高级人才。

二、服务外包企业的人才需求特点

为了准确把握服务外包人力资源的需求特点，首先必须充分认识这个新兴行业的一些共性特点：

（1）服务外包依赖于计算机和互联网技术的支持，要求从业人员要么具备信息技术的开发和管理能力，要么熟练掌握计算机应用软件、网络、企业管理信息系统等工具和环境，具备较强的计算机基础知识和应用能力。

（2）从行业本质来看，服务外包属于第三产业，也就是服务业，与制造业具有本质上的区别。在制造业生产过程中，劳动者是与冷冰冰的机器打交道，而服务产品的生产与销售过程具有同质化、同步化的特点，也就是说产品生产的过程即服务提供的过程，劳动者必须在服务过程中与客户直接交流，这对从业人员的综合素质特别是职业素养提出了完全不同的要求。在对大量服务外包企业的调研过程中我们发现，企业普遍反映不能适应工作需要的员工有超过一半不是因为技术能力，而是因为个人素质、工作态度等。

（3）服务外包的产品和服务具有“无形化”特质，客户只能对服务提供过程进行控制和监督，特别是要求服务提供方按照一系列国际标准的认证，加强流程化管理以保证服务交付质量，这就要求从业人员对管理流程、国际质量认证标准、信息安全保护等相关管理知识和工具加强学习，适应企业工作需要。

(4) 服务外包企业资源的复合性很强，这取决于深度的专业细分。在服务外包行业，这种专业细分不是学科专业知识的细分，而是在应用技能和业务流程方面的细分。例如，从事财务外包的专业人员，可以通过承担某一个专业流程的工作环节为任何行业提供服务，这就提高了服务外包企业的效率，降低了成本。这种复合型的业务特点，不仅要求学生具备熟练掌握相关专业实务的能力，同时还需要对不同行业加强了解。

根据以上分析，服务外包企业对人才的需求特点，从能力定位来看可称之为“四位一体”（见图 7—1），即掌握从事服务外包工作的专业技能、了解服务外包行业和企业运营管理流程、具备服务外包企业要求的员工素质、拥有一定的外语应用能力。其中，外语应用能力，如果针对国内市场的服务外包，可以降低要求，但是如果从事离岸服务外包业务，则不仅是必不可少，甚至占据最重要的地位。

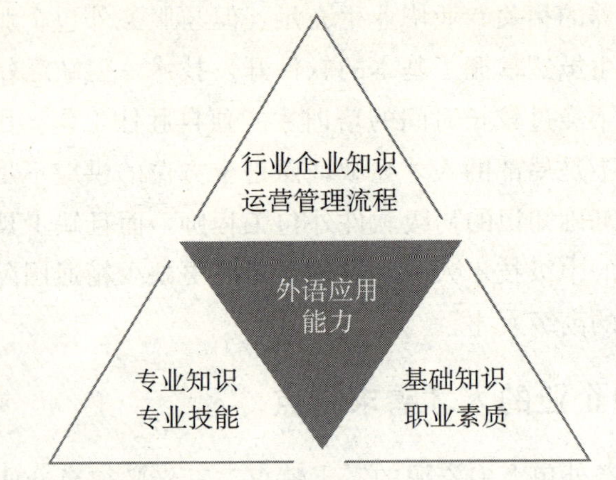

图 7—1 服务外包企业人才需求“四位一体”能力定位示意图

三、我国服务外包人才培养现状

为实现国家服务外包“千百十工程”目标，国家设立了服务外包公共培训专项资金，主要用于支持大学生（含大专）增加服务外包专业知识和能力，鼓励服务外包企业新增大学生就业岗位的各类人才培训项目，重点培训大学应届毕业生和尚未就业的大学毕业生，以及服务外包企业新入职员工。计划从 2008 年开始，5 年内教育培训 120 万名大学毕业生进入服务外包企业就业，有效解决服务外包人才短缺和大学生就业问题。

国家鼓励的培训内容包括：服务外包企业人才定制培训、从业人才资质培训、国际认证培训、行业标准及相关知识产权培训、大学生实习项目及勤工俭学培训、企业新入职人员岗前业务技能培训、服务外包产业储备人才培训等。国内不少省市出台了相应的人才培养和引进政策，采取各项措施，满足外包市场对人才的需求。

(一)我国服务外包人才培养存在的问题

我国服务外包发展迅速，据商务部统计，2009 年全年，全国新增服务外包企业 4 175家，新增从业人员 71.1 万人，其中新增大学毕业生从业人员 49 万人，占新增从业人员的 68.9%，约占全国大学生毕业数的 9%，占大学毕业生就业人数的 12%。服务外包行业已经初步表现出其强大的吸纳大学毕业生就业的能力。因此，服务外包人才培养的紧迫性也愈发显现。

1. 人才数量不足

我国人力资源丰富，自 2003 年开始，我国已成为世界上应届毕业大学生人数最多的国家，2008 年国内普通高校毕业生达 559 万人，这为我国发展服务外包提供了良好的人才保障。但由于我国服务外包发展起步较晚，相关产业的专业人才培养滞后，数量严重不足。2005 年，IBM 公司曾带着 20 亿元的订单来到中国，需要 1 万名软件工程师，但中国当时没有这么多的外包人才，这份订单只能转移到印度。

2. 人才素质偏低

我国高等院校的教育方法普遍存在重理论、轻实践的问题，大学毕业生的能力和素质与企业、市场的实际需求相差较大。不少高校 IT 专业往往注重学科体系结构和基础理论的讲授，而忽视应用技能培训，培养模式、课程设置、教学手段与社会脱节，无法适应服务外包产业的实际发展需要。我国的外包从业人员除了技术水平欠缺外，外语水平的限制也是一个严重制约因素。服务外包研发人员需要阅读大量外语资料，也需要与境外的技术人员和管理人员进行直接沟通，外语会话能力、对发包国文化的理解能力十分重要。其中，英语又相对重要些。全球 85%以上外包项目都是以英语作为沟通桥梁，软件外包中英文软件占 80%以上。

目前我国高等院校的外语教学虽耗时费力，但主要是用来应付考试，学生会话能力严重欠缺，对国外的文化历史了解更是一知半解。印度之所以能成为软件产业外包的主要基地，一个很重要的原因就是其英语优势，从业人员与美国等主要服务外包发包国企业之间的沟通没有障碍。

3. 高校培养模式落后

供需矛盾的产生有软件产业发展较快、对人才要求较高等原因，但是作为人才培养的主渠道，高校自身的原因不可忽视。重理论、轻应用的人才培养模式使许多高校的计算机软件等相关专业仍实行封闭或半封闭的办学模式，人才培养的产学衔接多停留于理念层面，实践环节也并不能使学生真正参与到企业的项目运作中去，实习与实训环节的形式化现象突出，人才培养过程缺少企业的直接参与。这种模式下培养出来的人才可能具有较完整的专业知识体系，但在应用和管理方面的知识与技能相对缺乏，实践动手能力较弱，满足不了企业对应用型人才的需要。

目前我国重点高校和普通高校在计算机等专业的教学计划、课程设置、教学方式等方面基本相同，培养目标类似，培养方向模糊。软件和硬件能力兼顾的通才式的教育不能符合服务外包产业的专才需求。传统的学历教育课程更新周期长，教材更新慢，内容陈旧，难以反映最新技术的发展前沿。师资队伍与行业脱节，实习实训条件不足。服务外包行业要求教师具备良好的行业背景，项目参与和开发经验，敏锐的行业发展预测能力和科学研究能力。目前许多高校教师理论水平较高，但缺乏实际项目参与的经历，对社会实际需要了解不多，课程过分偏重于理论，偏重于基础知识的建构，在教学的实用性方面存在很大的缺陷，直接导致了学生所受教育与市场需求脱节。此外，服务外包人才培养的实训实习条件较其他专业要求更高，许多高校实训实习条件不足也直接影响了学生在校期间实践能力的培养。

4. 人才结构不合理

我国虽有众多高校开设 IT 专业，拥有丰富的专业人才储备，但培养的人才结构不合理，复合型中高端人才和适用性技术人才短缺是制约我国服务外包产业的突出瓶颈。以软件产业为例，软件产业对人才需求呈金字塔形结构，而我国的软件人才结构多呈橄榄形：位于产业上层的软件构架师、系统设计师严重短缺；位于产业底层（基础）的软件蓝领非常稀少；而处于金字塔中层的系统工程师相对过剩。

这导致目前我国软件开发、管理方面的复合型人才和软件蓝领比较短缺，有沟通和协调能力的项目负责人比较缺乏，这已影响到企业承接外包业务，也阻碍了服务外包向高端的业务流程外包拓展。现在大多数软件服务外包企业很难招到合格的人才，这已成为制约我国软件服务外包业迅猛发展的一大瓶颈。

（二）服务外包人才开发方法

1. 加强服务外包复合型人才的培养教育

我们必须以行业发展趋势和市场需求为导向，按照“计算机＋外语＋专业”的模式培养复合型人才。首先，在计算机教育方面，根据服务外包现状和未来发展方向，依照“实用为主、够用为度”的原则，调整现有课程体系。例如，对计算机课程体系做相应调整，删减理论部分，增加或扩充嵌入式软件、数据处理、编码、测试等技能课程；开设工学结合课程，让学生在学习过程中就积累一定的工作经验；增加专业培训（实训）课程比重，加强学生岗位实践训练和专业核心能力训练，确保学生取得职业资格或技术等级证书，一毕业就能上岗。其次，在外语教学方面，改革传统外语教学模式，加强学生外语读、写能力培养的同时，让他们了解境外文化，了解发包方所在国的风俗习惯、风土人情，并积极创造使用外语交流对话的条件，在外语成绩考核中加大口语考核比重，让学生至少能比较熟练地掌握一门外语，并具备与人交流对话的基本能力。最后，在专业教育方面，可对非软件专业学生进行软件教育，开设外包基础知识课程；对软件专业学生同时进行金融、保险、物流等专业的教育，实施双学位培养机制；还要开设知识产权、经济管理、市场营销等方面的课程。

2. 建立合理的金字塔形外包人才结构

服务外包人才结构由高端人才、管理技术人才、基础人才三部分有机构成。围绕建立合理的服务外包人才的梯次结构，按照三类人才的不同能力要求，有针对性地进行培训。既注重管理者素质的培养，提高他们在战略策划、项目管理、组织领导、沟通谈判、市场开拓等方面的实力；又围绕服务外包的需求，培养外包方案的专业策划及运作中的具体操作人才；还要培养一些具有很强的纪律性，能够耐心地执行重复而枯燥工作的较低层次的人才。当前，为加快复合型中高端人才的培养，在内部培训的同时，要积极走出去，到欧美发达国家，将受训人员直接置身国际服务外包市场，通过参与国际服务外包市场开拓，亲身体验外包项目的谈判和接单过程，开拓眼界和视野，了解市场需求特点，掌握更多客户资源，努力造就国际化、高素质的服务外包高端人才。

3. 建立产学结合、校企合作的服务外包人才培养机制

通过市场引导、政府支持、服务外包企业执行、高等院校教育强化，形成综合性的、多层次的、广泛的、专业化的人才培养机制。

一是发挥高校的基础作用。作为服务外包人才的主要培养载体，在服务外包蓬勃发展的形势下，高校应把握历史机遇，理性分析就业市场的供需关系，瞄准服务外包产业发展对人才的特殊需求，重视专业技能的教育，加快相关科系的专业课程整合，增加有关服务外包的课程设置，实现按需培养。高校应加强与服务外包企业的合作，双方签订人才培养合同，建立实训基地，共同参与研究和制定培养目标、教学计划、教学内容和培养方式。企业派出专人负责实训教学，学生毕业后直接进入企业承接初级的服务外包项目工作。

二是加强企业外包人才管理。服务外包企业应制定全面的人才管理战略，同企业内部人力资源管理密切配合，按照人力资源规划、招聘与甄选、人力资源开发与培养、人力资源的保留与激励等一整套流程机制，培养出一支既具备深厚的理论与专业知识，又具有很强实践性与可操作性、结构合理的人才队伍。

三是发挥培训机构的辅助作用。社会培训机构作为高等教育的补充与延伸，对于人才的再教育、再充电，专业知识的普及和实践操作具有重要影响。各类培训机构要积极走出去，与国际一流的人才培训机构合作，引进先进的教育教学理念和具有国际外包服务流程经验的师资队伍，更新课程体系，引入符合潮流、具有操作性的培训课程，搭建社会人才培训公共平台。

四是积极建设学习型社会。在全社会营造一种终身学习、重视教育的文化氛围，合力推动服务外包人才的培养。

4. 吸引服务外包中高端人才来我国创业发展

许多国家的案例表明，国际服务外包可实现与承接国的人才回流互动发展。印度软件产业的技术水平在世界上处于前沿，主要依靠在美国的印度裔科学家回到印度，

并保持与美国软件业的联系和合作。爱尔兰、韩国等许多承接国走的也是这条道路，这是获得高端人才最主要和便捷的方法。承接服务外包不仅可以吸引人才回流，而且引发了外国专家、人才的流入，海归人才、外国专家与国内员工一起，共同促进服务外包产业的发展。

制定有针对性的外包人才吸引政策，加大宣传力度，加快引进领军型人才和高素质的外包专业人才，放大人才的汇聚效应和吸引力，形成服务外包产业的“人才高地”。当前西方国家经济增长明显放缓，并出现负增长的势头，大批高端人才失业。我们应抓住这一机遇，更加主动地到发达国家，按照产业发展需要，分层分级引进海外具有服务外包从业经验、熟悉国际外包市场的优秀人才，特别是熟悉国际外包业务流程管理、能与国外发包客户进行直接业务沟通的中高级专业技术和管理人才，并竭力吸引这些人才来我国创业发展。

5. 加大政府对服务外包人才培训的支持

认真实施服务外包人才“千百十工程”人才培训计划，充分利用培训资金，让大学生掌握服务外包技能，支持他们就业创业。从市场需求和企业需要出发，大力发展“企业订单式”、“计算机＋外语”特色培训和“以就业为导向”的职业培训，有针对性地培养服务外包产业急需的技能型和业务型人才。面向服务外包企业积极开展从业人员的继续教育，组织信息安全、知识产权、专业、外语等外包业务专题培训。建立行业组织，搭建行业交流与服务平台，推动外包企业加强与国内外同行和专家的沟通和交流，提高企业的接包水平和业务成熟度。充分利用现有的高等教育和职业技术教育资源，积极推进校企联合建立服务外包产业人才培养基地，吸引外国培训机构来我国设立分支机构，建设好服务外包专业人才培养基地，为服务外包产业的加快发展提供人才支撑。

第二节　服务外包人才适用的职业资格认证

一、服务外包人才认证标准在我国的发展

职业资格证书制度是一项国际通行的行业准入制度，服务外包工作的专业性和技能性要求相关的从业人员具有一定的任职资格和任职能力。开展服务外包职业准入标准认证是发展服务外包业务的基本条件。国内的企业大多“只愿乘凉，不愿种树”，崇尚“拿来主义”，什么人才可以迅速赚钱就直接挖墙脚，而不愿花人力和财力培养。适应市场需要，加强企业职业培训证书教育是发展服务外包人才培养的一个重点，虽然有国际外包中心的推动，但是目前国内市场认可的企业服务外包职业资格证书还是凤毛麟角。而在跨国公司中，GE的财务培训、花旗银行的金融培训、微软公司的系统工

程师培训等是行业内中高级职位的通行证。

2008年9月大连国际服务外包人才测评中心在大连软件园成立。该中心是东北首家软件人才专业测试评估机构，引入了全球最大的计算机化认证考试平台以及国际化标准的人才评估体系，填补了国内软件及服务外包产业人才评估的空白。该中心由大连软件园股份有限公司（DLSP）与全球最大的计算机化认证考试服务公司——美国普尔文（Prometric）有限公司及美国教育考试服务中心（ETS）等公司强强联手，建立了一套被国际认可的标准化服务外包人才评估体系，形成并完善了大连服务外包行业人才的标准化评估体系，为大连软件和服务外包企业吸纳、引入、甄选符合企业需求标准的复合型人才，确定人才的培养方向提供了重要参考。

该测评中心将为服务外包企业及从业人员提供超过60家国际信息公司及认证机构的权威认证考试，同时还可以提供IT行业认证、教育及职业资格测评、外语能力测评等服务项目。其中IT行业认证包括微软、甲骨文、Sun等；教育及职业资格考试包括USMLE医学考试、ICMA美国财务会计认证考试、IEEE考试等；英语测评考试包括GRE、托福、托业、GMAT等。

该中心的成立完善了大连服务外包行业人才的标准化评估体系，提高了大连服务外包人才的综合素质，优化了服务外包企业的人才选拔机制，也充分体现了大连软件园的人才服务更为专业化和国际化。该中心的建立，使得人才审核及评估真正实现与国际接轨，开始执行国际认可的衡量标准，这对于提高大连乃至全国软件人才的综合素质将起到巨大的作用，也必将有力地推动大连软件及服务外包产业的发展。

二、服务外包人才的技能要求

（一）总体要求——培养复合型服务外包人才

服务外包行业具有知识性、专业性、实践性的特点，决定了该行业必然是智力型、应用型人才云集之地。根据外包人才在组织中所起的作用及能力要求的差异，将外包人才分为高层管理人才、中层项目管理人才和基层应用技术人才。服务外包的基层应用技术人才注重技术层面，主要侧重计算机软件知识和外语沟通技能；中层项目管理人才在熟练地掌握服务外包应用技术的基础上拓展管理知识，具有项目管理能力；高级管理人才要精通国际服务外包行业规则，熟悉客户语言和文化背景，了解国际企业运作管理模式，对世界前沿的技术动态和发展趋势有较高的敏感度，并持之以恒地关注整个行业的发展方向，还要具备和政府部门打交道的能力。

无论是哪个层次的人才，都要求基础扎实、知识面广、素质全面、具有科学创新精神，而这些能力和素质要靠跨学科、专业去培养才可能取得。基础扎实、知识面广、素质全面、具有科学创新精神的“专业型、应用型、复合型”人才就是高校服务外包人才的基本培养目标。

（二）具体要求

由于外包服务领域的多样性、行业的高速发展和市场的国际性，软件外包服务行业与其他传统服务行业相比，具有明显的不同，对外包人才的技能和素质的要求也有行业自身的特征。

1. 技术水平高

服务外包从业人员必须熟悉和遵守国际服务外包的行业标准和流程规则；具有较高的技术水平，掌握外包软件开发、设计、测试和项目管理的专业技能；具备全面的专业知识，对操作系统、应用程序、网络管理和行业知识都有广泛的了解。特别是随着近年来信息技术及网络技术的发展，服务外包所需的技术水平逐渐提高，全球知识密集型服务外包兴起，许多公司不仅将数据输入、文件管理等低端服务转移出去，而且将风险管理、金融分析、研究开发等技术含量高、附加值大的业务外包出去。

2. 专业范围广

服务外包项目涉及许多专业领域的知识，如物流、金融保险、动漫影视、旅游会展、人力资源管理等。同时，随着服务外包总量的扩大，新的服务外包领域正在逐渐形成，服务外包的定义有了新的外延，服务外包领域日益扩展。总体上，目前全球服务外包涉及的范围已由传统的信息技术外包和业务流程外包，拓展到金融、保险、会计、人力资源管理、媒体、公共管理等多个领域。

3. 对外交流能力强

由于服务的客户来自国外，对外语水平和交流沟通能力具有较高的要求，外包技术和管理人员应具备外语读写和口语交流技能，了解发包国的风土人情，能与相关人员密切交流，并及时沟通解决外包项目的具体问题，提供最佳的解决方案。

4. 职业道德要求高

初级员工主要从事具体项目的实施和交付，要求要具备出色的沟通能力、时间管理能力，具备较强的团队协作精神，能够很好地融入项目团队中。中层管理人员主要负责项目交付和危机处理，要能够激发员工的工作热情，组织好工作团队完成项目交付，还要具备出色的沟通能力，能够很好地组织和管理项目团队人员，善于发现成员间的效率差异，并能够将业务机会最大化。高层管理人员主要负责制定决策、组建组织愿景。高层管理人员要能够组织预测并提出概念性思想，能够对客户的支持和利益相关者给予密切关注，还要掌握交叉学科知识，具备领导技能，能起到示范带头作用并具备良好的自我掌控能力。

三、部分服务外包人才专业技术认证

目前，国内外尚未形成较为系统的服务外包职业资格认证体系，但是在服务外包业务中广泛应用的一些技术领域的专业认证已经得到了服务外包企业的认可，例如软件开发技术、网络技术、商务管理、呼叫中心、动画制作、Office应用等，都已经成为服务外包企业选聘员工时考核的重要技能。

（一）信息技术类

信息技术类外包人才认证如表7—1所示。

表7—1　　信息技术类外包人才认证

认证门类	认证机构	认证类别	适应岗位
微软认证	微软	MCSD（微软认证开发专家）	微软程序员
		MCDBA（微软认证数据库管理员）	微软程序员
Sun认证	Sun公司	Sun认证Java程序员	Java程序员
	Sun公司	Sun认证Java开发员	Java程序员
IBM认证	IBM	Lotus全球专业资格认证	软件工程师/软件测试工程师
		iSeries400全球专业资格认证	软件工程师/软件测试工程师
		Tivoli全球专业资格认证	软件工程师/软件测试工程师
		MQSeries全球专业资格认证	软件工程师/软件测试工程师
Cisco认证	Cisco（思科）	CCNA认证（Cisco认证网络技术员）	网络工程师
		CCNP认证（Cisco认证网络专家）	网络工程师
华为认证	华为	HCNE（华为认证网络工程师）	网络工程师
		HCSE（华为认证高级网络工程师）	网络工程师
		HCIE（华为认证网络互联专家）	网络工程师
Novell认证	Novell公司	CAN（Novell授权网络管理员）	网络工程师
		CIP（Novell授权互联网专家）	网络工程师
		CNE（Novell授权网络工程师）	网络工程师
		Master CNE（Novell授权高级工程师）	网络工程师
3Com认证	3Com	MNS（网络大师）	网络工程师
CIW认证	国际Webmaster协会（IWA）、互联网专家协会（AIP）及位于欧洲的国际互联网证书机构（ICII）	CIW网络安全专家	网络工程师

（二）商务管理及金融类

商务管理及金融类外包人才认证如表7—2所示。

表 7—2　　商务管理及金融类外包人才认证

认证门类	认证机构	认证类别	适应岗位
会计认证	财政部	会计从业资格认证	出纳、会计、财务
保险认证	保监会	保险代理人从业资格认证	保险代理人
		保险经纪人从业资格认证	保险经纪人
		保险公估人从业资格认证	保险公估人
		中国寿险管理师、理财规划师、员工福利规划师	寿险管理员、理财规划员、员工福利规划员
物流认证	英国皇家物流与运输学会	ILT（国际物流职业资格认证）	物流专员、物流策划、物流管理
	中国物流与采购联合会	物流职业经理认证	物流管理
	中国商业技师协会市场营销专业委员会	物流职业资格认证	物流专员
人力资源认证	劳动和社会保障部	企业人力资源管理师	人事专员、人事管理
	人力资源认证协会（HRCI）	人力资源高级专业人员（SPHR）、人力资源专业人员证书（PHR）及全球人力资源管理师（GPHR）	人事专员、人事管理
金融认证	中国银行业协会	银行从业资格认证	个人业务、公司业务、储蓄岗位、会计出纳、客户经理、高级客户经理
	中国证券业协会	证券从业资格认证	证券经纪、证券营销
	中国证监会	期货从业资格认证	期货交易员
呼叫中心认证	工业和信息化部	客户信息服务师资格认证	呼叫中心一线运营管理工作的主管人员、质量管理人员、督导人员
物业管理认证	劳动和社会保障部	物业管理师职业资格	物业管理人员
秘书职业资格认证	劳动和社会保障部	国际商务秘书职业资格认证	秘书、行政人员

(三) 数字媒体类

数字媒体类外包人才认证如表 7—3 所示。

表 7—3　　数字媒体类外包人才认证

认证门类	认证机构	认证类别	适应岗位
Adobe 认证	Adobe 公司	Adobe 游戏动漫技能认证	Adobe 动画设计
		Adobe 平面视觉设计师认证	平面视觉设计
		Adobe 产品技术认证	动漫后期设计
Autodesk 认证	Autodesk 公司	3DMAX 认证	3DMAX 动画设计
		MAYA 认证	MAYA 动画设计
		CAD 认证	CAD 动画设计

续前表

认证门类	认证机构	认证类别	适应岗位
		Revit 认证	Revit 动画设计
CEAC 认证	工业和信息化部、中国电子商务协会	国家信息化计算机教育认证	动画设计、视觉设计

另外，在服务外包领域，随着信息技术和管理流程的不断融合，软件系统、网络技术在企业中应用的不断深入，企业级数据库、信息资源管理（ERP）平台、信息安全服务、云计算等信息技术和产品的开发、维护也促生出越来越多的专业技术和岗位资格认证。这些认证往往和企业的产品应用直接相关，培训和认证的费用也较高，但是一旦获得认证，就业前景就会很好。例如，IBM 软件测试专项认证培训、甲骨文数据库专项认证培训、SAP Business One 认证培训、Cisco 网络工程师认证培训等。

第三节　服务外包从业人员职业素养

一、服务外包从业人员职业素养的基本要求

服务外包作为现代服务业的主要组成部分，具有区别于制造业的典型的服务业的基本特质，例如需要和人打交道，服务提供的过程就是销售过程，服务质量取决于客户体验等。同时，服务外包是基于合同约定的委托服务关系，如何按照合同约定，以客户指定的技术标准、交付期限、质量约束等条件完成，这需要整个业务团队协调工作，严格执行业务流程，并不断和客户沟通，最终使客户满意。以上种种都是服务外包行业的独特性，这些独特性必然会对从业人员职业素养提出全新的要求。

服务外包企业普遍反映，新聘用的大学毕业生离职和解聘的主要原因，不是因为技术不行，而是不具备相应的职业素质要求。2009 年苏州工业园区服务外包职业学院专门对国内 20 多家有代表性的服务外包企业进行调研走访，以“您觉得哪些职业素养在企业中占据重要地位”作为问题情境。企业给出的答案分别是沟通、团队意识、职业心态（含职业态度）、情绪压力管理、职业礼仪、职业规划、问题解决、时间管理、自我激励、安全诚信等。图 7—2 为数据统计后的结论。

从中不难看出，所有的企业都认为“有效沟通”是必要的职业素养，而有近 90%的企业同时选择“团队意识”和“职业心态”，特别是 80%的企业还选择了“情绪管理”，这充分体现出服务外包行业的特殊性。

二、职业形象

一流的企业，一定具有一流的企业形象。调查研究表明：企业形象的提升或下降，

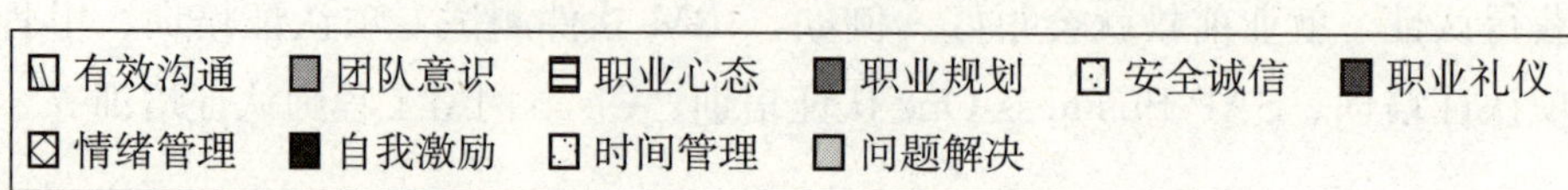

图 7—2　服务外包从业人员职业素养调研汇总

对企业销售额的变化有着重要的影响，客户明显喜欢购买那些公众形象良好的企业的产品。而个人形象，作为企业形象的一个重要组成部分，它不是个性的，而是承载着一个组织的形象，它是与客户沟通的工具，并在很大程度上影响着企业的发展。良好的个人形象向客户传递着一种信息，即优质的产品与卓越的服务，而这种信息传递的结果就是客户信任度的明显提升。杰克·韦尔奇等世界杰出的企业领导人，无不将自己的形象视为公司的品牌，无不重视企业员工的礼仪素养和职业形象。

（一）职业形象的含义

每一个职业都会有特定的职业形象。职业形象是指社会、公众对特定职业及其从业人员在职业活动中显现出的外在仪表、职业能力、从业操守的综合评价。职业人员的内在素质无论多高，自我感觉表现如何好，都不能成为职业形象定位的决定性因素；只有公众通过从业者“表现在外的语言、动作及服饰等外部特征对其作出判断和评价”，才能形成对特定职业的总体评价——职业形象。因此，职业形象是特定职业群体在公众心中形成的特定性、标志性的精神面貌和性格特征，是通过职业活动中人的仪表、行为、操守表现出来，为人们所感知的特定标识，其本质是对特定职业的社会评价。

（二）职业形象的标识系统

职业形象是表现在外的精神面貌、性格特征，对于哪些特征可以作为典范的标识构成特定职业形象的要素，学者们对此有不同的观点：（1）二标识说，主要有职业道德和职业技能说、职业精神面貌和职业行为特征说、外在结构与内在结构说。（2）三标识说，主要有仪表仪容、行为语言、思想说；职业形象、工作形象、人格形象说；

真、善、美“三要素论”。(3) 四标识说，主要有职业精神、职业理念、职业行为规范、职业道德伦理规范说，等等。

在界定职业形象的标识时既要系统，又要相对简单化，以便于操作，塑造良好的职业形象。基于这样的理念，职业形象一般可由仪表、职业能力、职业操行三个要素作为系统性评价的标识。

仪表，即从业人员外在的形象，包括穿着、气质、言谈、举止等。必须承认，“无论我们认为以外表衡量人是多么肤浅和愚蠢的观念，但社会上的所有人都每时每刻在根据你的服饰、发型、手势、声调、语言等自我表达方式在判断着你”[①]。实践证明，成功的形象能展示个人的自信、尊严、力量、能力和权威，使个人在职场上有更专业的表现和更高的效率。

职业能力，即从事职业活动的各种能力，包括语言表达能力、思维能力、服务能力、创新能力、获取信息的能力、分析问题和解决问题的能力等。而职业素质通常是指职业者内在的知识和能力，一个人无论内在素质多优秀，多有才华，如果不在职业活动中体现为优秀的职业能力，那么公众就不知道你的存在，你就不可能成功，因此，形象比内涵更重要，但以内涵为后盾的形象才能持久。

职业操行，即职业活动中遵守的伦理道德、职业精神等。以上三个标识要素紧密相连，良好的穿着打扮应当与自己的职业与职业环境相适应，以获得服务对象的认同，进而成为展示职业能力的前提。良好的职业形象归根结底还得依靠职业能力。职业能力是职业形象的核心标识。而职业操行则决定职业工作能力的目标和价值取向，决定职业能力为谁工作、怎样服务的问题，因此，职业操行是职业能力的统帅。

(三) 良好职业形象的功能

既然职业形象是社会、公众对特定职业与职业人的评价，关于这种评价的作用有专家指出：“形象是当今社会的核心概念之一，人们对形象的依赖已经成为一种生存状态。这就是说，形象可以决定发展，形象直接决定效益。”

“良好的个人形象可以使一个人走向成功和富裕；相反，不良的个人形象则可以毁掉一个人的事业和前程。据统计，女性工作失败35%是由于形象不佳所致，公认的有魅力的职业女性应该拥有良好的气质和典雅的风度。”

为什么职业形象具有如此大的社会、经济效应呢？

这是因为良好的职业形象具有下列功能：

1. 引起注意

有专业人士指出：由于人类是一种视觉占主导的动物，因此我们对事物的印象，源于自己之所见。外表在个人印象中占50%，包括种族、年龄、性别、身高、体重、

---

① 三妮：《形象决定一切》，北京，文化艺术出版社，2005。

肤色、形体、语言、穿着和打扮。另外，说话的声音和方式则占个人印象的38%，而信息或说话的内容仅占7%。因此，形象与注意之间有正相关关系。而注意是人类认识活动过程的开始，某特定认识对象只有进入人们的注意领域，才可能为人们进一步认识，乃至最后接受。因此，职业形象如何，直接关系到能否引起对象的注意，诚如著名服装设计大师夏奈尔所说："当你穿得邋邋遢遢时，人们注意的是你的衣服；当你穿得无懈可击时，人们注意的才是你。"

2. 便于沟通

任何职业活动实质都是人与人传递信息、交流思想与情感的沟通活动，而影响人们沟通的因素从职业活动者来说，主要有职业者使用的传播技术、具备的态度、掌握知识的程度，包括语言表达能力、思考能力、手势、表情、自信、尊重对方、丰富的知识、社会经验等，这些要素综合起来，就是良好的职业形象。职业形象不佳（如盛气凌人、虚伪），不仅不能给交往对象带来美的感受，而且会让交往对象对该职业从业人员和职业活动产生排斥、逆反心理。而良好的职业形象能够拉近交往者之间的心理距离，给交往对象带来美的享受，让交往对象身心愉悦，交往对象也会更认同和接受职业活动。所以，只有强化职业形象，才能消除逆反心理产生的诱发因素。

3. 建立公信力

公信力即公众对职业的信任程度。职业形象直接关系到职业的公信力，商业心理研究也表明，"人与人之间沟通所产生的影响力和信任度语言、语调和形象三个方面的重要程度依次为：语言占7%，语调占38%，视觉（形象）占55%"。所以，良好的职业形象更易引起公众对该职业活动的信任，从而认同和接受该职业活动。否则，公众就会拒绝。

4. 实现职业目标

人的形象在人与人的相互关系中施加了一种影响力，并能形成推动事物发展的氛围。良好的职业形象可以消除心理隔阂，建立沟通与信任。由此才能更好地实现职业目标。

三、职业道德

职业道德，是社会上占主导地位的道德在职业生活中的具体体现，是人们在履行本职工作中所遵循的行为准则和规范的总和。

（一）职业道德的特点

1. 适用范围的有限性

每种职业都担负着一种特定的职业责任和职业义务。由于各种职业的职业责任和义务不同，从而形成各自特定的职业道德的具体规范。

2. 历史的继承性

由于职业具有不断发展和世代延续的特征，不仅其技术世代延续，其管理员工的方法、与服务对象打交道的方法，也有一定历史继承性。如“有教无类”，“学而不厌，诲人不倦”，从古至今始终是教师的职业道德。

3. 表达形式的多样性

由于各种职业道德的要求都较为具体、细致，因此其表达形式也多种多样。

4. 强烈的纪律性

纪律也是一种行为规范，但它是介于法律和道德之间的一种特殊的规范。它既要求人们能自觉遵守，又带有一定的强制性。就前者而言，它具有道德色彩；就后者而言，它带有一定的法律色彩。也就是说，一方面，遵守纪律是一种美德；另一方面，遵守纪律又带有强制性，具有法令的要求。例如，工人必须执行操作规程和安全规定，军人要有严明的纪律等。因此，职业道德有时又以制度、章程、条例的形式呈现，让从业人员认识到职业道德又具有纪律的规范性。

(二) 职业道德的社会作用

职业道德是社会道德体系的重要组成部分，一方面具有社会道德的一般作用，另一方面具有自身的特殊作用，具体表现在：

1. 调节职业交往中从业人员内部以及从业人员与服务对象间的关系

职业道德的基本职能是调节职能。一方面，它可以调节从业人员内部的关系，即运用职业道德规范约束职业内部人员的行为，促进职业内部人员的团结与合作。例如，职业道德规范要求各行各业的从业人员，都要团结、互助、爱岗、敬业、齐心协力地为发展本行业、本职业服务。另一方面，职业道德又可以调节从业人员和服务对象之间的关系。例如，职业道德规定了制造产品的工人要怎样对用户负责；营销人员怎样对顾客负责；医生怎样对病人负责；教师怎样对学生负责；等等。

2. 有助于维护和提高本行业的信誉

一个行业、一个企业的信誉，也就是它们的形象、信用和声誉，是指企业及其产品与服务在社会公众中的信任程度，提高企业的信誉主要靠产品质量和服务质量，而从业人员的职业道德水平较高是产品质量和服务质量的有效保证。如果从业人员职业道德水平不高，则很难生产出优质的产品和提供优质的服务。

3. 促进本行业的发展

行业、企业的发展有赖于较高的经济效益，而高的经济效益源于较高的员工素质。员工素质主要包含知识、能力、责任心三个方面，其中责任心是最重要的。而职业道德水平高的从业人员，其责任心是极强的，因此，职业道德能促进本行业的发展。

4. 有助于提高全社会的道德水平

职业道德是整个社会道德的主要内容。一方面，职业道德涉及每个从业者如何对待职业，如何对待工作，同时也是一个从业人员的生活态度、价值观念的表现，是一个人的道德意识，道德行为发展的成熟阶段，具有较强的稳定性和连续性。另一方面，职业道德也是一个职业集体，甚至一个行业全体人员的行为表现，如果每个行业、每个职业集体都具备优良的道德，那么整个社会的道德水平也自然能得到提升。

（三）服务外包人才的职业道德

1. 保密意识

服务外包的协议交易和实施过程中基本都会涉及知识产权问题，对知识产权的保护，关系到企业的生存和整个行业的健康发展。服务外包的承接企业对发包企业提供的信息、研究开发中产生的知识产权等，必须按照发包企业的要求和合同约定加以严格控制和管理，一旦向第三方泄漏或不经意地披露出去，将要承担法律责任，并且这样的企业从此不会被服务外包发包企业视为合作对象和合作伙伴。因此，从事服务外包工作的从业人员，要求其必须具有为客户保密的职业道德。

2. 团队协作精神

服务外包人才还要具有大型软件项目团队协作精神和职业态度，团队协作精神要求团队成员必须精诚团结、相互协作。培养团队协作精神有利于服务外包人才综合素质的提高。通过培养团队协作精神，有利于提高从业人员与人共事时奉献、进取、团结合作的人际交往能力和作风，养成民主意识，提高心理素质，有利于创新能力的培养。一方面，在长期的实践活动中发扬团队协作精神，能创造出一种增加工作满意度的氛围，使人们创造性地工作和学习；另一方面，通过发扬团队精神，既有利于个人获取更多的信息和知识，也有利于彼此通过合作来共同创新和发展。

3. 具有良好的品质意识

品质意识是指人们在生产经营活动中，对品质（包括产品品质、工作品质）以及与之相关的各种活动的客观及主观的看法和态度，也就是通常所说的对提高产品品质的认识程度和重视程度，以及对提高产品品质的决心和愿望。

在服务外包过程中，只有向客户提供优质的服务，时刻注重产品品质，才能够赢得更多的客户，才能够使企业发展壮大。

四、职业心态

职业心态是指在职业中，应该根据职业的需求表露出来的心理感情，是职业活动中各种对自身职业及其职业能否成功的心理反应。

良好的职业心态是营养品，能滋养我们的人生，积累小自信，成就大雄心，积累小成绩，成就大事业。有相当数量的人，分不清个人心态和职业心态，不管工作与生活仅凭自己的情绪，用个人心态来对待工作，容易受负面情绪影响。因此，区分个人心态与职业心态，能够使我们更好地胜任工作，在职场中挥洒自如。

（一）必备的18种职业心态

1. 积极的心态

这是职业心态的首要心态，主要有两个重要的表现：一是不轻言放弃；二是不怨天尤人。塑造积极的心态有很多种方法：构筑正确的价值评估体系；要有开悟的精神，把生命和生活看透而不是看破；增强抗挫折的耐力；树立正确的思维方法；学会享受过程；活在当下，全身心投入；学会感恩；不要自责，相信自己；学会压力管理；培养远大的志向和宽广的胸怀；培养热诚生活和乐观的生活态度；培养坚定的信念。

2. 主动的心态

职场员工有四件事情要学会主动：一是本职工作要主动；二是协助他人要主动；三是对公司、对团队有利的事情要主动；四是提升能力和素质的事情要主动。

3. 空杯的心态

在工作中要怀有谦逊的心态。

4. 学习的心态

学习型社会的职业工作者不能再像以前一样，墨守成规，要时刻保持学习向上的精神，要有一种三人行必有我师的心态，要想着学习是没有止境的。

5. 双赢的心态

现今社会中，竞争发展到一定程度就走向竞合，即竞争中有合作，通过合作而共赢。曾经有人用三个国家人们喜欢的娱乐活动来反映不同国家的人们对待竞争的不同态度：美国人喜欢桥牌——团队合作；日本人喜欢围棋——大局观念；中国人喜欢麻将——相互拆台。

职业工作者一定要具备双赢的心态，应团结合作，在竞争中共同创造价值。

6. 包容的心态

要学会严于律己，宽以待人。

7. 自信的心态

培养自信心的八种方法如下：摒弃自卑；开始抬头挺胸；微笑面对生活；自信心的自我暗示；自信从行动开始；当众发言，学会大声讲话；下定决心；用正确、发展、全面的眼光看待自己。

8. 行动的心态

凡事都要实践而不只是学会理论。

9. 主人翁的心态

工作不是帮老板、帮单位做事，而是在提升自己，在实现自己的价值，因此，工作中需要有主人翁的心态。

10. 方圆的心态

“方”讲的是做人的原则，“圆”讲的是处事的原则。工作中人际关系的处理既是一种能力又是一门艺术，因此，在为人处事中掌握好方圆的心态，适度处理各种原则，能使工作更为轻松、如意。

除此之外，还有舍得的心态、反省的心态、服务的心态、服从的心态、奉献的心态、竞争的心态、专注的心态和感恩的心态。

(二) 良好职业心态的重要性

职业心态又称职业心理成熟度，它是职业素质的重要体现。根据马斯洛在《优心态管理》中的著名论断，职业心态对员工的职业化程度有着重大影响。在日常工作中，员工该如何正确对待上级、同事、下属、客户和合作伙伴，如何对待工作安排或调整，对待批评和荣誉等，都是职业心理成熟与否的表现。

一般企业普遍较推崇所谓归零、学习、阳光、积极、团队、多赢、包容、奉献、服从、竞争、专注、感恩等职业心态，觉得此类心态比较健康。员工在工作中如能常常保持一颗平常心，不过于计较一时得失，平和、豁达、踏实做事，凡事“想得开、拿得起、放得下”，这便是成熟与健康的职业心态。如果员工还能做到工作认真负责、踏实肯干、有条不紊、好学上进、积极主动、包容协同，悟性好、有成效、效率高，以企业利益和大局为重，愿意与企业长期、共同发展，就是具有良好的职业心态。

职业心态决定了员工的工作态度，心态不够成熟或不够健康的员工很难有良好的工作状态。心态是否健康与人的心理年龄有关，但与员工的实际年龄没有太多关系，故有“长大未成人”之说。不过，职场新人的心态引导对管理者而言，更加迫切，帮助应届生尽快实现从校园到职业化的心态调整，也是CIO（首席信息官）应尽的重要管理职责之一。CIO在管理事务中理应帮助员工调整好心态、卸下心理包袱、改变工作态度，进而改变工作行为、形成良好的工作习惯与作风，达到改进绩效的目的。

第四节　综述：如何成为合格的服务外包专业人才

中国服务外包从业人员主要集中在21个中国服务外包示范城市，这些城市也是服务外包专业的大学毕业生主要的就业地区。从服务外包从业人员的学历结构来看，中国服务外包从业人员呈现智力密集性特点，整体素质较高。根据《中国服务外包发展报告》(2012年）中的数据，2011年全国服务外包企业新增从业人员85.4万人，其中新增大学毕业生（含大专）58.2万人，占比达到68.1%。全国服务外包从业人员情况如表7—4所示。

表 7—4　　全国服务外包从业人员情况表（截至 2011 年 12 月）

学历	从业人数（万人）	比重（%）
大学学历	223.2	70.1
其中：专科	100.2	31.5
本科以上	123	38.6
其他	95	29.9
合计	318. 2	100.0

资料来源：中国服务外包研究中心：《中国服务外包发展报告》，102 页，北京，中国商务出版社，2012。

2009 年 3 月 18 日，教育部、商务部联合下发了《关于加强服务外包人才培养促进高校毕业生就业工作的若干意见》（教高〔2009〕5 号），提出调整服务外包人才培养结构，扩大服务外包人才培养规模，着力提高人才培养质量，力争在 5 年内培养和培训 120 万服务外包人才。2009 年 10 月 12 日，人力资源和社会保障部、商务部联合下发了《关于加快服务外包产业发展促进高校毕业生就业的若干意见》（人社部发〔2009〕123 号），提出调整服务外包人才培养结构，提高服务外包人才培训机构质量，增强服务外包从业人员就业能力，力争在 5 年内新增 125 万人就业，包括 100 万高校毕业生就业，并提出若干新的政策措施。

作为服务外包从业群体中坚力量的大学生，如何才能适应行业需求，成为合格的服务外包人才呢？服务外包作为新兴的现代服务行业，其产品（服务）特点、生产（服务）过程、技术要求、工作环境和业务模式都与制造业有着本质区别，与传统服务业的差异也非常明显，从而对人才需求也表现出鲜明的特色。传统制造业投资者更加关注廉价的劳动力、便捷的物流设施、能源的可得性、低成本的原材料以及最低限度的环保规则等投资要素。与之相比，服务外包投资者则更加重视当地高等教育的聚集程度、公共平台的可获得性、知识产权的保护和信息安全、稳定不间断的多路电力供应、快捷安全的网络以及工时、海关、签证和外汇等规则的灵活性。其中，人才要素的重要性尤其突显。不同产业投资者的偏好如图 7—3 所示。

前面也已经提到，经过对大量服务外包企业的调研发现，企业对人力资源的能力定位和综合素质要求，可以称之为“四位一体”——掌握从事服务外包工作的专业技能、了解服务外包行业和企业运营管理流程、具备服务外包企业要求的员工素质、拥有实用的外语能力。特别是外语应用能力，对于从事离岸服务外包业务，是必不可少的，甚至占据最重要的地位。

由于地理、语言、文化传统接近等原因，中国的服务外包发展不同于印度等国家，早期的软件外包业务主要来自日本。IDC 的数据显示，2008 年我国软件离岸外包业务中，61.7%来自日本，20.6%来自美国，5.5%来自欧洲，这三个地区的发包量总和占我国离岸外包总量的 87.8%。因此，对掌握软件技术并同时具备日语能力的从业人员始终需求旺盛。

另外，从服务外包的综合发展情况来看，随着我国对欧美外包市场的重视，欧美

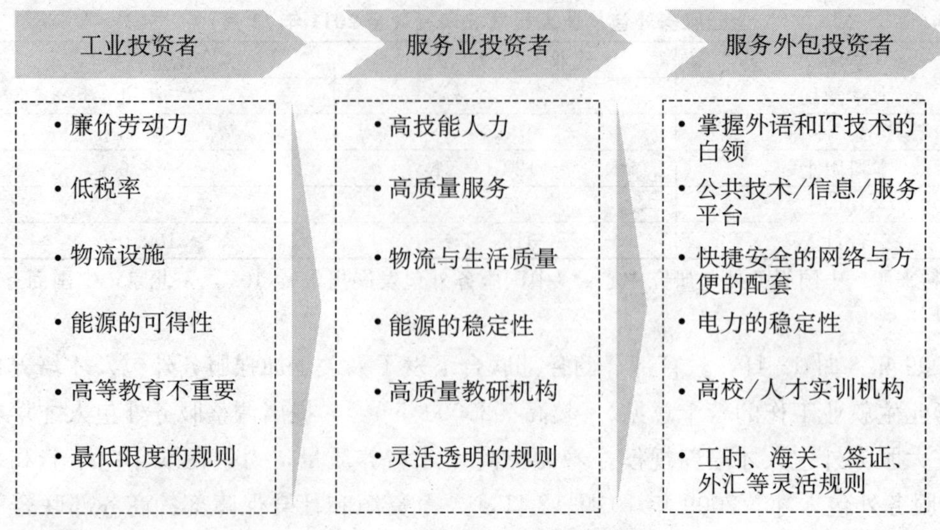

图 7—3　不同产业投资者的偏好

资料来源：中国服务外包研究中心：《中国服务外包发展报告 2009》，94 页，上海，上海交通大学出版社，2010。

区域的比重不断上升，2008 年中国对美国的服务外包出口规模首次超过对日出口。2009 年相关部门统计数据显示，我国服务外包对美国的出口规模和对日出口规模分别占 27.9%和 20.4%。因此，要从事对欧美的外包业务，必须掌握较强的英语实用能力。

2008—2009 年中国承接美国和日本服务外包业务情况如图 7—4 所示。

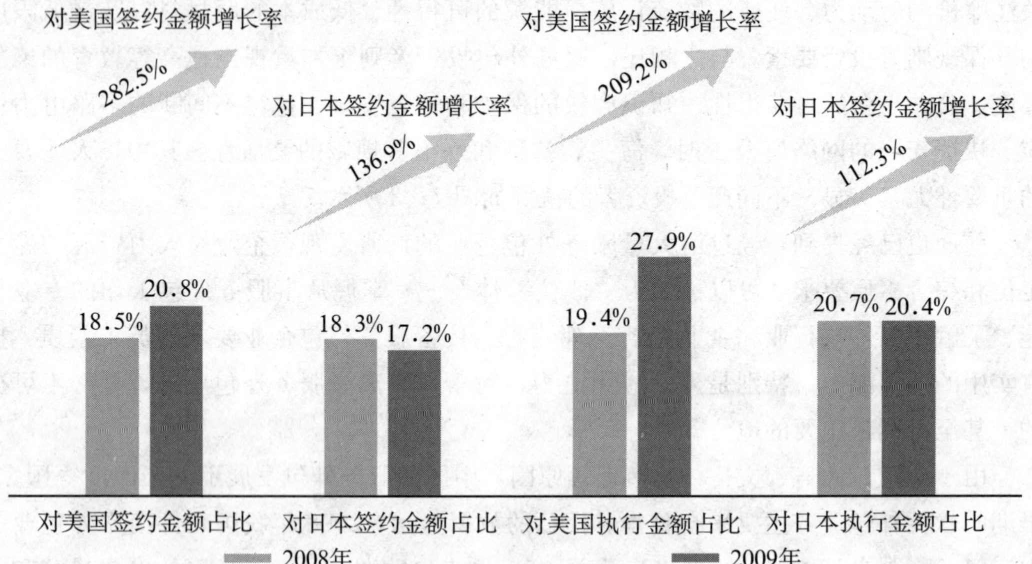

图 7—4　2008—2009 年中国承接美国和日本服务外包业务情况

资料来源：中国服务外包研究中心：《中国服务外包发展报告 2009》，12 页，上海，上海交通大学出版社，2010 年。

《世界是平的：21 世纪简史》一书中写道："世界是平的，意味着在今天这样一个因信息技术而紧密、方便的互联世界中，全球市场、劳动力和产品都可以被整个世界共享，美国、日本以及其他发达国家的工人、财务人员、工程师和程序员现在必须与远在中国和印度的那些同样优秀或同样差劲的劳动力竞争，他们中更有竞争力的将会胜出。"

中国正在从"世界工厂"转变为"世界办公室"，这就需要大量受过高等教育、具备专业能力和良好素质的从业人员加入到新兴的产业大军中来。"在写字楼的办公室里，以电脑为主要生产工具，面向世界范围提供服务工作。"这段文字是对服务外包从业人员工作状况的形象描述，如果你希望成为其中的一员，你做好准备了吗？

本章小结

本章第一节主要分析了我国服务外包人才的供需现状、我国服务外包人才的培养现状，指出了我国服务外包人才培养存在的问题，主要表现在四个方面：一是人才数量不足，二是人才素质偏低，三是高校培养模式落后，四是人才结构不合理。

第二节介绍了服务外包人才适用的职业资格认证，并介绍了服务外包行业培训的认证制度，介绍了大连国际服务外包人才测评中心，以及服务外包认证制度在我国的发展情况。通过对人才培养现状的分析，进一步提出服务外包人才应具有的技能特点。总的来说，是要培养复合型服务外包人才，具体要求为技术水平高、专业范围广、对外交流能力强、职业道德素质高。

第三节主要阐述了服务外包从业人员应该具有的职业素养，并详细讲解了职业形象的标识系统、良好职业形象的功能。接着介绍了服务外包从业人员应具有的职业道德，以及职业道德的特点，职业道德的社会作用，并重点阐述了服务外包人才的职业道德应包括保密意识、团队协作精神、具有良好的质量品质意识。最后介绍了服务外包人才的职业心态。职业心态影响着职业人员在职场中能力的发挥，作用显著，因此，不容忽视。此外，还介绍了作为一名合格的服务外包人员应具备的 18 种积极的职业心态。服务外包从业人员在工作过程中，只有注意自身职业形象，保持良好的职业心态，遵守职业道德，才能成为一名合格的服务外包人才。

思考题

一、简答题

1. 我国服务外包人才培养过程中存在哪些问题？

2. 合格的服务外包从业人员应该具备哪些技能？

3. 良好的职业形象有何功能？

4. 如何塑造良好的职业形象？

二、论述题

1. 如何成为合格的服务外包专业人才？

2. 服务外包从业人员应具备哪些职业道德？

附录一

商务部关于实施服务外包“千百十工程”的通知

（商资发〔2006〕556号）

服务外包产业是现代高端服务业的重要组成部分，具有信息技术承载度高、附加值大、资源消耗低、环境污染少、吸纳就业（特别是大学生就业）能力强、国际化水平高等特点。当前，以服务外包、服务贸易以及高端制造业和技术研发环节转移为主要特征的新一轮世界产业结构调整正在兴起，为我国发展面向国际市场的现代服务业带来新的机遇。牢牢把握这一机遇，大力承接国际（离岸）服务外包业务，有利于转变对外贸易增长方式，扩大知识密集型服务产品出口；有利于优化外商投资结构，提高利用外资质量和水平。

根据《国民经济与社会发展第十一个五年规划纲要》关于“加快转变对外贸易增长方式，……建设若干服务业外包基地，有序承接国际服务业转移”的要求，为促进服务外包产业快速发展，优化出口结构，扩大服务产品出口，商务部决定实施服务外包“千百十工程”。服务外包“千百十工程”的工作目标和主要政策措施如下：

一、服务外包“千百十工程”的工作目标

“十一五”期间，在全国建设10个具有一定国际竞争力的服务外包基地城市，推动100家世界著名跨国公司将其服务外包业务转移到中国，培育1 000家取得国际资质的大中型服务外包企业，创造有利条件，全方位承接国际（离岸）服务外包业务，并不断提升服务价值，实现2010年服务外包出口额在2005年基础上翻两番。

本通知“服务外包企业”系指根据其与服务外包发包商签订的中长期服务合同向客户提供服务外包业务的服务外包提供商；“服务外包业务”系指服务外包企业向客户提供的信息技术外包服务（ITO）和业务流程外包服务（BPO），包括业务改造外包、业务流程和业务流程服务外包、应用管理和应用服务等商业应用程序外包、基础技术外包（IT、软件开发设计、技术研发、基础技术平台整合和管理整合）等；“国际（离岸）服务外包”系指服务外包企业向境外客户提供服务外包业务。

二、实施服务外包“千百十工程”人才培训计划

（一）在商务领域人才培训资金中，安排服务外包公共培训专项资金，实施“千百十工程”人才培训计划。

（二）服务外包公共培训专项资金主要用于支持大学生（含大专，下同）增加服务

外包专业知识和技能，鼓励服务外包企业新增大学生就业岗位的各类人才培训项目，重点培训大学应届毕业生和尚未就业的大学毕业生，以及服务外包企业新入职员工，力争在五年内培训30万～40万承接服务外包所需的实用人才，吸纳20万～30万大学生就业，有效解决服务外包产业人才短缺和大学生就业问题。

（三）服务外包培训内容包括：服务外包企业人才定制培训、从业人才资质培训、国际认证培训、行业标准及相关知识产权培训、大学生实习项目及勤工俭学培训、企业新入职人员岗前业务技能培训、服务外包产业储备人才培训等。

服务外包"千百十工程"人才培训计划具体方案根据《商务部关于做好服务外包"千百十工程"人才培训有关工作的通知》（附件一）实施。

三、支持服务外包企业做强做大

（一）鼓励服务外包企业取得国际认证。根据《商务部关于做好服务外包"千百十工程"企业认证和市场开拓有关工作的通知》（附件二）的有关规定，对符合条件且取得行业国际认证的服务外包企业给予一定的奖励，并采取有效措施支持其国际认证的维护和升级，力争五年内促进700家企业取得CMM/CMMI3级认证，300家企业取得CMM/CMMI5级认证。国际认证包括：开发能力成熟度模型集成（CMMI）认证、开发能力成熟度模型（CMM）认证、人力资源成熟度模型（PCMM）认证、信息安全管理标准（ISO27001/BS7799）认证、IT服务管理认证（ISO20000）、服务提供商环境安全性认证（SAS70）。

（二）为服务外包企业发展提供政策性贷款和相关服务。国家开发银行与商务部合作，为符合条件的服务外包企业采购设备、建设办公设施、开展服务外包业务、开拓国际市场扩大出口等提供政策性贷款。中国出口信用保险公司与商务部合作，为符合条件的服务外包企业提供信用保险及相关担保服务，并协助服务外包企业建立信用风险管理机制。

（三）支持服务外包企业大力开拓国际市场承接国际（离岸）服务外包业务。对符合条件的服务外包企业进行国际市场开拓活动，可根据《中小企业国际市场开拓资金管理办法》的相关规定给予资金支持。

四、大力开展"中国服务外包基地城市"建设

（一）商务部、信息产业部将选定一批具有服务外包发展基础和增长潜力的中心城市为"中国服务外包基地城市"（以下简称基地城市），在宏观政策、规划设计、人才培训、招商引资、综合协调等方面给予支持，并设立专项资金，支持基地城市的建设。开展"中国服务外包基地城市"建设按照《商务部、信息产业部关于开展"中国服务外包基地城市"认定工作有关问题的通知》（附件三）实施。

（二）国家开发银行与商务部合作，对基地城市根据服务外包产业发展需要进行的

服务外包技术支撑公共服务平台建设、公共信息网络建设、基础设施和投资环境建设提供政策性贷款。技术支撑公共服务平台的建设应着力于为服务外包企业提供基于技术研发、质量保证、测试、演示、验证、培训、项目管理、知识产权保护等公共服务，基础设施和投资环境建设应涵盖数据存储、信息传输、电力保障、后勤服务等共用设施的建设和改善。

五、创建中国服务外包信息公共服务平台

商务部牵头，以各基地城市、跨国公司、服务外包企业和服务外包知名机构相关研究部门为支持单位，建立中国服务外包信息公共服务网站，为服务外包企业、国内外服务外包发包企业、相关政府部门和研究机构，以及高等院校、大学/大专毕业生等提供与服务外包相关的各类信息，建立服务外包业务交易平台，为服务外包企业人才招聘和大学/大专毕业生在服务外包行业就业提供公共服务，并加大对外宣传力度，打造“中国服务”良好形象。

六、鼓励和支持中西部地区发展服务外包业务

充分发挥中西部地区、东北等老工业基地人才资源优势，在认定基地城市的工作中，优先考虑高等院校科研院所相对集中的中西部城市，适当降低认定条件；采取有效措施，鼓励东部基地城市与中西部基地城市进行战略合作；对中西部地区国家级经济技术开发区为承接服务外包进行基础设施和完善投资环境建设予以贷款贴息支持。

七、完善服务外包知识产权保护体系

在基地城市建立知识产权投诉中心，严厉打击各类侵权行为，加大对知识产权保护的力度；各基地城市应根据服务外包产业的特殊需求进一步完善保护知识产权法规体系，制定服务外包数据保密相关规则，建立服务外包产业知识产权保护综合评价体系，并在全社会营造诚信为本的良好氛围。

八、积极有效开展服务外包投资促进工作

认真研究全球服务外包发展的最新趋势，借鉴其他国家的成功经验，拟定符合中国国情的投资促进政策，提高我国承接服务外包的国际竞争力；在商务部指导下，统筹规划，形成合力，积极有序开展服务外包投资促进工作；充分发挥中国国际投资促进会、商务部投资促进局、各地投资促进机构等中介组织的作用，针对跨国公司外包服务战略和具体意向，制定专项工作方案，通过多元化定制服务，积极有效开展投资促进工作，大力推进跨国公司将其具有一定规模的服务外包业务转移到中国。

九、做好服务外包业务的统计工作

进一步完善现有服务贸易统计制度，将国际（离岸）服务外包业务纳入服务贸易

统计，建立科学、全面、系统的服务外包全口径统计规范；商务部将加强与各级商务部门的合作，建立有效的数据采集渠道，及时了解服务外包“千百十工程”的实施情况，评估工作成效。

各地商务主管部门要统一认识，高度重视实施服务外包“千百十工程”的重要性，并结合本地区的实际情况，做好相关落实工作，积极营造服务外包产业发展的良好环境。在实施过程中发现的问题，及时向商务部报告。

附录二

有关服务外包的国家政策文件

1. 国务院办公厅关于促进服务外包产业发展问题的复函（国办函〔2009〕9号）

2. 国务院办公厅关于加快发展服务业若干政策措施的实施意见（国办发〔2008〕11号）

3. 国务院关于加快发展服务业的若干意见（国发〔2007〕7号）

4. 商务部关于促进我国服务外包发展状况的报告（商资发〔2008〕130号）

5. 商务部关于实施服务外包“千百十工程”的通知（商资发〔2006〕556号）

6. 财政部、国家发展和改革委员会、国家税务总局、科学技术部、商务部关于技术先进型服务企业有关税收政策问题的通知（财税〔2009〕63号）

7. 关于做好2009年度支持承接国际服务外包业务发展资金管理工作的通知（财企〔2009〕44号）

8. 财政部、商务部关于支持承接国际服务外包业务发展相关财税政策的意见（财企〔2008〕32号）

9. 财政部、商务部关于做好2008年度支持承接国际服务外包业务发展资金管理工作的通知（财企〔2008〕140号）

10. 关于做好2007年度支持承接国际服务外包业务发展资金管理工作的通知（商财发〔2007〕343号）

11. 关于金融支持服务外包产业发展的若干意见（银发〔2009〕284号）

12. 关于鼓励政府和企业发包促进我国服务外包产业发展的指导意见（财企〔2009〕200号）

13. 关于服务外包企业实行特殊工时制度有关问题的通知（人社部发〔2009〕36号）

14. 教育部、商务部关于加强服务外包人才培养促进高校毕业生就业工作的若干意见（教高〔2009〕5号）

15. 商务部、教育部、人力资源和社会保障部关于推动服务外包人才网络招聘工作的若干意见（商资发〔2008〕161号）

16. 关于支持服务外包示范城市国际通信发展的指导意见（工信部电管〔2009〕7号）

17. 商务部、中国进出口银行关于服务外包产业发展融资支持工作的指导意见（商资发〔2008〕169号）

参考文献

1. 卢锋．服务外包的经济学分析：产品内分工视角．北京：北京大学出版社，2007

2. ［美］琳达·多明圭兹．企业外包实务．北京：中国财政经济出版社，2007

3. 约拿森·里维德，约翰·辛克斯．业务外包：提升企业竞争力的战略决策．北京：中国市场出版社，2008

4. 杨丹辉主编．全球化：服务外包与中国的政策选择．北京：经济管理出版社，2010

5. 曾松，郑雄伟主编，国际外包中心（IOC），商务部培训中心编著．国际外包（第三册）．北京：经济管理出版社，2008

6. 迈克尔·A·希特．战略管理（概念与案例）．8版．北京：中国人民大学出版社，2009

7. 恩格斯．英国工人阶级状况．2版．北京：人民出版社，1962

8. 王晓红．中国设计：服务外包与竞争力．北京：人民出版社，2008

9. 张苏．论新国际分工．北京：经济科学出版社，2008

10. 冯金华．经济全球化和国家竞争优势：贸易、效率和适度自由化．上海：上海财经大学出版社，2008

11. 亚当·斯密．国民财富的性质和原因的研究（下卷）．北京：商务印书馆，1974

12. 张钱江，詹国华编．服务外包．杭州：浙江人民出版社，2010

13. 刘厚金．我国政府转型中的公共服务．北京：中央编译出版社，2008

14. 孙伯良．市场契约论．上海：上海三联书店，2002

15. 宗翩．浅述中国服务外包的发展现状及问题．江南论坛，2008（5）

16. 赵楠．印度发展服务外包模式探析．当代亚太，2007（3）

17. 吴洁．国际服务外包的发展趋势及对策．国际经济合作，2007（5）

18. 江小涓．服务全球化的发展趋势和理论分析．经济研究，2008（2）

19. 王子先．积极承接国际服务外包的政策建议．宏观经济研究，2007（12）

20. 姜荣春．全球服务外包浪潮与中国服务外包产业发展战略研究：［学位论文］．北京：中国社会科学院研究生院，2006

21. 陈菲．服务外包动因机制分析及发展趋势预测——美国服务外包的验证．中国工业经济，2005（6）

22. 周启红，赵君，潘群．我国承接国际服务外包的主要问题和对策分析．跨国投

资，2009（11）

23. 王晓红．我国设计服务外包发展现状及趋势．中国科技投资，2010（2）
24. 张芬霞，刘景江．“离岸外包”发展述评．经济问题，2005（8）
25. 李玉红．全球价值链视角下的国际外包．商场现代化，2006（13）
26. 艾端市场咨询．2009年中国IT服务外包市场研究，2009
27. 中国国际投资促进会，中欧国际工商学院，中国服务外包研究中心．中国服务外包发展报告2007. 上海：上海交通大学出版社，2007
28. 毕博管理咨询．2009年度中国服务外包产业发展战略报告，2009
29. 艾凯数据研究中心．2009—2012年中国服务外包行业投资策略分析及竞争战略研究咨询报告，2010
30. 埃森哲．服务外包市场研究报告——中国与全球，2009
31. 北京正点国际投资咨询有限公司．2010—2015年中国IT服务市场投资分析及前景预测报告，2010
32. Bryan Keane，Alban Gashi. 2009年全球BPO市场研究．金融外包，2009（7）
33. Sandy Allen，Ashok Chandrashekar. Outsourcing Services：The Contract Is Just the Beginning. Business Horizons，March-April，2000（3）：25-34
34. Robert N. Anthony. The Management Control Function. Boston，Mass：The Harvard Business School Press，1988
35. Ulli Arnold. New Dimensions of Outsourcing：A Combination of Transaction Cost Economics and the Core Competencies Concept. European Journal of Purchasing & Supply Management，2000（6）
36. A. James，W. Steven，W. Bruce. Logistics and Manufacturing Outsourcing：Harness Your Core Competencies. New York：Jompkins Press，2005
37. Jan M. Deepen. Logistics Outsourcing Relationships：Measurement，Antecedents，and Effects of Logistics Outsourcing Performance. New York：Physica-Verlag Heidelberg Press，2007
38. K. M. Gilley. Making More by Doing Less：An Analysis of Outsourcing and Its Effects on Firm Performance. Journal of Management，2000（26）：763-790

图书在版编目（CIP）数据

服务外包概论/杨冬主编．—北京：中国人民大学出版社，2012.6
21 世纪高职高专规划教材．服务外包系列
ISBN 978-7-300-15600-2

Ⅰ.①服… Ⅱ.①杨… Ⅲ.①服务业-对外承包-高等职业教育-教材 Ⅳ.①F719

中国版本图书馆 CIP 数据核字（2012）第 109837 号

21 世纪高职高专规划教材·服务外包系列
服务外包概论
主　编　杨　冬
副主编　曹惠玲　宋翠玲
参　编　朱　辉　郑长虹
Fuwu Waibao Gailun

出版发行	中国人民大学出版社		
社　　址	北京中关村大街 31 号	**邮政编码**	100080
电　　话	010－62511242（总编室）		010－62511770（质管部）
	010－82501766（邮购部）		010－62514148（门市部）
	010－62515195（发行公司）		010－62515275（盗版举报）
网　　址	http://www.crup.com.cn		
	http://www.ttrnet.com(人大教研网)		
经　　销	新华书店		
印　　刷	北京昌联印刷有限公司		
规　　格	185mm×260mm　16 开本	**版　　次**	2012 年 8 月第 1 版
印　　张	14.25	**印　　次**	2018 年 1 月第 2 次印刷
字　　数	277 000	**定　　价**	28.00 元

信息反馈表

尊敬的老师：

您好！为了更好地为您的教学、科研服务，我们希望通过这张反馈表来获取您更多的建议和意见，以进一步完善我们的工作。

请您填好下表后以电子邮件、信件或传真的形式反馈给我们，十分感谢！

一、您使用的我社教材情况

您使用的我社教材名称			
您所讲授的课程		学生人数	
您希望获得哪些相关教学资源			
您对本书有哪些建议			

二、您目前使用的教材及计划编写的教材

	书名	作者	出版社
您目前使用的教材			
	书名	预计交稿时间	本校开课学生数量
您计划编写的教材			

三、请留下您的联系方式，以便我们为您赠送样书（限1本）

您的通信地址			
您的姓名		联系电话	
电子邮件（必填）			

我们的联系方式：

地　址：苏州工业园区仁爱路158号中国人民大学苏州校区修远楼

电　话：0512-68839319　　传　真：0512-68839316

E-mail：huadong@crup.com.cn　　邮　编：215123

网　址：www.crup.com.cn/hdfs